KB067647

이 사람을 보라

인간은 어떻게 자기 자신이 되는가

니체 선집
Nietzsches Werke

이 사람을 보라

인간은 어떻게 자기 자신이 되는가

Ecce Homo: Wie man wird, was man ist

프리드리히 니체 | 박찬국 옮김

아카넷

차례

역자 서문

『이 사람을 보라』는 니체의 자서전이라 할 수 있는 책이다. 이 책에서 니체는 무엇보다도 자신의 가족과 삶에 대해서 이야기하고 있다. 이런 이야기는 니체의 다른 책들에서는 찾아볼 수 없다. 더 나아가 니체는 이 책에서 자신이 그동안 발표해온 책들이 쓰인 상황과 그 책들에서 말하고 싶었던 것에 대해서 이야기하고 있다.

이렇게 자서전과 같은 성격을 가지고 있기에 이 책은 흔히 니체의 책 중에서 가장 먼저 읽어야 할 니체 입문서로 추천되어왔다. 그러나 『이 사람을 보라』를 조금이라도 읽어본 사람이라면 곧 깨닫겠지만, 이 책 역시 니체의 다른 책들과 마찬가지로 니체의 사상에 대해 어느 정도라도 알고 있지 않으면 이해하기 쉽지 않다. 특히 니체가 자신의 작품들에 대해 이야기하고 있는 「나는 왜 이렇게 좋은 책을 쓰는가」라는 부분은 이 작품들을 이미 읽은 독자가 아니라면 이해하기가 극히 어렵다.

내가 해제에서 니체의 삶과 사상에 대해 상당히 상세하게 설명하고 있는 것도 바로 이 때문이다. 독자들은 번역된 부분을 읽기 전에 반드시 이 책의 말미에 있는 해제를 먼저 읽기 바란다. 이 해제를 읽은 후에도 물론 이 책을 읽어나가기는 쉽지 않다. 따라서 나는 니체에 대해서 전혀 모르는 사람들도 이 책을 읽을 수 있을 정도로 상세하게 역주를 붙였다. 해제를 읽은 후 역주를 참고하면서 책을 읽으면, 니체 철학뿐 아니라 서양철학에 대해서 잘 알지 못하는 사람들도 큰 어려움 없이 이 책을 읽어나갈 수 있을 것이다.

니체의 다른 책들과 마찬가지로『이 사람을 보라』는 국내에 이미 여러 번역본이 존재한다. 이 책은 강두식에 의해 1969년 휘문출판사에서, 박준택에 의해 1976년 박영사에서, 김병옥에 의해 1978년 정음사에서, 곽복록에 의해 1978년 동서문화사에서, 김태현에 의해 1982년 청하에서, 성동호에 의해 1989년 홍신문화사에서, 백승영에 의해 2002년 책세상에서, 이상엽에 의해 2016년 지식을만드는지식에서, 이동용에 의해 2019년 세창출판사에서 번역 출간되었다.

이렇게 총 아홉 가지 번역본이 존재함에도 기존 번역본들에는 상세한 역주와 해제가 존재하지 않는 것은 물론이고 오역이나 부자연스럽고 의미가 모호한 부분들이 있어서 다시 번역하기로 했다. 본 역자는 독자들이 니체의 원전과 대조하지 않고도 니체가 말하려고 하는 바를 분명하면서도 자연스럽게 이해할 수 있도록 번역하려고 했다.

번역을 위해서는 기존의 번역본 중 아래 책들을 주로 참고했다.

『바그너의 경우·우상의 황혼·안티크리스트·이 사람을 보라·디오니소스
　송가·니체 대 바그너』, 백승영 옮김, 책세상, 2002
『이 사람을 보라』, 이상엽 옮김, 지식을만드는지식, 2016

역주를 위해서는 무엇보다도 Andreas Urs Sommer, *Kommentar zu Nietzsches: "Der Antichrist", "Ecce homo", "Dionysos-Dithyramben", "Nietzsche contra Wagner"*(Berlin, Boston: De Gruyter, 2013)를 참고했다.

서울대 철학과 대학원생 한정훈 군이 꼼꼼한 교정으로 큰 도움을 주었다. 이 자리를 빌려 고마움을 표한다. 출판계의 어려운 사정에도 불구하고 계속해서 좋은 고전들을 출간하는 아카넷 출판사의 임직원 여러분께도 감사드린다.

2022년

박찬국

저자 서문

1

머지않아 나는 이제까지 인류에게 제기된 적이 없었던 가장 어려운 요구[1]와 함께 인류에게 다가가야만 할 것 같기에, 먼저 내가 **누구인지**를 말해두지 않으면 안 될 것 같다. 실은 내가 누구인지가 세간에 이미 알려져 있어도 이상하지는 않을 것 같다. 왜냐하면 이제까지 나는 나 자신을 '드러나지 않은 채로' 두지는 않았기 때문이다. 그러나 나의 과제는 위대하고 나의 동시대인들은 비소(卑小)하다. 이러한 불균형으로 인해 사람들은 내 말에 귀를 기울이지도 않았고 심지어는 나를 쳐다보지도 않았다. 나는 [다른 누구의 인정에도

---

1) 전통적인 가치를 전복하고 새로운 가치 기준을 정립해야 한다는 요구를 말한다.

의탁하지 않고] 나 자신만이 나를 인정하는 것으로 살고 있다. 내가 살아 있다는 것 자체가 하나의 선입견에 불과한 것인지도 모른다.[2] … 내가 살아 있지 않다는 사실을 나 자신이 확인하기 위해서는, 나는 여름에 피서차 오버엥가딘[3]에 오는 '교양인' 중 누구라도 붙들고 이야기해보면 된다.[4] … 이러한 상황에서 나는, 나의 습관이 거부하고 나의 본능적인 긍지는 근본적으로 더욱더 거부하는 것이지만, 이렇게 말할 의무가 있다. 내 말에 귀를 기울이라! 왜냐하면 나는 이런 사람이기 때문이다(Ich bin der und der).[5] 무엇보다도 나를 [다

---

2) 니체는 『안티크리스트』에서 이렇게 말하고 있다.
   "내가 어찌 오늘날 세상에서 이미 환영받고 이해되고 있는 저술가들과 나 자신을 혼동할 수 있겠는가? ─ 실로 내일 이후에 오는 날만이 나의 시대다. 어떤 사람들은 사후(死後)에 태어나는 것이다."
   이 인용문에서 니체는 자신이 죽은 후에야 인정받을 것이라는 점에서 자신은 죽은 후에 태어난다고 말하고 있다. 동시에 그는 자신은 자신의 시대에 '실질적으로는 살고 있지 않다'고 말하고 있다. 니체에 대해서 최초의 공개강연을 했던 게오르그 브라네스로부터 코펜하겐에서 그에 대한 강연을 할 것이라는 소식을 편지로 접한 후 니체는 1888년 5월 23일에 이렇게 답하고 있다.
   "존경하는 브라네스 씨, 최초의 좋은 소식인 당신의 소식을 듣고 나는 내가 살아 있다는 것을 확인했습니다. 나는 종종 살아 있다는 사실을 잊곤 합니다."
   브라네스(Georg Brandes, 1842~1927)는 니체의 초인 사상의 영향을 받은 덴마크의 문예비평가이자 문학사가다.
3) 니체가 휴양하던 알프스 남쪽에 있는 골짜기.
4) 이른바 교양인이라는 사람들도 니체의 철학에 무지하다는 것을 의미한다.
5) 니체 자신의 유일무이성을 강조하는 말이다. 이 말은 야훼 신이 모세에게 했던 말인 "나는 스스로 있는 자다"를 연상시킨다.

른 철학자들과] 혼동하지 말라!

2

나는 예컨대 결코 우스꽝스러운 허깨비도 아니고 도덕의 괴
물[6]도 아니다. 오히려 나는 지금까지 유덕한 자로 존경받았던 종

---

6) 기존의 도덕인 노예도덕에 사로잡혀 있는 자를 가리킨다. 니체는 도덕을 크게
노예도덕과 주인도덕으로 나누고 있다. 노예도덕의 가치 기준은 선(gut)과 악
(böse)인 반면에, 주인도덕의 가치 기준은 탁월함(gut)과 저열함(schlecht)이
다. 예를 들어 설명하자면, 카이사르나 나폴레옹 같은 인물들은 노예도덕과 주
인도덕에서 각각 다르게 평가된다. 니체가 노예도덕을 대표하는 것으로 보는
그리스도교적인 가치관에 입각하여 그들을 평가할 경우 그들은 단적으로 악한
(böse) 자들이다. 이는 노예도덕에서 선한 사람이란 모든 사람에게 친절하고
해를 끼치지 않는 자이며, 악한 사람이란 남에게 해를 끼치거나 괴롭히는 자이
기 때문이다. 따라서 노예도덕에 따를 경우, 가장 선한 사람이라는 칭송을 받
는 사람은 사회의 가장 밑바닥에서 보수도 제대로 받지 못하고 남들을 위해 일
하는 노예나 노동자가 된다. 이런 노예도덕의 입장에서 볼 때 카이사르나 나폴
레옹 같은 자들은 자신의 명예를 드높이기 위해 전쟁을 일으키고 수많은 사람
을 살육했으며 전쟁 물자의 조달을 위하여 많은 인간을 노예처럼 혹사한 자에
지나지 않는다. 이러한 입장은 민주주의와 사회주의의 입장이기도 하다. 예를
들어 마르크스주의적 입장에서도 카이사르와 같은 인간은 고대 로마의 노예제
사회를 유지하려 했던 악한으로 간주될 것이다. 이런 의미에서 니체는 민주주
의와 사회주의의 가치관은 모든 인간을 신 앞에서 동등한 존재로 보는 그리스
도교적인 평등사상의 연장이라고 보았다.
그러나 카이사르나 나폴레옹 같은 사람들을 평가하는 전적으로 다른 가치관이
있을 수 있다. 그것은 이들을 '위대한' 인간으로 보는 가치관이다. 이러한 가치

류의 인간과는 정반대되는 사람이다. 우리끼리 하는 이야기지만 바로 그 점이야말로 내 긍지의 일부인 것 같다는 생각이 든다. 나는 철학자 디오니소스의 제자다. 나는 성자가 되기보다는 차라리 사티로스[7]가 되고 싶다. 그러나 그대들은 이 책을 읽어야 한다. 아마도 이 책은 성공적으로 쓰인 것 같다. 이 책은 아마도 이러한 대립자[도덕적인 성자에 대한 대립자]를 명랑하고 공감이 가는 방식으로 표현하고 있다는 것 외의 다른 의미를 갖고 있지 않은 것 같다. 나는 인류를 '개선'하겠다는[8] 약속 같은 것은 절대로 하지 않을 것

관에서 볼 경우, 카이사르와 나폴레옹은 남다른 지적 탁월함과 강인한 정신력, 엄청난 포용력의 소유자로서 칭송받아야 될 인물이다. 이에 반해 이들을 따르던 부하들과 이들의 전쟁을 뒷받침한 노예들은 그보다 열등한 인간으로서 이들의 지배와 통제를 받아야 마땅한 인간들이다. 아니 이들은 카이사르나 나폴레옹을 따름으로써 자신들이 그 전에 맛보지 못했던 힘과 생명의 고양을 경험하게 된다. 니체는 이와 같은 가치관을 주인도덕이라 부른다.

니체는 노예도덕이 주인계급에 대한 원한에 사로잡힌 노예들의 반란에서 비롯되었다고 본다. 이에 대해서는 『도덕의 계보』(박찬국 옮김, 아카넷, 2021) 첫번째 논문을 참조할 것.

7) 디오니소스 신의 시종으로서 얼굴은 사람의 모습이지만, 머리에 작은 뿔이 나 있었고 하반신은 염소의 모습을 했다. 장난이 심하고 주색(酒色)을 밝히며 실레노스 및 마이나데스와 함께 디오니소스 제례에 참가했다. 사티로스극은 이들의 저급하고 익살스러운 성격을 본뜬 것이다.

8) 니체는 서양의 종교와 철학이 피안과 차안 그리고 이성과 욕망을 서로 대립시키는 이원론에 빠져왔다고 본다. 이러한 이원론적인 종교와 철학은 신이나 순수영혼, 이타주의와 같은 이상을 숭배해왔다. 니체가 비판하고 있는 '인류의 개선'이라는 것은 인간의 자연스러운 본능과 욕망을 악으로 부정하는 전통적

이다. 나는 어떠한 새로운 우상도 만들지 않을 것이다. 나는 옛 우상들이 진흙으로 만든 다리를 가진 자신들이 아무것도 아니라는 사실을 알기를 바랄 뿐이다. 우상들(나는 모든 종류의 '이상'을 이렇게 부른다)을 전복시키는 것 ― 이것이야말로 일찍부터 나의 일이 되었다. 이제까지 사람들은 이상적인 세계라는 것을 날조한 그 정도만큼 현실적인 세계로부터는 그것이 갖는 가치, 의미, 진실성 등을 박탈해왔다. 사람들은 '참된 세계'와 '가상의 세계'라고 말하지만, 솔직히 말하자면 이른바 참된 세계야말로 날조된 세계이고 가상의 세계가 바로 현실인 것이다. 이상이라는 거짓말은 이제까지 현실에 대한 저주였고, 인류 자체는 이러한 거짓에 의해서 본능의 밑바닥에 이르기까지 기만당하고 왜곡되었다. 그 결과 마침내는, 인류에게 번영과 미래 그리고 미래에 대한 고귀한 권리를 보장해줄 수 있는 가치들과는 정반대의 가치들이 숭배되기에 이르렀다.

인 이상에 따라 인간을 '길들인다'는 것을 의미한다.
니체는 서양의 전통적인 종교와 철학이 자연스러운 본능과 욕망을 이성에 의해 부정하고 제거하도록 강요한 결과, 사람들은 가축처럼 길들여지고 섬약해졌으며 거세되었다고 말한다. 이와 관련하여 니체는 '길들임'과 '길러냄'을 구별하고 있다. 길러냄은 인간의 자연스러운 본능과 욕망을 억압하거나 제거하려 하지 않고 생산적으로 승화시키는 것을 가리킨다. 성욕을 남녀 간의 사랑으로 승화시키거나, 호승심과 같은 욕망을 최소한 자신과 대등한 자들이나 자신보다 우월한 자들과 대결하려는 욕망으로 승화시키는 것을 예로 들 수 있다.

3

내 책에 흐르는 공기를 맡을 수 있는 자는 그것이 높은 산의 공기이며 **강력한** 공기라는 사실을 알고 있다. 이 공기로 인해 감기에 걸릴 위험이 작지 않기 때문에, 사람들은 그 공기를 견딜 수 있을 정도로 강해야만 한다. 얼음은 가까이에 있고 고독은 처절하기 그지없다. 그런데도 모든 사물이 얼마나 고요하게 빛 속에서 쉬고 있는지! 사람들이 얼마나 자유롭게 숨을 쉬고 있는지! 얼마나 **많은** 것이 자기 발아래에 있다고 느끼는지! 내가 지금까지 이해하고 있는 철학, 내가 지금까지 몸으로 살아온 철학은 얼음과 높은 산에서 흔연(欣然)히 사는 것을 의미한다. 삶의 낯설고 의문스러운 모든 것을 탐구하고, 이제까지 도덕에 의해서 추방당해왔던 모든 것을 추구하는 것이다. **금지되어온** 영역에서 그렇게 방황함으로써 획득한 오랜 경험으로부터 나는, 이제까지 도덕화와 이상화를 촉진해온 원인들을 지금까지 바람직스럽다고 여겨지던 방식과는 다르게 보는 법을 배웠다. 철학자들의 이면에 **숨겨져 있는** 역사며, 철학의 위대한 인물들의 심리가 나에게 분명해졌다. 하나의 정신이 얼마나 많은 진리를 **견뎌내는가**, 얼마나 많은 진리와 **과감히 부딪칠 수 있는가**? 이것이 나에게는 갈수록 더 본래적인 가치 기준이 되었다. 오류(이상에 대한 믿음)는 맹목적인 것이 아니라 **비겁한 것**이다. … 인식에서의 모든 성과와 전진은 용기로부터, 자신에 대한 가혹함으로부터, 자신에 대한 결벽으로부터 **비롯된다.** … 나는 이상을 반박하지 않으며 다만 그것들 앞에서 장갑을 낄 뿐이다.[9] … '우리는 금지된 것일수록 얻으려 애쓴다(Nitimur in vetitum)'[10]는 표지 아래 내 철학은 언젠가는 승리할 것이다. 왜냐하면 이제까지 근본적으로 항상 진리만이 금지되어왔기 때문이다.[11]

---

9) '이상들 앞에서 장갑을 낀다'는 말은 바로 앞에 나온 '자신에 대한 결벽'과 연관이 있다. '자신의 손이 이상들에 의해 더럽혀지지 않게 하겠다'는 것을 의미한다.

10) 고대 로마의 시인 오비디우스의 *Amores*(III 4, 17)에 나오는 말이다.

11) 니체는 자신의 책을 이해하려는 사람들이 갖춰야 할 조건들에 대해서 『안티크리스트』에서도 여기서와 유사하게 이야기하고 있다.

　"나를 이해하려는 사람들은 특별한 조건을 갖춰야 한다. 그런 조건을 갖춘 사람이라면 나를 이해하지 **않을 수 없다.** 그러한 조건을 나는 너무나 정확하게 알고 있다. 나의 진지함과 나의 열정만이라도 견뎌내려면 정신적인 문제에 대해서 사람들은 냉혹할 정도로 정직해야만 한다. 산 위에 사는 일에 익숙해야 하고 정치와 민족적 에고이즘의 가련한 시대적인 수다를 자신의 **발아래** 내려다보는 일에 익숙해야 한다. 진리가 유용한 것인지 아니면 자신에게 재앙이 될 것인지에 대해서 무관심해야 하며 그런 의문을 품어서도 안 된다. … 오늘날 어느 누구도 감히 제기할 용기를 내지 못하는 문제들을 사랑하는 강함, 금단(禁斷)의 것을 지향하는 용기, 미궁에 이르도록 처음부터 예정되어 있는 운명. 일곱 가지 고독에서 얻는 한 가지 경험. 새로운 음악을 들을 수 있는 새로운 귀. 가장 멀리까지 볼 수 있는 새로운 눈. 지금까지 침묵하고 있던 진리를 향하는 새로운 양심."

4

내 작품 중 『차라투스트라는 이렇게 말했다』는 독보적인 책이다.
이 책으로 나는 인류에게 이제까지 주어진 그 어떤 선물보다도 큰
선물을 주었다. 앞으로 수천 년을 넘어서까지 울릴 소리를 가진 이
책은 세상에 존재하는 최고의 책이며 저 높은 산의 공기로 충만한
책이다. 인간이라는 사실 전체가 이 책 아래 아득히 먼 곳에 놓여
있다.[12] 이 책은 또한 더없이 심오한 책으로서 진리의 가장 깊숙한
보고에서 탄생했으며, 아무리 퍼내도 마르지 않는 샘이다. 그 샘에
두레박을 내리면 황금과 선의가 가득 담겨 올라온다. 이 책에서 말
하고 있는 자는 '예언자'가 아니며, 이른바 종교의 창시자, 곧 병과
힘에의 의지가 혼합된 끔찍한 잡종도[13] 아니다. 차라투스트라의 지
혜가 말하려는 것을 비열하게 오해하지 않으려면 무엇보다도 그의
입에서 나오는 그 평온한 음조를 제대로 들어야 한다. "폭풍을 일으
키는 것, 그것은 가장 조용한 말이다. 비둘기 발로 오는 사상이 세

---

12) 『차라투스트라는 이렇게 말했다』에서 니체는 인간이 자신을 초극하여 초인이
   될 것을 주창하고 있다. 따라서 이 말은 초인에 비하면 인간은 한참 아래에 존
   재한다는 것을 의미한다.
13) 니체는 종교의 창시자들과 성직자들을 병적인 힘에의 의지에 사로잡혀 있는
   자로 본다. 이들은 금욕적인 고행을 통해서 사람들에게 자신이 특별한 존재인
   것처럼 인식시킴으로써 사람들을 지배하려 한다.

계를 움직인다."[14]

"무화과가 나무에서 떨어진다. 달콤한 좋은 열매다. 떨어지면서 붉은 껍질이 터진다. 나는 무르익은 무화과를 떨어뜨리는 북풍이다.

나의 벗들이여, 무화과가 떨어지듯이 나의 가르침이 그대들에게 떨어진다. 이제 그 열매의 즙과 달콤한 살을 먹으라! 온 사방이 가을이다. 하늘이 청명한 오후다."[15]

여기서 말하는 자는 광신자가 아니다. 여기서 행해지고 있는 것은 '설교'가 아니다. 여기서는 신앙이 요구되고 있지 않다. 무한히 충만한 빛과 무한히 깊은 행복으로부터 한 방울 한 방울, 한 마디 한 마디가 떨어진다. 그 말은 부드럽고 느린 템포를 갖는다. 그 말은 극히 엄선된 자들에게만 들린다. 그 말을 듣는 자가 된다는 것은 비할 바 없는 특권이다. 차라투스트라의 말을 들을 수 있는 귀는 아무나 갖고 있지 않다. … 이런 점들 때문에 차라투스트라는 유혹자가 아닌가? … 그가 처음으로 자신의 고독 속으로 되돌아올 때 그는 무어라 독백을 하는가? 그 어떤 '현자'나 '성자', '세상의 구원자'나 데카당이 그 경우에 말했을 법한 것과는 정반대의 것을 차라투

---

14) 『차라투스트라는 이렇게 말했다』 2권, 「가장 조용한 시간」.
15) 『차라투스트라는 이렇게 말했다』 2권, 「지복의 섬에서」.

스트라는 말한다. ⋯ 그는 다르게 말할 뿐 아니라 다르게 존재한다.

"나의 제자들이여, 나는 이제 홀로 가련다! 그대들도 이제 홀로 떠나라!
그것이 내가 바라는 것이다.

나를 떠나서 차라투스트라에 저항하라! 아니 차라리 그를 부끄러워하
라! 그가 그대들을 속였을 수도 있다.

인식하는 인간은 자신의 적을 사랑해야 할 뿐 아니라 자신의 친구를 미
워할 줄도 알아야 한다.[16]

언제나 제자인 채로 머문다면 그대들은 스승의 은혜를 저버리는 것이
다. 그대들은 어찌하여 나의 월계관을 빼앗으려 하지 않는가?

그대들은 나를 숭배한다. 하지만 어느 날 그대들의 숭배심이 무너지게
되면 어찌하겠는가? 신상(神像)에 깔려 목숨을 잃는 일이 없도록 조심
하라!

그대들은 차라투스트라를 믿는다고 말하는가? 하지만 차라투스트라가
무슨 소용이 있단 말인가! 그대들은 나의 신도들이다. 하지만 신도가 무
슨 소용이 있단 말인가!

그대들이 그대들 자신을 아직도 찾지 못하고 있었을 때 그대들은 나를
발견했다.

---

16) '자신의 친구'는 자신의 의견에 동조하는 사람을, '자신의 적'은 자신의 의견에
반대하는 사람을 가리킨다.

모든 신도는 다 그렇다. 그러니 신앙이란 하나같이 공허한 것이다.

이제 나는 그대들에게 명한다. 나를 버리고 그대들 스스로를 찾으라. 그대들 모두가 나를 부인할 때에야 비로소 나는 그대들에게 돌아오리라."[17]

프리드리히 니체

---

17) 『차라투스트라는 이렇게 말했다』 1권, 「선사하는 덕에 대해서」.

만물이 무르익고 포도송이가 갈색으로 물든 이 완벽한 날, 이제 막 한 줄기 햇살이 내 인생을 비추었다. 나는 앞뒤를 둘러보았다. 이토록 풍요롭고 훌륭한 것을 한눈에 본 날은 없었다. 오늘[18] 나는 나의 마흔네 번째 한 해를 묻어버리지만, 이 1년은 헛되이 보낸 시간만은 아니었다. 나는 그것을 묻을 권리가 있다. 이 한 해 동안 생명이었던 것[19]은 구원받았고 불멸의 것이 되었기 때문이다. 『모든 가치의 전환』,[20] 『디오니소스 찬가』, 그리고 기운을 회복하기 위해서 썼던 『우상의 황혼』, 이 모든 것은 올 한 해, 더구나 이해의 마지막 석 달간의 선물이다! 어찌 내가 나의 삶 전체에 감사하지 않을 수 있겠는가? 하여 나는 나 자신에게 내 인생을 이야기하려 한다.

---

18) 1888년 10월 15일을 가리킨다.
19) '이 한 해 동안 생명이었던 것'이란 당시에 니체가 품었던 사상을 가리키는 듯하다.
20) 『안티크리스트』를 가리킨다. 『안티크리스트』는 니체가 원래 네 권의 책으로 계획했지만 완성하지 못한 주저 『모든 가치의 전환(Umwertung aller Werte)』의 첫째 권이었다.

나는 왜 이렇게 현명한가

1

내 존재의 행복과 유일무이한 독특함은 아마도 나라는 존재의 숙명에서 비롯되는 것 같다. 이를 수수께끼 형태로 말하자면 나는 나의 아버지로서는 이미 죽었지만 나의 어머니로서는 아직 살아서 늙어가고 있다.[21] 이러한 이중의 기원, 즉 말하자면 생명의 사다리에서 최상단[건강한 어머니]과 최하단[병약한 아버지]으로부터의 기원은 데카당인 동시에 시작[22]이기도 하다. 바로 이러한 이중의 기

---

21) 니체의 아버지는 1849년 36세의 나이로 죽었고, 어머니는 1879년 71세에 죽었다. 여기서 니체는 병약했던 아버지를 생명력의 쇠퇴와 하강, 즉 데카당스와 연관시키고 있는 반면에, 건강했던 어머니는 생명력의 상승과 연관시키고 있다.

22) 생명력의 하강인 동시에 시작이라는 의미이다.

원이 무언가 의미가 있다면, 그것으로부터 아마도 나의 탁월한 특성인 저 중립성과 자유로움, 즉 삶의 어떠한 문제라도 그것을 당파적으로 보는 태도에서 벗어나 있다는 특성이 비롯되었다는 것이다. 상승과 하강의 징조에 대해서 나는 이제까지 어떤 인간도 갖지 못했던 예민한 후각을 가지고 있다. 이 점에 관해서 나는 탁월한 교사다. 나는 상승과 하강 양쪽을 잘 알고 있다. 나는 상승이면서도 하강인 것이다. 나의 아버지는 서른여섯의 나이로 세상을 떠났다. 그는 섬세하고 상냥했지만 병약했다. 그는 단지 삶을 스치고 지나가야만 하는 운명을 타고난 것 같았다. 그의 삶은 실제의 삶 자체라기보다는 단지 삶에 대한 하나의 따뜻한 기억과도 같았다.[23] 그의 삶이 기울던 바로 그 나이에[24] 나의 삶도 기울었다. 서른여섯 살이었을 때 나의 생명력은 최저점에 있었다. 그 당시 나는 생명은 부지하고 있었지만 세 발자국 앞에 있는 것도 보지 못했다.[25] 그해에 — 1879년이었는데 — 나는 바젤 대학 교수직을 사임하고 여름을 장크트모리츠에서[26] 그림자처럼 지냈다. 내 인생에서 가장 햇

---

23) 나중에 보겠지만, 니체는 자신의 아버지와 같은 아버지를 갖는다는 것은 특권이라고 말할 정도로 아버지에 대해서 따뜻한 기억을 갖고 있다.
24) 니체의 아버지가 36세의 나이로 죽은 것을 가리킨다. 뇌연화증으로 죽었다고 한다.
25) 니체는 당시 실명을 걱정할 정도로 안질(眼疾)에도 시달렸다.
26) 니체는 1879년 6월 21일(혹은 24일?)에서 9월 16일까지 스위스 엥가딘의 소도시 장크트모리츠에서 지냈다.

빛이 적었던 그해 겨울은 나움부르크에서[27] 그림자[28]로 지냈다. 바로 이때야말로 나의 생명력이 최소치로 줄었던 때였다. 이때에 「방랑자와 그의 그림자」[29]가 나왔다. 의심할 바 없이 나는 그 당시 그림자에 대해 잘 알고 있었다. 제노바에서 보냈던 첫 겨울인 그다음 해 겨울,[30] 모든 것을 감미롭고 정신적인 것으로 만드는 저 마음 상태에서 『아침놀』이 탄생했다. 그러한 마음 상태는 아마도 피와 근육의 극심한 빈곤에서 비롯된 것이리라. 이 작품에 반영되어 있는 정신의 완벽한 명철함과 쾌활함 그리고 심지어 충일함은 나에게서는 극심한 생리적 약함과 양립할 수 있었을 뿐 아니라 심지어는 극도의 고통과도 양립할 수 있었다. 사흘 동안 계속되는 편두통 때문에 힘들게 위액을 토하면서 고통에 시달리는 와중에도 나는 변증가로서의[31] 탁월한 명석함을 소유하고 있었으며, 건강한 상태였다면 다루지도 못했을 뿐 아니라 충분히 섬세하고 **냉정하게** 사유하지도 못했을 문제들을 극히 냉정하게 사유할 수 있었다. 나의

---

27) 니체는 1879년 9월 20일부터 12월 말까지 나움부르크에서 지냈다.

28) 여기서 그림자는 생명력이 쇠퇴한 상태를 가리킨다.

29) 「방랑자와 그의 그림자」는 『인간적인 너무나 인간적인』 II에 실려 있다.

30) 니체는 1880년 11월 10일부터 1881년 4월 말까지 제노바에서 지냈다.

31) 니체는 병고에 시달리면서 생명력이 쇠퇴한 상태인 데카당스를 몸소 경험할 수 있었으며, 이러한 경험으로 인해 자신이 데카당스에 대한 비판가이자 치료자가 될 수 있었다고 보고 있다. 여기서 니체는 변증법을 데카당스의 징후로 보면서 자신을 데카당스의 전문가라는 점에서 변증가라고 부르고 있다.

독자들은 내가 변증법을 어느 정도로까지 데카당스의 징후로 보는 가를 아마 알고 있을 것이다. 예컨대 가장 유명한 경우는 소크라 테스다.[32] 지성에 병적인 장해가 되는 것들, 열을 수반하는 반(半)

---

32) 소크라테스의 변증법은 크게 반어법(反語法)과 산파술로 구성되어 있다. 반어 법은 상대방의 주장이 내포하고 있는 모순점을 폭로하여 상대방이 자신의 무 지를 인정하게 하는 방법이며, 산파술은 상대방과의 대화를 통해서 상대방이 잠재적으로 이미 알고 있는 진리를 스스로 깨닫게 하는 방법이다. 소크라테스 는 예를 들어 우리가 정의롭거나 용기 있는 행동을 하기 위해서는 정의나 용기 가 무엇인지를 먼저 개념적으로 분명히 파악하고 있어야 한다고 생각했다. 그 러나 소크라테스는 아테네의 저명인사들과 대화를 나누면서 이들이 정의나 용 기가 무엇인지를 제대로 파악하지 못하고 있다는 사실을 알았다. 그러나 니체 는 우리는 용기나 정의가 무엇인지를 개념적으로 분명히 파악하지 못할지라도 용기 있게 혹은 정의롭게 행동할 수 있다고 본다. 예를 들어 위대한 장군은 용 기가 무엇인지에 대해서 개념적으로 정확하게 정의를 내리지 못하더라도 용기 있게 행동할 수 있다는 것이다. 더 나아가 니체는 이렇게 온몸에 체화된 인식 이야말로 진정한 인식이라고 본다. 『우상의 황혼』에서 니체는 소크라테스의 변 증법이 '탁월한 인간들에 대한 원한에서 비롯된 복수'라고 보고 있다. 니체는 이렇게 말하고 있다.
"소크라테스와 함께 그리스인들의 취향은 변증법에 호의적인 방향으로 급격하 게 변화되었다. 그때 도대체 무슨 일이 일어났던 것일까? 무엇보다도 먼저 고 귀한 취향이 패배하고 있었다. 변증법과 함께 천민이 올라서기 시작하는 것이 다. 소크라테스 이전의 훌륭한 사회에서는 변증법적 수법이 배척되었다. 변증 법은 하류의 수법으로 간주되었다. 그것은 사태를 노골적으로 까발렸기 때문 이다. 젊은이들은 그런 수법에 물들지 않도록 경고를 받았다. 또 자신의 근거 를 그런 식으로 드러내는 것을 사람들은 신뢰하지 않았다. 정당한 일들은 정당 한 사람들과 마찬가지로 자신의 근거를 그런 식으로 내보이지 않는다. 다섯 손 가락 전부를 내보이는 것은 점잖은 일이 아니다. 스스로를 먼저 증명해야만 하 는 것은 거의 무가치하다. 권위가 아직 좋은 습속을 이루고 있고, 사람들이 '논

혼수상태조차도 나에게는 한 번도 일어난 적이 없었다. 그러한 상태가 어떠한 것이며 얼마나 빈번히 일어나는지를 나는 책들을 통해서 비로소 알게 되었다. 나의 피는 서서히 흐른다. 나에게 열이 있다는 것을 이제까지 누구도 확인할 수 없었다. 상당히 오랫동안 나를 신경 질환자로 치료해온 어느 의사도 결국은 이렇게 말했다. "당신의 신경에는 이상이 없소. 오히려 내가 신경이 예민했을 뿐이오." 나의 신체 중 어떤 한 부분도 퇴화되는 조짐은 결코 보이지 않았다. 위의 통증이 아무리 심하더라도 그것은 몸 전체의 기력이 쇠약해진 결과 위장조직이 극도로 약화되었기 때문에 생긴 것이지, 위장이 문제가 있어서 생긴 것은 아니었다. 때로는 실명 직전까지 가기도 했던 내 눈의 통증도 단지 [생명력 쇠퇴의] 결과일 뿐이지 원인은 아니었다. 따라서 내가 생명력이 점차 회복되어감에 따라 시력도 다시 좋아졌던 것이다. 내가 살아온 오랜, 너무나 오랜 세월은 건강을 회복하는 세월이기도 했지만, 동시에 유감스럽게도 데카당스가 재발하고 악화되며 주기적으로 반복해서 나타났던 세월이기도 했다. 사실이 이런데도 내가 데카당스의 문제에 대한 전문

중하지 않고' 명령을 내리는 곳에서는 변증가라는 것은 일종의 어릿광대에 불과하다. [⋯] 소크라테스의 반어법(Ironie)은 반항의 표현일까? 천민이 갖는 원한의 표현일까? 억압받는 자로서 그는 삼단논법이라는 비수로 찌르면서 자기 나름의 잔인함을 즐기는 것일까? 그는 자신에게 매료된 귀족층에게 복수를 하고 있는 것일까?"(『우상의 황혼』, 「소크라테스의 경우」 5~7절)

가라고 구태여 말할 필요가 있을까? 나는 데카당스라는 현상을 자세히 관찰했다. 금실 세공술처럼 섬세하게 파악하고 이해하는 기술, 뉘앙스를 감지하는 능력, 보이지 않는 것을 보는 심리학, 그리고 그 밖에 나의 특징이라고 할 수 있는 모든 것은 바로 그때 습득한 것이다. 그것들은 관찰하는 기관들뿐만 아니라 관찰하는 태도 등을 비롯하여 나에게 있던 모든 것이 섬세하게 되었던 저 시절에 내가 받았던 진정한 선물이다. 병자의 관점에서 더욱 **건강한** 개념과 가치들을 음미한다든가 거꾸로 **풍부한** 삶의 충일과 자기 확신으로부터 데카당스 본능의 은밀한 작업을 내려다보는 것, 이런 일을 나는 매우 오랜 기간에 걸쳐서 연습했으며 그에 관한 진정한 경험을 쌓았다. 내가 어떤 것에서 대가가 되었다면, 그것은 바로 이렇게 관점을 전환하는 것에서다. 지금 나는 **관점을 전환하는 것**을 완전히 습득했으며 자유자재로 할 수 있다. 그리고 바로 이 점이야말로 나만이 '모든 가치의 전환'[33]을 수행할 수 있다는 첫 번째 근거다.

---

33) '가치의 전환'이란 플라톤주의적이고 그리스도교적인 이원론에 입각한 초감성적인 가치들의 허구성을 폭로하고 전복함으로써, 모든 가치 평가의 원리를 '힘에의 의지'에서 찾으려고 하는 철학적 시도를 가리킨다. 이러한 가치 전환에 따르면 힘에의 의지를 강화하는 것만이 가치 있고, 그렇지 않은 것은 무가치하다.

2

내가 데카당이라는 사실을 차치하면 나는 또한 데카당과는 정반대의 인간이기도 하다.[34] 그 증거는 무엇보다 전형적인 데카당은 불행한 상황에 빠졌을 때 자신에게 해가 되는 수단을 택하는 반면에, 나는 그러한 상황에서도 항상 **적절한 수단**을 본능적으로 택해왔다는 점이다. 나는 전체로서는 건강했다. 어떤 특정한 각도에서 보거나 특수한 부분만 본다면 나는 데카당이었다. 습관적인 생활 환경에서 벗어나 절대적인 고독을 지향하는 에너지, 나 자신에 대한 더 이상의 배려도 간호도 **치료**도 거부하는 엄격함 — 이러한 점들은 그 당시 나 자신이 무엇보다 필요로 했던 것이 **무엇인지**에 대해서 나의 본능이 확실히 알고 있었음을 말해준다. 나는 나 자신을 통제하여 나 자신을 다시 건강하게 만들었다. 이를 위한 조건은 — 모든 생리학자가 인정할 것이지만 — **근본적으로 건강하다는 것**이다. 전형적으로 병약한 인간은 건강해질 수 없으며 자기 자신을 건강하게 만들기는 더욱 어렵다. 반대로 전형적으로 건강한 사람에게 병은 심지어 삶을 위한, 더 풍요로운 삶을 위한 효과적인 **자극제**가 될 수 있다. 오랜 병이 **지금**은 나에게 그러한 효과적인 자극으로

---

34) 병고에 시달리면서 생명력의 쇠퇴를 맛보았다는 점에서는 데카당이지만, 근본적으로 건강한 자였다는 점에서 데카당의 정반대라는 것이다.

여겨진다. 지금 나에게는 병으로 시달렸던 저 오랜 세월이 이렇게 나타난다. 나는 나 자신을 포함해서 삶을 새롭게 발견했다. 나는 다른 사람이 쉽게 맛볼 수 없는 모든 훌륭한 것과 심지어는 사소한 것까지도 음미하였다. 그리하여 나는 건강과 삶을 향한 나의 의지로부터 나의 철학을 형성했다. … 다음 사실을 주목하라. 나의 생명력이 가장 쇠진해 있던 바로 그때[35] 나는 염세주의자로 존재하는 것을 그쳤다. 자기 회복의 본능이 나로 하여금 우리를 허약하게 만들고 기력을 빼앗는 철학을 거부하게 한 것이다. … 그러면 어떤 사람이 **훌륭하게 성숙한 사람**인지 아닌지를 우리는 근본적으로 무엇을 기준으로 하여 인식하는가! 훌륭하게 성숙한 사람이란 우리의 감각에 즐거움을 주는 사람이다. 그는 견고하면서도 부드럽고 동시에 향기로운 나무를 깎아 빚은 사람이다. 그에게 유익한 것만이 그의 입맛에 맞다. 자기에게 유익한 것이 적절한 한도를 벗어나게 되면, 그는 그것에 대해서 더 이상 즐거움이나 욕망을 느끼지 못한다. 그는 자신에게 해로운 것에 대한 치유책을 생각해낼 수 있다. 그는 불리한 우연(Zufall)[36]을 자신에게 유리한 것으로 전환할 수 있

---

35) '그때'란 니체가 앞에서 말했듯이 건강상의 이유로 바젤 대학 교수직을 사임하고 『인간적인 너무나 인간적인』을 쓸 당시를 가리킨다. 니체는 『인간적인 너무나 인간적인』에서 『비극의 탄생』에 아직 강하게 존재하던 쇼펜하우어 사상의 영향에서 벗어나게 된다.
36) 우연이란 우리 앞에 예기치 않게 떨어지는(zu-fallen) 것이다. 그러나 이러한

다. 그를 죽이지 못하는 것은 그를 더욱 강하게 만든다.[37] 본능적
으로 그는 자신이 보고 듣고 경험하는 모든 것을 수집하여 **독자적
인 방식으로** 종합한다. 여기서 선택의 원칙은 그 자신이며 그는 많
은 것을 버린다. 그가 관계하는 것이 책이든 사람이든 경치든 간에
그는 항상 **자기를** 잃지 않는다. 즉 그는 [독자적인 판단에 의해서] 상
대를 **선택하고 인정하며 믿음으로써** 상대에게 경의를 표한다. 그는
모든 자극에 서서히 반응한다. 이러한 반응은 그가 가지려고 하는
긍지와 오랜 기간에 걸친 신중함에 의해서 육성된 것이다. 그는 자
신에게 다가오는 자극을 음미할 뿐이지 구태여 그것을 마중 나가
지 않는다.[38] 그는 '불행'도 '죄'도 믿지 않는다. 그는 자기 자신이나

우연이 가져오는 곤경(Not)을 자기 성장의 계기로 전환할(wenden) 때 우연은
필연성(Notwendigkeit)이 된다. 니체가 말하는 운명애란 이렇게 자신이 부딪
히는 험난한 운명을 자신의 성장에 필연적인 것으로 보면서 긍정하는 것을 가
리킨다. 우연에 대해서 니체는 이렇게 말하고 있다.
"나는 모든 우연을 나의 냄비 속에 삶는다. 그리하여 그것을 잘 삶았을 때에야
비로소 그것을 나의 먹이로 하여 즐긴다."(『차라투스트라는 이렇게 말했다』 3
권, 「왜소하게 만드는 덕」 3절)

37) 니체는 『우상의 황혼』, 「잠언과 화살」 8절에서 이렇게 말한다.
"삶의 사관학교로부터 — 나를 죽이지 못하는 것은 나를 더욱 강하게 만든다."
『차라투스트라는 이렇게 말했다』 3권, 「방랑자」에서도 이렇게 말하고 있다.
"우리를 강인하게 만드는 것을 찬양하라!"(*KSA* 4, 194, 20)

38) 니체는 『우상의 황혼』, 「독일인들에게 결여되어 있는 것」 6절에서 이렇게 말하
고 있다.
"사람들은 보는 법을 배워야 하며, **생각하는 법을 배워야** 하고, 말하고 쓰는 법

다른 사람을 다룰 줄 안다. 그리고 **망각할** 줄 안다.[39] 그에게는 모

을 배워야 한다. 이 세 가지 과제가 목표로 하는 것은 모두 고귀한 문화다. 보
는 법을 배우는 것 — 이것은 눈에 평정과 인내의 습관을 부여하는 것이며 그
리고 사물이 자신에게 다가오게 하도록 눈을 훈련하는 것이다. 판단을 유보하
면서 하나하나의 경우를 모든 측면에서 검토하고 조망하는 법을 배우는 것이
다. 이것이 정신성에 이르기 위한 **첫 번째** 예비훈련이다. 자극에 즉각적으로
반응하지 **않고**, 오히려 자신을 억제하고 [자극에 대해 자신을] 폐쇄하는 본능
을 확보하는 것이다. 내가 이해하는 바에 따르면, 보는 법을 배우는 것은 '강한
의지'라는 비철학적 용어로 불리는 것과 거의 같은 것이다. 그것에서 본질적인
것은 '의지(意志)하는 것'이 **아니라** 결정을 유예시킬 **수 있는 능력이다.** 모든 비
정신성, 모든 천박성은 자극에 저항할 수 있는 능력의 결여에서 비롯된다. [비
정신적이고 천박한] 사람들은 [어떤 자극에] 반응하지 **않을 수 없으며** 어떠한
충동에도 따르는 것이다. [어떤 자극에] 반응하지 않을 수 없다는 것은 많은 경
우 이미 병약함과 쇠퇴와 쇠진의 징후다. 사람들이 비철학적인 조야한 견지에
서 '악덕'이라는 이름으로 부르는 것은 [자극에] 반응하지 **않는** 능력이 생리적
으로 결여된 것에 지나지 않는다. 보는 법을 배우고 나서 그것을 응용하게 될
경우 사람들이 겪게 되는 변화 중의 하나는 다음과 같은 것이다. 사람들은 배
우는 입장이 되어서 대체로 서두르지 않게 되고 쉽게 믿지 않게 되며 그리고 저
항하게 된다. 어떠한 종류의 것이든 낯설고 **새로운** 것을 접하게 되면 사람들은
우선은 적의를 품은 평정과 함께 그것을 대할 것이다. 사람들은 그것으로부터
손을 뒤로 뺄 것이다. 문이란 문을 다 열어놓는 것, 온갖 사소한 사실 앞에서도
공손하게 엎드리는 것, 다른 사람들이나 다른 것들 안으로 들어가고 **뛰어 들어
가는** 것, 요컨대 유명한 근대적 '객관성'이라는 것은 나쁜 취향이며 그지없이
저속한 것이다."

39) 니체는 삶을 위해서 필요한 것은 기억보다는 망각이라고 본다. 동물들은 과거
를 기억하지 못하면서도 건강하게 산다. 우리 인간도 오감(五感)을 통해서 체
험하는 무수한 것을 의식하지 않고 망각해야 어떤 특정한 것에 의식을 집중할
수 있으며 건강하게 살 수 있다. 망각할 수 있기 때문에 우리는 과거의 기억에
짓눌리지 않고 현재를 즐기면서 행복하고 명랑하게 살 수 있으며, 과거의 상처

든 것이 최상의 것이 될 수밖에 없을 정도로 충분히 강하다. 자, 나는
데카당과는 정반대의 인간이다. 왜냐하면 내가 위에서 묘사한 인간
[훌륭하게 성숙한 인간]은 바로 나 자신이기 때문이다.

3

나는 그런 아버지를 둔 것을 큰 특권이라고 생각한다. 내가 이렇

를 잊고 자신에 대해 긍지도 가질 수 있다. 니체는 『도덕의 계보』, 두 번째 논
문 「'죄'·'양심의 가책' 및 기타」 1절에서 이렇게 말하고 있다.
"망각이란 피상적으로만 생각하는 사람들이 믿는 것처럼 한갓 타성적인 힘이
아니다. 오히려 그것은 일종의 능동적인, 극히 엄밀한 의미에서의 적극적인 저
지 능력이다. 이러한 능력으로 인해 우리에 의해서 체험되고 경험되고 받아들
여질 뿐인 것들은 소화되는(이것을 '정신적인 동화'라고 불러도 좋다) 동안에
는 의식되지 않는다. 이는 우리의 육체적 영양, 이른바 '육체적 동화'가 이루어
지는 수천 가지 과정 전체가 의식되지 않는 것과 마찬가지이다. 의식의 문들과
창문들을 일시적으로 닫아버리는 것, 우리의 의식 아래 세계의 하위 기관들이
서로 협동하고 서로 대항하면서 생기는 소음과 싸움으로부터 방해받지 않는
것, 새로운 것, 무엇보다도 통제하고 예견하며 예정하는 더 높은 기능들과 기
관들이 들어설 수 있는 자리를 다시 마련하기 위해서 필요한 의식의 약간의 정
적과 백지상태(우리의 유기체적 조직은 과두제 방식으로 형성되어 있기 때문
이다), 이것이야말로 이미 말했듯이 능동적인 망각이 갖는 이점(利點)이다. 능
동적인 망각은 영혼의 질서와 안정 그리고 예법의 관리자인 것이다. 이러한 사
실에서 우리가 즉각적으로 알 수 있는 것은 망각이 없다면 어떠한 행복도 명랑
함도 희망도 긍지도 현재도 있을 수 없다는 것이다. 이러한 저지 장치가 파손
되거나 기능을 멈춘 사람은 소화불량 환자에 비교될 수 있다(아니, 비교할 만
한 것 이상의 것이다). 그는 어떤 일도 '제대로 해낼 수' 없게 된다."

게 말하는 것은, 아버지의 설교를 들었던 농부들이 천사는 나의 아버지 같은 모습을 하고 있을 것임에 틀림없다고 말했기 때문이다. 아버지는 알텐부르크 궁정에서 몇 년을 지낸 후,[40] 마지막 몇 년은 목사로 살았다. 여기서 나는 혈통의 문제를 언급하려고 한다. 나는 순혈(純血)의 폴란드 귀족이다.[41] 나쁜 피는 한 방울도 섞이지 않았으며, 최소한 독일인의 피는 전혀 섞이지 않았다. 내가 나와 가장 심하게 대립되는 자, 즉 상상조차 할 수 없을 정도로 비천한 본능들의 소유자를 찾는다면, 나는 언제나 내 어머니와 여동생을 발견하게 된다. 이러한 천민들과 내가 친족이라고 믿는 것은 나의 신성함에 대한 모독이 될 것이다. 내가 어머니와 누이에게서 지금 이 순간까지 받아온 취급을 생각해보면 형언할 수 없을 정도로 소름이 끼친다. 여기에서는 완벽한 시한폭탄이 작동하고 있다. 이 폭탄은 한 치의 오차도 없이 나를 피투성이로 만들 수 있는 순간 ― 나의 최고의 순간 ― 을 노린다. 왜냐하면 이 순간에 내게는 독충에 저항할 힘이 전혀 없기 때문이다. … 그들과 나 사이의 생리적 근접성으로 인해 그러한 예정된 부조화[42]가 가능하게 되었다. … 여

---

40) 니체의 아버지는 1838년에서 1841년까지 알텐부르크에 있는 작센-알텐부르
크 공작의 궁전에서 공주들의 교사로 일했다.

41) 니체는 자신이 폴란드 귀족 가문의 후예라고 말하지만, 니체 사후에 행해진 조
사에 따르면 니체 가문은 16세기 이래 작센 지방에 살던 독일인들로 밝혀졌다.

42) '예정된 부조화'라는 말은 '세계의 모든 것이 서로 조화를 이루도록 신에 의해

기에서 고백하지만, 진정으로 **심연적인** 사유인 '영원회귀 사상'을 내가 받아들이는 데에 가장 큰 걸림돌이 되는 것은 항상 어머니와 누이동생이다.[43] 그러나 폴란드인으로서조차도 나는 하나의 엄청난 격세유전이다.[44] 지상에 존재했던 혈통 중에서 가장 고귀한 이 혈통을 — 내가 체현하고 있는 정도로 본능적으로 순수한 형태로 — 발견하려면 몇 세기를 거슬러 올라가야 할 것이다. 나는 오늘날 귀족이라 불리는 모든 자를 기품 있는 우월한 감정[45]을 가지고 내

서 예정되어 있다'는 라이프니츠의 예정조화설을 패러디한 것이다.

43) 영원회귀 사상은 '인생과 세계의 모든 것이 동일하게 영원히 반복된다'는 사상이다. 초인은 이러한 사상을 흔쾌히 받아들이면서 자신의 운명이 영원히 반복되어도 좋다고 긍정하는 사람이다. 여기서 니체는 자신의 어머니와 누이와 수많은 생에서 계속 친족관계를 맺어야 한다는 것을 생각하면 영원회귀 사상을 수용하기가 힘들었으며, 이 점에서 어머니와 누이는 자신이 영원회귀 사상을 받아들이는 것을 방해하는 가장 큰 걸림돌이었다고 말하고 있다. 니체는 『차라투스트라는 이렇게 말했다』 3권, 「쾌유하고 있는 자에 대하여」 2절에서 "아아, 인간이 영원히 되돌아온다니! 왜소한 인간이 영원히 되돌아온다니!"라고 한탄하고 있다.

44) 격세유전은 어떤 형질이 다음 세대에서는 보이지 않다가 두 세대 이후에 다시 나타나는 것을 가리킨다. 예를 들자면, 어떤 형질이 할아버지에게는 존재했지만 아버지 세대에서는 사라졌다가 자식 세대에서 되살아나는 것을 의미한다. 여기서 니체는 오랜 세월 동안 감춰져 있었던 폴란드 전통 귀족의 탁월한 자질들이 자신에게서 나타났다고 말하고 있다.

45) '우월한 감정'은 Gefühl von Distinktion을 번역한 말이다. Gefühl von Distinktion은 '거리의 파토스(das Pathos der Distanz)'라는 니체의 용어와 유사하다고 할 수 있다. 거리의 파토스는 자신을 최대한 탁월한 존재로 만듦으로써 자신과 다른 인간들 사이의 거리를 벌리려는 열정이다.

려다본다. 나는 독일의 젊은 황제[46]에게도 나의 마부가 될 수 있는 영예조차 인정하지 않을 것이다. 내가 나와 동류라고 인정하는 사람은 단 한 사람뿐이다. 깊이 감사하는 마음과 함께 고백하지만, 코지마 바그너 부인[47]은 더없이 고귀한 본성의 소유자다. 그리고 꼭 해두고 싶은 말이지만, 리하르트 바그너는 나와 가장 가까운 혈통을 가진 남자였다.[48] … 나머지에 대해서는 침묵하겠다. … 친족 유사성의 정도에 대해서 오늘날 지배하고 있는 모든 생각은 생리학적으로 유례가 없는 난센스다. 교황은 지금도 여전히 이러한 난센스[49]와 거래를 하고 있다. 사람들은 자신의 부모를 가장 적게 닮는다. 어떤 사람이 자신의 부모를 닮았다는 것은 그의 비천함을 가

---

46) 당시 독일의 황제였던 빌헬름 2세를 가리킨다.

47) 코지마 바그너(Cosima Wagner, 1837~1930)는 음악가인 리스트의 딸로 지휘자 한스 폰 뷜로(Hans von Bülow)의 아내였으나 이혼하고 리하르트 바그너(Richard Wagner, 1813~1883)와 결혼했다. 니체는 바젤 대학 교수로 있던 초기에 바그너 부부와 친밀하게 교류했다. 니체는 코지마 바그너를 평생 사랑했지만, 바그너에 대해서는 나중에 크게 실망하게 된다. 바그너가 니체에게 어떻게 영향을 미쳤고, 니체가 나중에 어떻게 해서 바그너에게 등을 돌리게 되는지에 대해서는 이 책의 해제를 참조하기 바란다.

48) 니체는 코지마 바그너에게 보낼 예정이었던 1888년 12월 25일의 편지 초안에서 이렇게 쓰고 있다.
"존경하는 여사님, 당신이야말로 내가 존경해온 유일한 여인이었습니다. … 『이 사람을 보라』의 견본 하나를 기꺼이 받아주시기 바랍니다. 이 책에서는 리하르트 바그너를 제외한 세상 모든 것이 비판을 받고 있습니다."

49) 가톨릭이 근친결혼을 금지하고 있는 것을 가리킨다.

장 극명하게 보여주는 징표다. 보다 고귀한 본성의 소유자들은 자신의 근원을 무한히 거슬러 올라가는 옛날에 갖는다. 이러한 근원은 그들을 향해서 가장 오랫동안 모이고 절약되고 축적되어야만 했다. 위대한 개인들은 가장 오래된 인물들이다.[50] 나에게는 이해할 수 없는 일이지만 율리우스 카이사르가 나의 아버지일 수도 있다. 아니면 디오니소스의 화신인 알렉산드로스 대왕이 나의 아버지일 수도 있다. … 내가 이것을 쓰고 있는 이 순간에, 우편배달부가 나

---

50) 니체는 『우상의 황혼』, 「어느 반시대적 인간의 편력」 44절에서 이렇게 말하고 있다.

"나의 천재 개념. ― 위대한 인물들은 위대한 시대와 마찬가지로, 거대한 힘이 내부에 축적되어 있는 폭발물이다. 그들의 전제는 항상 역사적으로나 생리적으로 오랜 기간 그들에게로 힘이 모이고 축적되었으며 절약되었고 보존되어왔다는 것 그리고 오랫동안 폭발이 일어나지 않았다는 것이다. 이렇게 [힘이 폭발하지 않고 축적되기만 하면서] 긴장이 지나치게 커지면, 아주 우연한 자극만으로도 '천재', '[위대한] 행위', 위대한 운명을 세상에 불러낼 수 있다. 그렇다면 환경도, 시대도, '시대정신'도, '여론'도 [천재의 탄생과는] 아무런 관계도 없다! 나폴레옹의 경우를 살펴보자. 혁명기의 프랑스라면, 더욱이 혁명 전의 프랑스라면 나폴레옹과는 정반대의 유형을 자신으로부터 산출했을 것이다. 아니 실제로 그러한 유형을 산출했다. 그런데 나폴레옹은 달랐다. 프랑스에서 스러져가고 분열되고 있었던 문명보다 더 강할 뿐 아니라 더 길게 지속되었으며 더 오래된 문명의 계승자였기 때문에, 그는 그곳에서 지배자가 되었으며 그만이 그곳에서 지배자였던 것이다."

니체는 나폴레옹을 프랑스 문명의 계승자가 아니라 그것보다도 더 강하고 더 오래된 문명의 계승자, 즉 그리스·로마와 르네상스 문명의 계승자로 본다. 나폴레옹은 이러한 문명에서 발원하는 힘이 장기간 축적된 결과물이라는 것이다.

에게 디오니소스의 머리를 배달한다. [51] …

4

나는 사람들이 나에 대해 반감을 갖게 하는 기술을 전혀 터득하지 못했다. 이것 또한 [그 누구와도] 비할 바 없는 나의 아버지 덕택이다. 심지어는 그러한 기술을 터득하는 것이 나에게 큰 가치가 있는 것으로 생각될 경우에조차도 그렇다. 이렇게 말하면 반(反)그리스도교적으로 들릴지도 모르지만, [52] 나는 사람들이 나 자신에게 반감을 갖게 한 적이 없었다. 내 인생을 이리저리 뒤집어 살펴보라. 저 단 한 가지 경우[니체의 어머니와 누이동생의 경우]를 제외하고는, 누군가가 나에게 악의를 품었던 흔적을 전혀 발견하지 못할 것

---

51) 이 부분이 무엇을 의미하는지는 애매하다. 두 가지 가능성을 생각해볼 수 있다. 하나는, 니체는 『이 사람을 보라』를 집필한 후 얼마 지나지 않아 광기에 빠지기 때문에, 이 부분을 쓰고 있을 때 환영을 보았을 수도 있다는 것이다. 다른 하나는, 이 글을 쓰고 있는 순간에 우편배달부에게서 '디오니소스의 머리 부분 조각상 사진'을 전달받았을 수도 있다는 것이다. 닐젠(Nielsen) 부인은 니체가 바젤 대학 교수였던 시절에 디오니소스의 머리 부분 조각상을 찍은 사진을 니체로부터 받은 적이 있다고 한다.

52) 자신의 말이 거짓말처럼 들릴지도 모르겠다는 의미이다. 이 경우 '반(反)그리스도교적인 것'은 '부정직한 것'을 의미한다고 할 수 있다. 혹은 이 구절은 니체의 말이 자신에 대해서 자랑하는 것처럼 들리기 때문에, 겸손을 중요한 덕으로 보는 그리스도교에 반하는 것으로 들릴 수도 있다는 것을 의미할 수도 있다.

이다. 오히려 온통 나에 대한 **호의**의 흔적들만 발견할 수 있을 것이다. … 내 경험에 비추어보면 다른 사람들에게는 거칠고 무례한 사람들조차도 나에게만은 예외 없이 호의로 가득 차게 되는 것이다. 나는 아무리 사나운 곰도 길들일 수 있으며 심지어 익살꾼들도 예의 바르게 만들 수 있을 정도다. 7년 동안 바젤에 있는 고등학교 최상급반에서 그리스어를 가르친 적이 있었는데, 나는 학생들에게 벌을 줄 필요가 전혀 없었다. 가장 게으름을 피우던 학생도 내 수업에서는 열심히 공부했다. 나는 돌발적으로 일어나는 일들도 능수능란하게 처리할 줄 알았다. 그렇게 처리하기 위해서는 차라리 사전 준비가 없어야 했다. '인간'이라는 악기가 아무리 엉망으로 소리를 내더라도 내가 그 악기가 귀를 기울일 만한 소리를 내도록 고쳐놓지 못한 경우가 있다면, 그때는 분명히 내가 몸져누워 있을 때이리라. 그리고 그 '악기들'이 자신이 **이처럼** 아름다운 소리를 낸 적이 없다고 말하는 것을 나는 얼마나 자주 들었던가. … 그런데 가장 아름다운 소리를 냈던 경우는 애석하게도 꽃다운 나이에 죽은 하인리히 폰 슈타인이었다.[53] 그는 한번은 나에게 정중히 허

---

53) 슈타인(Heinrich von Stein, 1857~1887)은 열렬한 바그너 숭배자였으며, 1881년부터 할레 대학에서 사강사로 있었다. 그는 1884년 8월 26일부터 28일까지 실스마리아에 머물면서 니체를 방문했다. 그는 니체와 사흘밖에 함께 있지 않았지만, 니체에게서 어떤 위대한 것을 느꼈다고 한다. 니체도 1884년 9월 14일에 친구 오버베크(Overbeck)에게 쓴 편지에서 "하인리히 폰 슈타인은 한

락을 구한 후 사흘 동안 실스마리아에 나타나서는, 사람들에게 자기가 엥가딘에 관광차 온 것이 아니라고 해명했다고 한다.[54] 프로이센 융커[프로이센의 지주 귀족계급] 특유의 저돌적인 우직함과 함께 바그너의 늪에(그뿐 아니라 뒤링의 늪에까지도!)[55] 빠져들었던 이 특출한 인간은 사흘 동안 자유의 폭풍을 만끽하더니 완전히 다른 사람이 되었다. 그는 갑자기 자기 본래의 정점으로까지 고양되고 날개를 얻은 사람처럼 되었다. 나는 항상 그에게 이렇게 말하곤 했다. 그건 바로 이 고지의 좋은 공기 때문이라고.[56] 그리고 모든 사람이 동일한 경험을 하며, 사람들이 아무 이유 없이 바이로이트보다 6천 피트 높은 곳에 있는 것은 아니라고.[57] 그러나 그는 내 말을

때 바그너에 빠져 있었지만 뒤링에게서 받은 이성적인 훈련으로 인해 나[니체]를 수용할 준비가 되어 있었다"고 적고 있다. 그러면서 슈타인을 니체에 심취해 있고 니체에 대해서 본능적으로 경외심을 갖고 있는 사람으로 평하고 있다.

54) 니체를 만나러 왔다는 의미이다.

55) 슈타인은 베를린 대학에서 낭만주의자인 바그너와는 달리 현실을 중시했던 실증주의적 철학자 뒤링의 영향 아래서 박사논문을 썼다. 물론 니체는 사회주의자였던 뒤링에 대해서 매우 비판적이었다.

56) 니체는 자기 작품의 도처에서 '높은 산의 공기'에 대해 말하고 있다. 예를 들어 이 책의 서문에서 니체는 이렇게 말한다.

"내 책에 흐르는 공기를 맡을 수 있는 자는 그것이 높은 산의 공기이며 강력한 공기라는 사실을 알고 있다. 이 공기로 인해 감기에 걸릴 수 있는 위험이 작지 않기 때문에, 사람들은 그 공기를 견딜 수 있을 정도로 강해야만 한다."

57) 바이로이트는 바그너가 자신의 오페라 극장을 세웠던 곳이다. 니체는 바이로이트보다 6천 피트 더 높은 곳에 있는 실스마리아가 바그너를 넘어설 수 있는

믿으려 하지 않았다. … 그럼에도 불구하고 나는 크고 작은 무례한 일들을 겪어야 했지만, 사실 그것들은 상대방이 '고의'로 한 것이 아니었으며 악의로 한 것은 더더욱 아니었다. 내가 이미 암시했듯이 나는 상대방의 선의에 대해서 불평해야만 했을 것이다. 내 인생에서 적지 않은 해를 끼친 것은 오히려 그러한 선의였기 때문이다.[58] 그래서 내 경험에 미루어볼 때, '사심 없는(selbstlos)' 충동이나 남에게 조언과 조력을 아끼지 않는 모든 '이웃사랑' 전체를 불신할 자격이 나에게는 있다. 이웃사랑은 내가 보기에는 그 자체가 나약함에서 비롯되는 것이고, 자극에 저항할 수 없는 무능력의 특수한 경우다.[59] 동정심은 단지 데카당들에게만 하나의 덕목이다. 나

좋은 조건을 갖추고 있다고 말하고 있다. 니체는 '인간과 시간을 초월한 6천 피트'에서, 즉 실스마리아에 있는 실바플라나호수 가의 거대한 바위 곁에서 『차라투스트라는 이렇게 말했다』의 핵심 사상 중 하나인 영원회귀 사상의 영감에 의해서 엄습당했다고 말했다.

58) '선의지만이 선한 것으로 간주될 수 있다'는 칸트의 말을 패러디한 것이다. 칸트는 어떤 행위가 선한지 악한지는 그 행위가 선한 동기에서 행해졌는지 아닌지에 의해서 결정된다고 본다.

59) 니체는 동정심은 연약한 자들이 갖기 쉬운 것인 동시에 사람들을 약하게 한다고 보면서 동정심을 경계했다. 우리가 고통스러워하는 어떤 사람에게 동정심을 느끼는 것은 우리 자신도 그런 고통을 받으면 얼마나 힘들까라고 생각하기 때문이다. 그러나 어떠한 고통도 의연히 극복할 수 있는 강한 사람은 고통스러워하는 사람을 보아도 그가 자신과 마찬가지로 고통을 의연히 넘길 수 있을 것이라고 생각하기 때문에 쉽게 동정심을 갖지 않는다. 이런 의미에서 니체는 동정심은 연약한 마음의 소유자가 갖기 쉬우며 또한 그러한 마음의 소유자를 더

는 동정심으로 가득 찬 사람을 비난하고 싶은데, 그것은 동정심이라는 것이 부끄러움이나 외경심 그리고 거리에 대한 섬세한 감정을 모두 앗아 가버리기 때문이다. 미처 그것을 깨닫기도 전에 동정심은 불량배 냄새를 풍기게 되고 무례한 행동과 구별할 수 없게 되어버린다.[60] 동정 어린 손길이 위대한 운명, 상처 입은 자의 고독,

---

욱더 약하게 만든다고 보았다.
60) 니체는 이웃에 대한 동정이 궁극적으로는 타인의 불행에 대한 호기심이라고 말한다. 우리는 종종 타인의 불행을 봄으로써 자신의 불행한 처지를 잊고 싶어 하고 자신에게서 도피하고 싶어 한다. 더 나아가 우리는 이웃을 돕는 행위를 통해서 사람들로부터 선한 인간이라는 평가를 획득하려고 한다. 이런 의미에서 니체는 동정과 이웃사랑은 병들고 나쁜 자기애라고 말한다.
우리는 동정과 이웃사랑이란 미명 아래 타인의 불행에 기웃거리면서 타인을 돕지만, 이는 타인이 홀로 설 수 있는 능력을 가진 자라는 것을 무시하는 무례함일 수 있다. 이런 의미에서 니체는 동정심이 부끄러움이나 외경심 그리고 거리에 대한 섬세한 감정을 모두 앗아 가버린다고 말하고 있다. 여기서 '거리'란 고귀함과 저열함같이 사람들 사이에 존재하는 위계의 차이를 가리키며, 거리에 대한 감정이란 남보다 고귀한 인간이 되고 싶어 하는 감정을 가리킨다. 동정은 남의 불행에 기대서 자신의 힘과 행복을 느끼려고 한다는 점에서 부끄러움을 모르는 짓이다. 또한 독립자존하면서 고귀한 인간이 되고자 하는 타인의 의지와 능력을 무시한다는 점에서 타인에 대한 외경심과 거리에 대한 섬세한 감정을 앗아 가는 짓이다.
동정을 비판하지만 그렇다고 해서 니체가 남을 돕는 것 자체를 부정하는 것은 아니다. 니체는 오히려 남에게 행복과 사랑을 준다는 의식 없이 남에게 줄 것을 요구한다. 따라서 진정한 의미에서 남을 사랑할 수 있는 인간은 스스로 행복에 넘치는 자이고 그런 자신을 사랑하는 자다. 이런 의미에서 니체는 이웃사랑보다는 자기완성을 더 중시하며, 자신의 가까이에 있는 이웃을 사랑할 것이 아니라 멀리 떨어져 있는 인간, 즉 초인을 사랑하라고 말한다. 초인이 되려

무거운 죄에 대한 **특권**에 뻗치게 되면 그것은 경우에 따라서는 그것들을 곧장 파괴해버릴 수도 있다. 나는 동정심의 극복을 고귀한 덕 중의 하나로 친다. 따라서 나는 도움을 청하는 절규가 차라투스트라에게 들려오고 동정심이 최후의 죄처럼 그를 엄습하고 그를 **자기 자신**으로부터 유리시키려는 장면[61]을 '차라투스트라의 유혹'으로서 묘사한 적이 있다. 바로 이러한 순간에 동정심을 극복하는 것, 자신의 과제가 갖는 **고귀함**이 이른바 사심 없는 저 매우 저급하고 근시안적인 충동에 의해 더럽혀지지 않도록 하는 것, 그것이 바로 차라투스트라가 겪어야만 하는 시련, 아마도 최후의 시련일 것이다. 그것은 그의 힘을 진정으로 **증명하는** 시련일 것이다.

5

나는 또한 다른 점에서도 다시 한번 나의 아버지일 뿐이다. 말하자면 요절한 후에도 아버지는 나를 통해 계속해서 살고 있는 것이

고 노력하는 자기애가 이웃사랑보다도 더 중요하다는 것이다. 니체는 이렇게 자신을 완성하여 초인에 가까워진 사람만이 남도 제대로 도울 수 있다고 본다. 이런 사람은 타인을 돕더라도 그 사람이 독립자존할 수 있는 강한 인간이 되게 하는 방식으로 돕는다.

61) 『차라투스트라는 이렇게 말했다』 4권, 「절규」에서 산속 동굴에 있던 차라투스트라가 골짜기에서 들려오는 '구원을 요청하는 절규'를 들으면서 동정에 사로잡히는 장면을 가리킨다.

다. 자신과 동등한 사람들 사이에서 한 번도 살아보지 못하여 '동등한 권리'라는 개념과 마찬가지로 '보복'이라는 개념도 이해할 수 없는 사람처럼, 누군가 내게 크든 작든 어리석은 짓을 할 때 나는 보복 조치나 방어 조치를 취하는 것을 나 자신에게 철저하게 금한다.[62] 당연한 일이지만, 어떠한 '변호'도 어떠한 '변명'도 자신에게 금한다.[63] 내가 사용하는 보복 조치는 가능한 한 빨리 그 어리석음에 현명함으로 대응하는 것이다. 그런 식으로 하면 아마도 누구나 [자신에게 가해진] 어리석은 행동 때문에 시달리지 않을 것이다. 비유를 사용해서 말한다면, 나는 **쓰라린** 경험에서 벗어나기 위해 과일잼 한 통을 보낸다. 나에게 나쁜 짓을 한번 해보라. 그러면 나는 그렇게 보복할 것이다. 그것만큼은 확신해도 좋다. 나는 즉시 '나

---

62) 니체는 자신의 아버지에게서 고귀한 품성을 이어받았기 때문에 누군가 자신에게 어리석은 짓을 해도 원한을 품거나 보복하지 않는다는 것이다. 고귀한 품성을 가진 사람은 자신에 대해 큰 긍지를 갖고 있기 때문에, 남들이 자신을 비방하더라도 마음에 상처를 입거나 원한을 품지 않는다.

니체는 원한은 상처를 입은 약자가 자신보다 강한 자에게 품는 앙심이며, 보복 역시 상처를 입은 약자가 자신보다 강하거나 자신과 동등한 자에게 행하는 것이라고 본다. 예를 들어 성인(成人)은 다섯 살짜리 어린애가 화가 나서 자신을 때린다고 해서 원한을 품거나 보복하려고 하지 않는다. 그는 어린애의 화를 풀어주려고 할 것이다. 니체가 바로 아래 부분에서 누가 자신에게 나쁜 짓을 해도 자신은 과일잼 한 통을 보낼 것이라고 말하는 것도 바로 이런 의미에서다.

63) 변명이나 변호, 정당화도 자신에게 긍지를 갖지 못한 자가 다른 사람들에게서 인정을 받으려고 하는 시도라고 할 수 있다.

쁜 짓을 한 자'에게(경우에 따라서는 그의 나쁜 짓에 대해서까지도) 감사를 표현하기도 한다. 또는 그자에게 무언가를 **요청하기도** 한다. 무언가를 요청하는 것이 무언가를 주는 것보다 더 정중할 수 있는 것이다.[64] … 또한 내가 보기에는 가장 무례한 말, 가장 무례한 편지라도 그냥 침묵을 지키는 것보다는 더 선의에 차 있고 더 예의 바른 것 같다. 침묵하는 자들에게는 항상 섬세하고 정중한 마음이 결여되어 있다. 침묵이란 일종의 항의다.[65] 입 밖으로 나오는 것을 삼켜버리는 것은 반드시 성격을 망쳐버린다. 그것은 심지어는 위장을 상하게 한다. 침묵하는 자들은 모두 소화불량증 환자다. 따라서 나는 거친 표현을 폄하하고 싶지 않다. 그것은 **가장 인간적인** 항의의 형식이며, 나약함이 지배하는 오늘날 최고의 덕목 중 하나다.[66] 이렇게 거칠게 말할 수 있을 정도로 풍요로운 인간에게는 불

---

64) '무언가를 요청한다'는 것은 상대방에게 작은 도움을 요청하는 것으로서 상대방의 자존감을 높여주는 행위라고 볼 수 있다. 고귀한 인간은 자신에게 나쁜 짓을 한 사람의 자존감에 상처를 주기보다는 자존감을 높여주는 방식으로 대응한다는 것이다.

65) 침묵은 상대방을 함께 말을 나눌 가치도 없는 인간으로 치부하면서 무시하는 것이다. 이에 비하면, 거칠게 말하는 것은 적어도 상대방을 대화할 수 있는 상대로 인정하는 것이다.

66) 니체는 『차라투스트라는 이렇게 말했다』 1권, 「독사에게 물린 상처에 대하여」에서 이렇게 말하고 있다.
"그대들에게 적이 있다면, 그에게 선을 베푸는 방식으로 그가 행한 악을 복수하지 말라. 왜냐하면 이는 그를 수치스럽게 만들기 때문이다. 차라리 그가 그

의를 행하는 것 자체가 하나의 행복이다. 지상에 내려올 신은 오로
지 불의만을 행해야 하리라. 벌을 내리는 것이 아니라 죄를 스스로
짊어짐으로써 비로소 신처럼 되는 것이다.[67]

6

내가 원한으로부터 자유롭다는 것, 원한에 대해서 잘 알고 있다

대들에게 선을 베풀었다는 것을 증명하라. 그리고 그를 수치스럽게 하기보다
는 그에게 화를 내라."

67) 여기서 니체는 소크라테스 이래로 서양철학을 지배해온 견해, 즉 불의를 행하
는 것이 불의를 당하는 것보다 더 악하다는 견해에 비판적인 입장을 취하고 있
다. 소크라테스는 선을 행하는 유덕한 자는 행복한 반면에, 불의를 행하는 악
한 자는 불행하다고 보았다. 이에 반해 니체는 불의를 행하는 자가 행복하다고
말하고 있다. 자신에게 나쁜 짓을 한 사람을 동정과 자비로 대하는 것은 그 사
람을 불쌍한 사람으로 낮춰 보는 것이다. 이는 그리스도교에서 신이 인간을 죄
인으로 간주하면서 동정하고 자비를 베푸는 것과 마찬가지다. 그것은 상대방
을 수치스럽게 만들고 자존감을 떨어뜨린다.

이에 반해 나쁜 짓을 한 상대방에게 동정과 자비를 베풀지 않고 오히려 상대방
이 자신에게 선을 베풀었다고 감사하거나 상대방에게 화를 내면서 불의를 행
하는 것은 상대방의 자존감을 높이는 것이다. 여기서 불의를 행하는 신은 디오
니소스를 가리킨다. 이는 디오니소스가 인간을 고난의 운명에 처하게 하고 그
것과 대결하게 하는 방식으로 인간을 강화하는 신이기 때문이다.

마지막 문장에서 "벌을 내리는 것이 아니라 죄를 스스로 짊어진다"는 것도 상
대방의 잘못을 단죄하기보다는 상대방에게 불의를 행하는 방식으로 죄를 짓는
다는 것을 의미한다. 그리스도교의 신은 동정과 자비의 신이기도 하면서 단죄
하기도 하는 신이다.

는 것, 바로 이 점에서도 나는 나의 오랜 병에 얼마나 큰 빚을 지고 있는 것인지![68] 원한이란 문제는 결코 간단치 않다. 사람들은 원한을 자신의 강함으로부터도 또한 자신의 약함으로부터도 체험해보지 않으면 안 되는 것이다. 병들어 있다는 것, 허약하다는 것에 대해 무언가 지적해야 할 점이 있다면, 그것은 그러한 상태에서는 진정한 치유 본능, 즉 **방어 본능과 공격 본능**이 쇠퇴해가고 있다는 점이다. 그렇게 되면 그는 어떤 것에서도 벗어날 줄 모르고 아무것도 제대로 처리할 줄 모르며 어떤 것도 퇴치할 줄 모르게 된다. 모든 것이 그에게 상처를 줄 뿐이다. 인간과 사물이 집요하게 그에게 달라붙고, 체험은 깊은 충격을 주며, 기억은 곪아버린 상처가 된다.[69] 병들어 있다는 것은 일종의 원한 자체다. 이 모든 것에 대해 병자는 오로지 하나의 위대한 치료법만을 갖고 있을 뿐이다. 나는 그것을 **러시아적 숙명론**이라고 부른다. 이것은 강행군 끝에 눈 속

---

68) 병으로 오랫동안 고생하는 사람은 자신의 약한 몸에 대해 한탄하면서 원한을 품기 쉽다. 오랫동안 병에 시달리던 니체 역시 자신의 약한 몸에 좌절하면서 원한을 품기도 했을 것이다. 그러나 니체는 자신이 본문 바로 아래에서 이야기하는 '러시아적 숙명론' 등을 통해서 그러한 원한 감정을 극복했다고 말하고 있다. 이런 의미에서 니체는 자신이 원한에 대해서 잘 알고 있으며 또한 원한으로부터 자유롭다고 말하고 있다.

69) 바로 위에서 니체는 "원한을 자신의 강함으로부터도 또한 약함으로부터도 체험해보지 않으면 안 된다"고 말하고 있는데, 여기서는 원한을 약함으로부터 체험하는 것에 대해 말하고 있다.

에 쓰러지고 마는 러시아 군인이 보여주는 무저항의 숙명론이다.[70] 그것은 아무것도 더 이상 수용하지 않고 자기 것으로 하지도 않으며 자기 속으로 흡수하지 않는 것이다. 즉 더 이상 전혀 반응하지 않는 것이다. … 이러한 숙명론은 항상 죽음에 대한 용기로 나타나는 것은 아니다. 오히려 그것은 신진대사를 감소시키거나 완만하게 하면서 동면 상태로 존재하려는 의지로서, 삶이 가장 위태로운 상황에서 삶을 보존하는 것이기도 하다. 이러한 논리를 따라 몇 걸음 더 나아가보면, 우리는 무덤 속에서 몇 주 동안 잠을 자는 이슬람 수도승을 만나게 된다.[71] … 그는 어떤 방식으로든 반응을 했다 하면 순식간에 자신을 소모해버릴 것이기 때문에 더 이상 전혀 반응하지 않는다. 이것이 바로 그 논리다. 원한이란 감정보다 더 신

---

70) 니체는 『도덕의 계보』, 두 번째 논문 「'죄'·'양심의 가책' 및 기타」 15절에서도 러시아적 숙명론에 대해서 말하고 있다. 여기서 니체는 수천 년 동안 사람들은 형벌을 받을 때 자신들이 죄 때문이 아니라 일이 예상치 못하게 잘 풀리지 못해서 형벌을 받는다고 생각했다고 보면서 이렇게 말하고 있다.
"그들은, 사람들이 병이나 불행이나 죽음에 복종하는 것처럼 반항을 모르는 숙명론적인 태도로 형벌을 받은 것이다. 예를 들어 오늘날에도 러시아인들은 이러한 숙명론적 태도 때문에 인생을 대하는 데 있어서 우리 유럽인들보다도 더 유리한 처지에 있다."
러시아적 숙명론은 아무런 분노도 불평도 없이 모든 고난과 고통을 견디는 것을 말한다.

71) 이슬람 수도승이 최면 상태로 몇 주 동안 아무것도 먹지 않고 일종의 동면 상태에 있는 것을 가리킨다.

속하게 우리를 태워 없애버리는 것은 없다. 분노, 병적으로 상처를 잘 받는 것, 복수할 수 없다는 무력감, 복수하고 싶어 하는 욕망과 갈망, 온갖 음해 — 확실히 이 모든 것은 생명력이 고갈된 자에게는 가장 불리한 반응 방식이다. 이러한 반응 방식은 신경 에너지의 급속한 소모, 위에서 담즙[72]이 병적으로 증대되는 것처럼 유해한 분비물의 병적인 증가를 초래한다. 원한은 병자에게는 그 **자체**로 금물이다. 그것은 **병자**에게 가장 나쁜 영향을 끼친다. 하지만 불행하게도 병자의 가장 자연스러운 성향이기도 하다. 저 심오한 생리학자인 부처는 이러한 사실을 이미 잘 알고 있었다. 그의 '종교'는 그리스도교와 같은 보잘것없는 것들과 혼동되지 않도록 차라리 **위생학**의 일종이라고 부르는 편이 좋을 것이다.[73] 부처의 위생

---

72) 담즙은 근대 이전의 의학에서는 분노와 복수심과 연관이 있다고 여겨졌다.

73) 니체는 불교가 발생할 당시 인도 지식인 계층을 규정했던 생리적 조건을 고통에 지나치게 민감한 감수성으로 보고 있다. 즉 인도의 상류계층은 오랫동안 개념적인 작업에 몰두함으로써 야성적이고 건강한 본능을 상실하고 자그마한 고통도 두려워할 정도로 지나치게 민감한 감수성을 갖게 되었다는 것이다. 니체는 이러한 생리적인 조건이야말로 우울증이 쉽게 발생할 수 있는 상태라고 보면서, 부처의 사상은 이러한 우울증을 극복하는 데 도움이 되는 위생학적인 성격을 띤다고 본다. 니체는 『안티크리스트』 20절에서 이렇게 말하고 있다.
"그[부처]는 광활한 대기 속에서의 생활과 유랑생활을 권한다. 식생활에서의 절제와 선택, 모든 주류(酒類)에 대한 경계, 이와 마찬가지로 분노를 일으키고 피를 끓게 하는 모든 격정에 대한 경계, 자신을 위해서도 타인을 위해서도 **번뇌하지 않을 것**을 권한다. 그는 평안하게 하거나 마음을 밝게 하는 상념을 요구한다. […] 그의 가르침이 가장 경계하는 것은 복수심, 반감, 원한이다('적의

학은 원한을 극복하도록 돕는 것을 목표하고 있다. 즉 영혼이 원한에서 벗어나는 것이 건강을 회복하는 첫걸음이라는 것이다. "적의에 의해서는 적의가 끝나지 않는다. 우호에 의해서만 적의가 끝난다." 이 말은 부처의 가르침 서두에 있는 것이다. 여기서 말하고 있는 것은 도덕이 아니라 생리학이다.[74] 원한은 약함에서 생겨난 것이지만[75] 약한 자 자신에게 가장 해로운 것이다. 반대로 풍요로운 본성의 소유자에게 원한은 불필요한 감정이며, 이러한 감정의 주인으로 존재한다는 것[그러한 감정을 통제할 수 있다는 것]이 풍요로움을 증명해준다. 나의 철학이 복수심과 뒤끝(Nachgefühl)에 대해서

에 의해서는 적의가 종결되지 않는다'는 것이 바로 모든 불교의 감동적인 후렴구다…). 그리고 이것은 옳은 말이다. 왜냐하면 바로 이러한 정념이야말로 중요한 섭생 목적에 비추어볼 때 전적으로 불건강한 것이기 때문이다."

74) 니체는 『안티크리스트』 20절에서 이렇게 말하고 있다.
"불교는 그리스도교보다 수백 배 더 현실적이다. 불교는 문제를 냉정하고 객관적으로 제기하는 고래(古來)로부터의 유산을 체화(體化)하고 있다. 불교는 수백 년간 지속된 하나의 철학적 운동 後에 나타난 것이며, 불교가 등장했을 때 신 개념은 이미 폐기되어 있었다. 불교는 지금까지 나타난 단 하나의 실증주의적 종교다. 이는 그것의 인식론(엄밀한 현상주의)에 대해서도 적용할 수 있다. 그것은 '죄에 대한 투쟁'을 설하지 않고, 오히려 현실을 철저하게 존중하면서 '괴로움에 대한 투쟁'을 설한다. 불교는 도덕 개념에 내포되어 있는 자기기만을 이미 넘어서고 있으며 이 점에서 그리스도교와 크게 구별되는 것이다."

75) 니체는 원한을 실제로는 복수를 할 수 없는 약한 자가 상대방을 자신을 괴롭히는 악한 자로 간주하면서 상상 속의 복수를 하는 것으로 본다.

그리고 종국적으로는 '자유의지'설에 대해서[76] 얼마나 진지하게 투

---

76) 니체는 자유의지라는 개념은 그리스도교와 성직자들이 사람들을 심판하기 위해서 만들어낸 것이라고 본다. 그리스도교와 성직자들은 사람들에게 성욕과 같은 자연스러운 본능을 근절할 것을 요구한다. 그런데 이렇게 요구하기 위해서는 인간에게 자신의 본능을 근절할 수 있는 자유의지가 존재한다고 상정해야 한다. 그리스도교와 성직자들은 사람들이 자신에게 자유의지가 있음에도 불구하고 자연스러운 본능을 근절하지 못한다는 이유로 죄인이라고 단죄한다. 니체가 여기서 복수심과 원한을 '자유의지설'과 결부시키고 있는 데서 알 수 있는 것처럼, 니체는 그리스도교의 자유의지설은 인간의 몸과 자연스러운 본능에 대한 원한에 입각해 있다고 본다. 그것은 인간의 몸과 자연스러운 본능을 적절하게 통제할 능력을 갖지 못하기 때문에 그것을 악으로 간주하면서 단죄한다. 더 나아가 니체는 그리스도교의 자유의지설뿐 아니라 그리스도교 전체를 원한에서 비롯된 종교라고 본다. 니체는 『도덕의 계보』, 첫 번째 논문 「선과 악', '좋음과 나쁨」 15절에서 그리스도교에 그리스도교도들을 억압한 자들에 대한 원한이 얼마나 깊이 스며들어 있는지를 교부 테르툴리아누스(Quintus Septimius Florens Tertullianus, 155~222)의 말을 빌려 보여주고 있다. 테르툴리아누스는 이렇게 말하고 있다.
"그리고 그날[그리스도가 재림하는 날]이 오면 또 다른 구경거리가 있다. 저 최후의 영원한 심판의 날, 이교도들이 예기치 않게 자신들이 조롱거리가 되는 것을 보게 될 그날에는, 그처럼 오랜 낡은 세계와 그 세계의 수많은 산물이 불길 속에서 타버릴 것이다! 그날이 오면 얼마나 엄청난 장관이 눈앞에 펼쳐지겠는가? 얼마나 탄복할 것인가! 얼마나 웃어야 할 것인가! 얼마나 기뻐할 것인가! 얼마나 승리감으로 충만하여 춤출 것인가! 천국에 영접되었다고 알려진 그렇게 많은 왕이 위대한 주피터와 그들의 승천을 목격한 증인들과 함께 어두운 지옥에서 신음하는 꼴을 볼 때! 그리고 주의 거룩한 이름을 능욕한 총독들이 그리스도를 따르는 자들을 불태워 죽였던 능욕의 불길보다 더 흉포한 불길 속에서 불타 없어지는 것을 볼 때!"
그러나 다른 한편 니체는 제도화된 그리스도교와 예수의 진정한 이념을 구별하면서 예수는 모든 원한과 보복심에서 벗어나 있다고 보고 있다.

쟁해왔는지를 아는 사람은 — 그리스도교에 대한 투쟁은 그 한 경우일 뿐이다 — 왜 내가 나의 실생활에서의 개인적인 태도, 즉 내 **본능의 확실성**을 여기에서 드러내고 있는지를 이해하게 될 것이다. 내가 데카당스의 시기[77]를 겪고 있을 때 나는 복수심과 원한을 해로운 것으로 간주하면서 나 자신에게 **금지했다**. 나의 삶이 다시 풍요롭게 되고 긍지를 갖게 되자마자, 나는 그러한 감정들을 내 **아래**에 있는 것[충분히 통제될 수 있는 것]으로서 금지했다. 나에게 우연히 주어졌던 거의 참을 수 없을 정도의 상황, 장소, 거처, 모임들을 몇 년 동안 끈질기게 견디고 있을 때, 내가 앞에서 말했던 '러시아적 숙명론'이 나를 찾아왔다. 이 러시아적 숙명론이 그런 우연한 것들을 바꾸거나 그것들을 바꿀 수도 있다고 **느끼는** 것보다, 또한 그것들에 반항하는 것보다 더 나았다. … 이런 숙명론 속에서 견디고 있는 나를 방해하거나 강제로 깨우려고 하는 일을 그 당시의 나는 치명적일 정도로 나쁜 것으로 받아들였다. 실제로 그것은 매번 치명적일 정도로 위험했다. 자기 자신을 하나의 숙명처럼 받아들이는 것, '다른' 자신이 되는 것을 원하지 않는 것, 그것은 그러한 경우에 **위대한 이성** 그 자체다.

___

77) 병에 걸려 생명력이 저하되어 있던 때를 가리킨다.

7

전쟁은 [앞에서 거론한 원한이나 복수심과는] 다른 것이다. 나는 선천적으로 호전적이다. 공격은 내 본능에 속한다. 적이 **될 수 있다는** 것, 적으로 존재한다는 것, 그것은 아마도 강한 천성을 전제한다. 어쨌든 그것은 강한 천성에게만 있을 수 있다. 강한 천성은 저항을 필요로 한다.[78] 따라서 그것은 저항을 **찾아 나선다.** 복수심과 원한이 약함에서 비롯되는 것처럼 **공격적인 파토스**는 필연적으로 강함에서 비롯된다. 예를 들어 여자는 복수심이 강하다. 이는 여자가 약하기 때문이다. 여자가 낯선 사람들이 고통을 겪고 있는 것을 보면서 민감하게 반응하는 것도 바로 여자가 약하기 때문이다.[79] 공격하는 자의 강함이 어느 정도인가는 그가 필요로 하는 적이 어떤 사람인지를 **척도**로 하여 측정할 수 있다. 그가 얼마나 성장하였는가는 그가 보다 강력한 적수 또는 보다 강력한 문제를 찾아 나서는가 아닌가에서 드러난다. 왜냐하면 호전적인 철학자는 문제들에게

---

78) 강한 천성이 저항을 필요로 하는 것은 자신에게 저항하는 것을 극복함으로써 자신을 더욱 강화할 수 있기 때문이다. 또한 강한 천성은 자신의 적에게 증오심과 원한을 품는 것이 아니라 오히려 자신을 고양하고 강화할 기회를 준 것으로 여기면서 감사한다. 이에 반해 약한 천성은 자신을 힘들게 하는 상대에게 증오심과 원한을 품는다.

79) 각주 59번을 참조할 것.

조차 결투를 신청하기 때문이다. 그의 과제는 단순히 일반적인 저항을 제압하는 데 있지 않고, 자신의 모든 힘과 유연함 그리고 싸움 기술을 쏟아부을 만한 저항을, 즉 자신과 **대등한** 적수를 제압하는 데 있다. … 적과 대등하다는 것 — 이것이 정의로운 결투를 위한 첫 번째 전제다. 상대가 내가 얕봐도 되는[나보다 약한] 상대일 경우, 전쟁은 할 수 없다. 상대에게 명령을 내리는 것 같은 경우, 즉 상대를 **내려다보고** 있는 것 같은 경우에는 전쟁을 할 것까지도 없는 것이다. 내가 전쟁을 하는 방식은 네 가지 원칙으로 요약될 수 있다. 첫째, 나는 승리를 뽐내고 있는 것들만 공격한다. 사정에 따라서는 그것이 승리를 뽐내기까지 기다린다. 둘째, 나는 내 우군이 하나도 없을 듯한 것만을, 즉 고군분투하게 될 것 같고 나만을 위태롭게 하는 것만을 공격한다. … 나 자신을 위태롭게 하지 않는 일을 공개적으로 해본 적은 한 번도 없다. 이것이 어떤 행위가 정당한 행위인지에 대한 나의 기준이다. 셋째, 나는 결코 개인을 공격하지 않는다. 나는 개인을, 일반적인 것이면서도 살금살금 기어다니고 있어서 붙잡기 어려운 위기를 눈으로 볼 수 있게 해주는 강력한 확대경으로서 사용할 뿐이다. 내가 다비트 슈트라우스를 공격했던 것도 바로 그 때문이었다. 보다 정확하게 말하자면, 나는 하나의 노쇠한 책[80]이 이른바 독일의 '교양' 계층에서 거둔 **성공**을

---

80) 다비트 슈트라우스(David Strauß, 1808~1874)의 『예수의 생애』를 가리킨다.

공격했던 것이다. 나는 이 교양이라는 것을 현장에서 급습했던 것이다. 내가 바그너를 공격했던 것도 동일한 이유 때문이었다. 보다 정확하게 말하자면, 지나치게 섬세한 자를 풍요로운 자와 혼동하고, 아류적인 자를 위대한 자와 혼동하는 독일 문화의 허위와 어중간한 본능을 공격했던 것이다. 넷째, 나는 개인적인 충돌의 여지가 전혀 없는 것, [개인들에 대한] 좋지 않은 경험 때문에 은밀히 유감을 품고 있었던 것이 전혀 아닌 것만을 공격한다. 정반대로 나에게서 공격이란 호의의 증거이며 때로는 감사함의 증거이다. 나는 내 이름을 어떤 사태나 어떤 인물에 연관 지음으로써 그것에 경의를 표하며 그것을 특별한 것으로서 드러낸다. 내가 찬성하는 것이든 반대하는 것이든 그런 점[내가 호의와 경의를 표하는 것들이라는 점]에서는 마찬가지다. 내가 그리스도교와 전쟁을 할 경우, 나는 그럴 자격이 충분하다. 왜냐하면 나는 그리스도교로부터 어떤 불행이나 심리적인 압박을 경험한 적이 없었기 때문이다. 가장 독실한 그리스도교인들[81]도 나에게 항상 호의적이었다. 나 자신은 그리스도교에 대한 가차 없는 적이지만 수천 년간 지속된 불행을 어떤 개인의

    니체는 『반시대적 고찰』에서 슈트라우스를 교양 속물로 비판하고 있다.

81) 이러한 사람들로 무엇보다도 니체의 소년 시절 친구들인 빌헬름 핀더(Wilhelm Pinder)의 아버지 에른스트 핀더(Ernst Pinder, 1810~1875)와 구스타프 크루크(Gustav Krug)의 아버지 구스타프 아돌프 크루크(Gustav Adolf Krug, 1805~1874)를 들 수 있다. 이들은 독실한 그리스도교 경건주의자였다.

탓으로 돌릴 생각은 전혀 없다.

8

내가 타인들과 교제하는 것을 적잖이 어렵게 하는 내 본성의 마지막 특징에 대해서 이야기를 해도 될까? 나는 순수함에 대해 극히 섬뜩할 정도로 예민한 본능을 가지고 있다. 따라서 나는 어떤 사람이 내 앞에 있어도 그 사람 영혼의 정체를, 혹은 — 뭐라고 말하면 좋을까 — 그 영혼의 가장 내밀한 곳, 즉 그 영혼의 '내장'을 생리적으로 지각하고 **냄새 맡을 수 있다.** … 이러한 민감성은 나에게 모든 비밀을 감지하고 파악하는 심리적인 촉각(觸角, Fühlhörner)을 제공한다. 많은 사람의 본성 밑바닥에는 수많은 **은폐된** 오점이 존재한다. 이러한 오점은 아마도 나쁜 피로 인해 생긴 것이지만, 교육을 통해 겉이 칠해져 은폐되어 있을 뿐이다. 그러나 나는 거의 처음 접하는 것만으로도 그 오점을 단번에 알아챈다. 만약 내가 제대로 관찰했다면, 나의 순수함에 해로운 본성의 소유자들도 내가 구토를 참고 있음을 감지할 것이다. 이렇게 감지하고 조심하더라도 그들이 좋은 냄새를 풍기게 되는 것은 아니다. … 습관적으로 그래왔듯이 나 자신에 대한 극도의 결벽증, 이것이야말로 나의 생존 조건이다. 나는 불결한 조건에서는 죽고 만다. 나는 이를테면 물속에서, 즉 완벽하게 투명하고 빛나는 장(場)에서 끊임없이 헤엄치고 목욕하며 물을 튀기고 있다. 그러므로 다른 사람들과의 교제는 나의 인내심에 대한 작지 않은 시험이다. 나의 인간애는 다른 사람들의 처지에 공감하는 데 있는 것이 아니라 내가 그들과 공감한다는 것을 **견뎌낸다**는 데 있다. … 나의 인간애는 끊임없는 자기 극복이다. 그러나 나는 **고독**을 필요로 한다. 이 경우 고독이란 건강을 회복하는 것, 나 자신에로 복귀하는 것, 자유롭고 가볍고 유희하는 공기 속에서 숨 쉬는 것이다. … 나의 『차라투스트라』는 그 전체가 고독에 대한 찬가다. 혹은 사람들이 내 말을 이해했다면 순수함에 대한 찬가라고 할 수 있다. … 다행히도 **순진한 바보에 대한 찬가는 아니다.**[82] 색깔에 대한 안목을 가진 자라면 『차라

---

82) 바그너는 「파르지팔」의 주인공 파르지팔을 '순진한 바보'라고 불렀다. 그리스도가 최후의 만찬에서 사용했던 술잔인 성배(聖杯)를 지키는 파르지팔은 세상의 때가 전혀 묻지 않은 순수한 인간이다. 그러나 니체가 보기에 이 '순진한 바보'란 남에게 잘 속는 어리숙한 인간이다. 『이 사람을 보라』에서는 「파르지팔」이 여러 번 언급되고 있기 때문에 「파르지팔」의 줄거리를 간략하게 소개하고자 한다. 「파르지팔」은 중세시대에 성물(聖物)로 간주되었던 전설상의 성배(聖杯)와 성창(聖槍)을 소재로 하고 있다. 성배는 복음서에 나오는 예수와 열두 제자의 최후의 만찬에서 사용된 잔이다. 성창은 십자가에 매달린 예수의 죽음을 확인하기 위해 로마 병사가 예수의 옆구리를 찔렀던 창이다.

신앙심 깊은 기사 티투렐은 성창과 성배를 찾은 후 스페인 북부에 있는 몬살바트성에 보관하고 그것들을 수호하는 성배기사단을 조직한다. 그 후 클링조르라는 인물이 몬살바트성에 찾아와 성배기사단이 되고 싶다고 간청하지만, 기사단에서는 그가 성배와 성창을 훔치려는 흑심을 갖고 있다고 의심하여 받아주지 않는다. 클링조르는 앙심을 품고 그의 마법에 걸린 여인들에게 성배기사

투스트라』를 다이아몬드와 같은 것이라고 부를 것이다. 인간에 대한 **구토**, '천민'에 대한 구토가 항상 나의 최대 위험이었다. 차라투스트라가 구토로부터의 구원에 대해서 하는 말을 들어보겠는가?

"나에게 도대체 무슨 일이 일어났는가? 나는 어떻게 구토에서 나를 구제할 수 있었는가? 누가 나의 눈을 젊게 했는가? 어떻게 해서 나는 샘가에 어떤 천민도 더 이상 앉아 있지 못하는 높은 곳으로 날아올랐을까?
나에게 날개를 달아주고 샘이 있는 곳을 알아내는 힘을 준 것은 바로 나의 구토였을까? 정녕 쾌락의 샘을 다시 발견하기 위해 나는 가장 높은 곳으로 날아올라야만 했다!
오, 나는 그 샘을 찾아냈다, 나의 형제들이여! 여기 가장 높은 곳에서 쾌락의 샘물이 나를 위해 솟구쳐 나오고 있다! 그리고 어떠한 천민도 함께 마시지 못하는 생명이 있다!
쾌락의 샘이여! 너는 너무나 강렬하게 나에게 흘러오는구나! 너는 잔을 다시 채우기를 바라기에 잔을 자주 다시 비우는구나.

단 기사들을 유혹하게 하면서 그들이 성배를 지키는 일을 방해한다.
이에 아버지의 뒤를 이어 성배기사단장이 된 암포르타스는 클링조르를 제거하려고 한다. 그러나 오히려 클링조르에게 성창을 빼앗기면서 성창에 찔려 크게 다친다. 치유를 위해 성배 앞에서 기도하던 암포르타스에게 성배는 '그를 고통에서 벗어나게 해줄 순진한 바보가 나타날 것이니 기다리라'는 메시지를 준다. 이 순진한 바보가 파르지팔이며, 파르지팔은 클링조르에게서 성창을 되찾아 암포르타스를 치료한다.

그리고 나는 아직 좀 더 겸손하게 너에게 다가가는 것을 배워야 한다. 나의 마음이 너무나 격렬하게 너를 향해 흐르고 있으니. 나의 마음, 그 위에서 나의 여름이 불타고 있다. 짧고 뜨겁고 우울하면서도 기쁨이 넘치는 나의 여름이. 나의 여름의 마음은 그대의 차가움을 얼마나 갈망하는가!

머뭇거리던 나의 봄의 우수(憂愁)도 사라졌다. 6월에 날리던 나의 악의(惡意)의 눈송이도 사라졌다! 나는 이제 온통 여름이, 그것도 한낮의 여름이 되었다!

차가운 샘과 지복의 정적이 서려 있는 가장 높은 곳의 여름. 오, 오라, 나의 벗들이여. 정적이 더욱 기쁨에 넘치도록!

이곳이야말로 우리의 고지요 우리의 고향이기 때문이다. 여기서 우리는 불결한 자들과 그들의 갈증이 미치기에는 너무나 높고 가파른 곳에 살고 있다.

그대 벗들이여, 오직 그대들의 순수한 눈길만을 나의 쾌락의 샘 속에 던져다오! 이 샘이 그 때문에 어찌 탁해지겠는가. 이 샘은 자신의 순수함으로 그대들에게 웃어 보이리라.

미래라는 나무 위에 우리는 우리의 둥지를 튼다. 우리 고독한 자들에게 독수리들이 부리로 먹이를 날라다 줄 것이다!

정녕, 불결한 자들은 함께 먹을 수 없는 음식을! 그들은 불을 먹는다고 느끼리라. 그리고 그들의 주둥이는 전부 불타버릴 것이다.

정녕, 우리는 여기에 불결한 자들을 위한 집을 마련해놓지 않는다! 우리의 행복은 그들의 육신과 정신에는 얼음 동굴이 되리라!

우리는 강풍처럼 그들 위에 살기를 원한다. 독수리의 이웃, 눈의 이웃, 태양의 이웃처럼. 강풍은 그렇게 산다.

나는 한 줄기 바람처럼 어느 날 그들 사이로 불어닥쳐, 나의 정신으로 그들의 정신에게서 숨결을 거두어 가리라. 나의 미래가 그것을 바란다.

정녕, 저급한 모든 것에게 차라투스트라는 한 줄기 강풍이다. 그는 그의 모든 적과 침 뱉고 토해내는 모든 자에게 이렇게 충고한다. 바람을 **맞받** 아 침 뱉지 말라! …"[83]

---

83) 『차라투스트라는 이렇게 말했다』 2권, 「천민에 대해서」.

나는 왜 이렇게 영리한가

1

나는 왜 남보다 몇 가지를 더 알고 있는가? 도대체 왜 나는 이렇게 영리한가? 나는 아무런 문젯거리도 되지 않는 문제들에 대해 심사숙고해본 적은 없다. 나는 나 자신을 헛되게 낭비하지 않았던 것이다. 예를 들어 **종교적인 문제** 때문에 나는 한 번도 힘들어한 적이 없다. [예를 들어] 내가 얼마나 '죄 많은' 존재인지에 대해서 나는 한 번도 고뇌한 적이 없다. 마찬가지로 나에게는 양심의 가책이란 것이 무엇인지를 확인할 수 있는 어떤 신뢰할 만한 기준도 없다.[84]

---

84) 자신에게서는 양심의 가책이라는 것을 발견할 수 없었다는 것이다. 니체는 성욕, 호승심, 정복욕 그리고 진실에 대한 탐구욕과 같은 자연스러운 본능을 악

남들이 양심의 가책이라는 것에 대해 얘기하는 것을 들어보면 그것
은 나에게는 그리 중시할 만한 것이 못 되는 것 같다. … 나는 어
떤 행동을 하고 난 후 그 행동을 탓하고 싶지 않다.[85] 나는 어떤 행

으로 몰아 사람들로 하여금 양심의 가책에 사로잡히게 한 것은 그리스도교라
고 본다. 니체는 그리스도교가 특히 건강한 본능들을 가진 야수와 같은 인간
들, 예를 들어 게르만인들을 죄인으로 몰아서 길들였다고 본다.

"중세 초기에는 교회가 사실상 동물원이었으며, 사람들은 어디서나 '금발의 야
수'의 가장 아름다운 예에 해당되는 자들을 사로잡기 위해서 사냥을 했다. ―
예를 들어 고귀한 게르만인을 '개선시켰다.' 그러나 그렇게 '개선되고', 수도원
으로 유혹되어 들어간 게르만인은 나중에 어떤 모습을 보였던가? 흡사 인간의
희화(戲畵)이자 기형아처럼 보였다. 그는 '죄인'이 되어버렸으며, 우리 안에 처
박히고, 그지없이 끔찍한 개념들 사이에 갇혀버렸다. … 그곳에서 게르만인은
병들고 위축되어 자신에 대한 악의를 가득 품은 채 누워 있었다. 삶을 향한 충
동을 증오하는 마음으로, 여전히 강하고 행복한 모든 것에 대한 의심으로 가득
찬 채 누워 있었다. 요컨대 그는 '그리스도교인'이 된 것이다. … 생리학적으로
말해보자면, 야수와의 싸움에서는 야수를 병들게 하는 것이 그것을 약하게 만
드는 유일한 수단일 수 있다. 바로 이러한 사실을 교회는 알고 있었다. 교회는
인간을 **망쳐버렸고** 약화시켰다. ― 그런데도 교회는 인간을 '개선'시켰다고 주
장했다."(『우상의 황혼』, 「인류를 개선하는 자들」 2절)

85) 니체는 『우상의 황혼』, 「잠언과 화살」 10절에서도 이렇게 말하고 있다.
"자신의 행동에 대해 비겁하지 말자! 행동을 하고 나서 그 행동을 부끄럽게 생
각하지 말자! 양심의 가책은 고상하지 않은 것이다."
『인간적인 너무나 인간적인』 II, 「방랑자와 그의 그림자」 323절에서도 이렇게
말하고 있다.
"후회 ― 결코 후회에게 자리를 내주어서는 안 된다. 오히려 후회는 하나의 어
리석음에 또 다른 어리석음을 더하는 것이라고 즉시 자신에게 말해야 한다. 만
약 해로운 일을 했다면 다음에는 좋은 일을 하리라고 생각하라. 그리고 자신의
행위로 인해 처벌을 받게 될 경우에는 그것으로 자신이 이미 좋은 일을 하는

동의 나쁜 결과나 **귀결**을 그 행동이 갖는 가치를 판단할 때 전혀 고려하지 않을 것이다. 결과가 나쁜 경우 사람들은 자신이 저지른 행동을 **올바르게** 판단할 수 있는 눈을 너무 쉽게 상실하고 만다. 나에게 양심의 가책이란 일종의 '**마녀의 시선**'[86)]인 것 같다. 오히려 실패한 것을 그것이 실패한 것이기 **때문에** 더욱 존중한다는 것, 그것이 나의 도덕률이다. '신', '영혼 불멸', '구원', '피안'처럼 순전히 개념에 불과한 것들에 대해 나는 관심을 가진 적도 없고 시간을 써본 적도 없다. 심지어 어린 시절에도 그랬다. 아마도 나에게는 그런 것을 생각할 정도로 충분히 어린아이다운 시절이 없었을지도 모르겠다. 내가 무신론에 친숙한 것은 숙고의 결과가 아니며, 더군다나 어떤 사건을 통해 무신론자가 되었기 때문도 아니다. 나에게 무신론은 본능으로부터 이해되는 자명한 사실이다. 나는 조잡한 대답에는 만족하지 못할 정도로 너무 호기심이 많고 너무 **의문이 많으며** 너무 오만하다. 신이란 하나의 조잡한 대답이며, 우리 사상가들의 입맛에는 맞지 않는다. 그것은 본질적으로는 우리에게 조잡한 금

것이라고 생각하고 그 벌을 견뎌야 하리라. 즉 그는 타인들에게 그와 똑같은 우행을 하지 않도록 경고하고 있기 때문이다. 형벌을 받는 모든 범죄자는 자신을 인류의 은인으로 여겨도 좋다."(*KSA* 2, 695)

86) 마녀의 시선(böser Blick)이라는 말은 독일의 민간신앙에서 기원한 것으로 마녀의 눈에 보이면 아이들이 병에 걸리고 소젖이 나오지 않게 되며 나무가 말라 죽는다고 한다. 여기서는 생명력을 고갈시키는 것이라는 의미로 해석할 수 있다.

지를 하는 것일 뿐이다. 그대들은 사고해서는 안 된다고!⁸⁷⁾ ⋯ 나는 전혀 다른 문제에 흥미를 갖고 있다. '인류의 구원'은 신학자들이 몰두하는 골동품 같은 문제들보다 이 문제에 달려 있다. 그것은 바로 **영양**의 문제다. 그 문제는 일반적으로 다음과 같이 표현할 수 있다. "힘, 르네상스식의 덕(virtù),⁸⁸⁾ 위선으로부터 자유로운 덕을 최대한으로 얻기 위해 너는 어떻게 영양을 섭취해야 하는가?" 이 문제와 관련된 나의 경험은 너무나 부족하다. 내가 이 문제에 대해

---

87) 니체는 『안티크리스트』 48절에서 이렇게 말하고 있다.
"인간 자체가 신의 가장 큰 실수였다. 신은 스스로 자신의 라이벌을 만들고 말았다. 과학은 [인간을] 신과 대등한 존재로 만든다. ― 인간이 과학적이 되면 사제와 신들은 몰락하고 만다! ― [신이 내세우게 되는] **도덕규범**: 과학은 그 자체로 금지된 것이다. ― 금지된 것은 오직 과학뿐이다. 과학은 **최초의 죄**이며 모든 죄의 싹이고 원죄이다. 오로지 이것만이 도덕이다. ― '**인식하지 말라**' ― 나머지 것들은 그것으로부터 따라 나온다."

88) virtù는 탁월한 남성적 미덕을 가리키는 이탈리아어 단어이다. 니체에 따르면 그리스도교가 내세우는 덕은 겸손과 동정인 반면에, 르네상스인들이 추구한 덕은 명예와 긍지 그리고 강인한 생명력이었다. 니체는 대표적인 르네상스인들로서 체사레 보르자와 미켈란젤로를 들고 있다. 마키아벨리가 험난한 시대의 이상적인 군주로 보았던 체사레 보르자는 그리스도교의 도덕에 구애받지 않고 자신의 힘을 가차 없이 추구했던 자이며, 미켈란젤로 역시 강인한 의지로 자신의 명예와 긍지를 극한에 이르기까지 추구했던 자다. 니체는 이들은 그리스도교적인 도덕규범에 의해 길들여진 자들이 아니고 힘에의 의지를 마음껏 구현했던 자들이라고 보고 있다. 니체는 이러한 virtù에 비하면 그리스도교가 내세우는 겸손과 동정 같은 덕들은 위선적인 것이라고 본다. 이러한 덕들을 통해 병약한 자들은 이타적으로 남을 위하는 것처럼 꾸미면서도 사실은 자신의 힘을 추구한다는 것이다.

서 그토록 늦게 알게 되었으며 이러한 경험들로부터 그토록 늦게 '이성'이라는 것을 알게 되었다는 사실에 나는 경악을 금치 못한다. 내가 이 문제에 대해서 성인들 못지않게 뒤처지게 된 것은 오직 철저하게 쓸모없는 독일적인 교육, 이것의 '이상주의' 때문이었다. 이러한 '교육'은 극히 문제적인, 이른바 '이상적인' 목표, 예를 들어 '고전 교육'을 추구하게 만들기 위해, 애초부터 현실을 보지 못하게 가르친다. '고전적인' 것과 '독일적인' 것을 하나의 개념으로 통합하는 것이 애초부터 잘못된 것이 아니라는 듯이! 더욱 우스운 일이지만, '고전 교육을 받은' 라이프치히 사람을[89] 한번 생각해보라! 사실, 나는 성년이 되기까지 항상 조악한 식사만을 해왔다. 도덕적으로 말하자면, 요리사들과 그리스도교인들의 구원을 위해 '비개인적이며', '사심 없고', '이타적인' 식사만을 해온 것이다. 예를 들어 라이프치히 요리에 의해서, 동시에 쇼펜하우어를 처음으로 공부하면서(1865)[90] 나는 '삶에의 의지'를 진지하게 부정했다. 불충분하게 영양을 공급하기 위해 위까지 망쳐놓는 것, 이러한 과제를 앞서 말

---

89) 라이프치히는 사투리가 심한 지역으로 유명하다. 고대인들의 정신을 배우는 진정한 고전 교육은 독일에는 존재하지 않으며, 독일의 교육은 단순히 고전에 대한 지식만 주입시키고 있다는 의미다. 니체는 고대인들의 진정한 정신을 배우기 위해서는, 고전에 대한 지식을 넘어서 고대인들이 앉았던 것처럼 앉고 그들이 걸었던 방식으로 걷는 것을 배우는 것이 중요하다고 본다.

90) 니체는 1865년에 쇼펜하우어의 주저 『의지와 표상으로서의 세계』를 라이프치히의 고서점에서 발견한 후 심취해서 읽었다.

한 라이프치히 요리가 놀랄 정도로 잘 수행했던 것 같다. (사람들
은 1866년에[91] 이 점에 큰 변화가 있었다고 말하지만.) 그러나 독일 요
리라는 것에 모든 책임이 있는 것은 아닌가! (16세기의 베네치아 요
리책에서 독일식이라고 불리고 있는) 식사 **전**의 수프, 너무 푹 삶은 고
기, 기름과 밀가루가 범벅이 된 야채, 문진(文鎭)처럼 딱딱하게 변
질되어버린 밀가루 음식! 이에 덧붙여서 옛날 독일 사람들이 — 물
론 결코 **옛날** 독일 사람들만은 아니지만 — 식후에 인사불성이 될
정도로 음주하던 습관을 곰곰이 생각해보면, **독일 정신**의 기원이
무엇인지도 알게 된다. 그것은 상해버린 내장에서 유래하는 것이
다. … 독일 정신은 소화불량이다. 그것은 아무것도 소화하지 못한
다. 그러나 **영국식** 식사도, 독일식이나 심지어 프랑스식 식사와 비
교해볼 때 일종의 '자연에로의 복귀'다.[92] 이를테면 식인(食人) 풍습
에로의 복귀이며, 그것은 내 본능에 심히 거슬린다. 나에게 그것은
정신에다 **무거운** 다리를, 그것도 영국 여성의 다리를 달아놓은 것
같다. … 최상의 요리는 **피에몬테**[93]의 요리다. 알코올류는 나에게

---

91) 1866년에 일어난 오스트리아와 프로이센의 전쟁에서 프로이센이 승리하면서,
   라이프치히가 포함된 작센주는 원래 오스트리아에 속했었지만 주권을 상실하
   고 프로이센이 영도하던 북독일연맹에 속하게 되었다.
92) 여기서 영국식 식사로 니체가 염두에 두고 있는 것은 소고기를 내부는 덜 익힌
   채로 먹는 것인 듯하다.
93) 이탈리아 북서부의 피에몬테주는 하얀 송로버섯 요리 등으로 유명하다.

해롭다. 하루 한 잔의 와인이나 맥주도 족히 내 인생을 '눈물의 골짜기'로 만들 수 있다. 뮌헨에는 나와 정반대의 사람들이 살고 있다.[94] 이러한 사실을 나는 늦게야 깨달았지만, 그것을 **체험**한 것은 어릴 적부터였다. 소년 시절에 나는 와인을 마시는 것이 담배를 피우는 것과 마찬가지로 처음에는 젊은이들의 허영심에서 시작하지만 나중에는 나쁜 습관이 된다고 믿었다. 내가 이렇게 **가혹한** 판단을 내린 것에는 아마도 나움부르크 와인 탓도[95] 있을 것이다. 와인이 **기분을 좋게 만든다고** 믿기 위해서는 내가 그리스도교인일 필요가 있을 것이다. 즉 나는 얼토당토않은 것을 믿어야만 할 것이다. 도수가 아주 약한 술을 조금만 마셔도 나는 너무나 비위가 상하게 되지만, 기묘하게도 **도수가 강한** 술은 거의 뱃사람처럼 마시게 된다. 나의 강인함은 그러한 점에서 이미 소년 시절에 드러났던 것이다. [소년 시절에] 나는 엄격함과 간결함에 있어서 나의 모범이었던 살루스티우스[96]에게 지지 않겠다는 야심을 펜에 싣고서, 내가 쓴 라틴어에 가장 독한 그로그주(酒)를 몇 방울 떨어뜨리면서[97] 하룻

---

94) 뮌헨 사람들이 술을 즐겨 마신다는 뜻이다.

95) 니체는 어린 시절 나움부르크에서 거주한 적이 있다.

96) 살루스티우스(Gaius Sallustius Crispus, BC 86~34경)는 로마의 역사가이자 정치가로 『역사』, 『카틸리나 전쟁기(*Bellum Catilinarium*)』, 『유구르타 전쟁기(*Bellum Jugurthinum*)』를 남겼다. 서술은 간결, 우아하고 사태의 핵심을 잘 찌르고 있으며, 투키디데스의 스타일을 본받고 있다.

97) 가장 강한 독주를 조금씩 마시면서 라틴어 논문을 썼다는 의미이다.

밤을 지새우며 긴 라틴어 논문을 쓰고 그것을 정서했다. 이는 내가 유서 깊은 슐포르타 학교의 학생이었을 때의[98] 이야기지만, 그것은 나의 생리학에 전혀 반하는 일이 아니었으며 또한 아마도 살루스티우스의 생리학에도 반하는 일이 아니었을 것이다. 다만 유서 깊은 슐포르타 학교의 교풍에는 크게 반하는 일이었겠지만. … 후에 중년이 되어서 나는 '알코올이 함유된'[99] 모든 음료를 나 자신에게 더욱더 엄격하게 **禁했다**. 나의 인생행로를 바꾸어놓았던 리하르트 바그너와[100] 마찬가지로 경험에 의거해 채식주의에 반대하는 나는, **보다 많은 정신적인 본성을 가진 모든 사람에게 알코올을 완전히 금하도록 충고한다**.[101] 물만으로도 충분하다. … 나는 어디에서든 흐

---

98) 니체는 1858년부터 1864년까지 독일 나움부르크 남쪽에 있는 슐포르타 학교에 다녔다.

99) 독일어 geistig에는 '정신적' 또는 '알코올성의'라는 의미가 있다.

100) 바그너는 한때 채식주의자였다.

101) 니체는 『우상의 황혼』, 「독일인들에게 부족한 것」 2절에서 알코올 섭취와 관련하여 이렇게 말하고 있다.

"얼마나 많은 **맥주**가 독일의 지성 속에 있는지! 가장 정신적인 목표에 자신의 삶을 바치는 젊은이들이 정신성의 일차적 본능, 즉 **정신의 자기보존 본능**을 자신 속에서 느끼지 못하고 맥주를 마시는 것은 도대체 어떻게 가능한가? … 젊은 학도들이 알코올 중독에 빠지는 것은 어쩌면 그들이 많은 학식을 갖는 것에는 장애가 되지 않을 수 있다. — 정신을 전혀 갖지 않고서도 대학자가 될 수는 있으니까. — 그러나 다른 모든 면에서 그것은 문제가 된다. — 맥주가 정신 안에서 불러일으키는 그 은근한 퇴락은 어디서든 발견될 수 있다!"

르는 샘에서 물을 길을 수 있는 도시(니스, 토리노, 실스[102])를 좋아한다. 나는 개를 데리고 다니듯 컵 하나를 항상 가지고 다닌다. 포도주 속에 **진리**가 있다(In vino veritas)[103]는 말이 있지만, '진리'라는 개념에 대해 나는 다시 한번 세상과 의견이 다른 것 같다. 내 경우 정신은 물 위에 떠다닌다.[104] … 나의 도덕률에서 몇 가지 지침을 얻어 보자. 배가 든든한 식사가 너무 양이 적은 식사보다 소화하기가 훨씬 쉽다. 위장 전체가 활동한다는 것이 소화가 잘되기 위한 첫 번째 전제조건이다. 우리는 자기 위장의 크기를 잘 알고 있어야만 한다. 동일한 이유로 오래 질질 끄는 식사, 즉 내가 자주 중단되는 희생제라고 부르는 코스요리 식사는 피해야 한다. 또한 간식도 하지 말고, 커피도 마시지 말라. 커피는 우울하게 만든다. **차**는 아침에 마실 경우에만 건강에 좋다. 조금만 마시되 진하게 마시라. 조금만 연해도 차는 건강에 매우 해로우며 온종일 기분을 나쁘게 한다. 어느 정도의 농도가 적합한지는 사람에 따라 다르다. 그 경계들은 종종 촘촘하며 미묘하다. 불쾌지수가 높은 기후에서는 차

---

102) 니스는 프랑스 지중해의 유명한 휴양도시, 토리노는 이탈리아 북부의 도시, 실스는 스위스의 엥가딘에 있는 도시이다.
103) In vino veritas는 '취하면 본성이 나타난다'는 속담이다. 에라스뮈스의 속담집 *Adagia*(1500~1515)에 실려 있다.
104) 괴테의 시 「물 위에 떠도는 정신의 노래(Gesang der Geister über den Wassern)」. 사람의 마음이 물과 유사하다고 노래하고 있다.

마시기로 하루를 시작하는 것은 권할 일이 못 된다. 이런 데서는 차 마시기 한 시간 전에 진한 탈지(脫脂) 코코아 한 잔을 마셔야 한다. 가급적이면 덜 **앉아 있도록** 하라. 야외에서 자유롭게 활동하면서 생긴 사상이 아니면 아무것도 신뢰하지 말라. 근육까지 축제를 즐기지 않는 사상은 신뢰하지 말라. 모든 편견은 내장에서 비롯된다. 오랫동안 끈기 있게 앉아 있는 것, 이것은 — 내가 이전에 말한 것처럼 — 신성한 정신에 반하는 진정한 죄다.[105]

2

영양섭취라는 문제와 가장 밀접한 관계에 있는 것이 **장소와 기후**의 문제다. 사람은 아무 곳에서나 살 수는 없다. 자신의 모든 힘을 쏟아부어야 하는 위대한 과제를 해결해야 하는 사람은 장소와 기후와 관련해서 선택의 폭이 매우 좁을 수밖에 없다. 기후가 우리의 **신진대사**에 미치는 영향, 즉 신진대사를 방해하거나 촉진하는 영향은 너무나 커서, 장소와 기후를 잘못 선택하는 사람은 자신의 과제로부터 소원해질 뿐 아니라 자신의 과제를 확보할 수도 없다. 즉 자신의 과제를 전혀 알아보지 못하게 되는 것이다. 그에게는 동물적 활

---

105) 니체는 『우상의 황혼』, 「잠언과 화살」 34절에서 "걸으면서 얻은 생각만이 가치가 있다"고 말한다.

력이[106] 충분치 못하게 된다. 이와 함께 그는 가장 정신적인 것 속으로 넘쳐흘러 들어가는 저 자유, 즉 오직 나만이 그것을 할 수 있다고 인식하게 되는 저 자유를 얻지 못하게 된다. … 내장이 조금이라도 활력을 잃은 상태가 습관적인 것이 되는 것만으로도 천재를 범용한 자, 즉 '독일적인' 자로[107] 만들어버리기에 충분하다. 강인하고 심지어 영웅적으로 타고난 내장에서 기력을 빼앗기 위해서는 독일의 기후만으로도 충분하다. 신진대사의 속도는 정신의 발이 잘 움직이느냐 아니면 마비되느냐와 정확히 비례한다. 왜냐하면 '정신' 자체가 신진대사의 일종이기 때문이다. 총명한 사람들이 살고 있거나 살았던 장소들, 위트와 섬세함과 악의가 행복의 일부가 되어 있는 장소들, 천재가 거의 필연적으로 자신의 안식처로 삼는 장소들을 한번 나열해보라. 그곳들의 공기는 모두 매우 건조하다. 파리,

---

106) 니체는 『안티크리스트』 14절에서 이렇게 말하고 있다.
"우리는 모든 점에서 더 겸손해졌다. 우리는 인간의 유래를 더 이상 '정신'이나 '신성'에서 찾지 않는다. 우리는 인간을 동물 가운데로 되돌려놓았다. 인간은 가장 강한 동물로 간주되는데, 이는 인간이 가장 교활한 동물이기 때문이다. 그의 정신성이란 이것[동물적인 교활함]의 결과다. […] 신경조직과 감각을, 즉 '사멸할 수밖에 없는 껍데기인 육체'를 빼버린다면 우리는 우리 자신에 대해 오산하고 있는 것이다. 우리는 그것 이상의 아무것도 아니다! …"

107) 니체는 『우상의 황혼』, 「독일인들에게 부족한 것」 7절에서 독일적인 것을 "정신적인 움직임에서 뻣뻣하고 조야한 태도, 붙잡을 때의 서투른 손"이라고 규정하고 있다. 니체는 자신이 존경했던 괴테는 독일적인 것이 아니라 유럽적인 현상이라고 부르고 있다.

프로방스, 피렌체, 예루살렘, 아테네, 이러한 지명들은 무언가를 입증한다. 즉 천재는 건조한 공기와 청명한 하늘, 말하자면 활발한 신진대사, 즉 거대하고 어마어마한 양의 힘을 끊임없이 자신에게 공급할 수 있는 가능성을 **전제조건으로 갖는다**는 사실을 입증하는 것이다. 내 기억에 떠오르는 실례가 있다.[108] 탁월하고 자유로운 정신을 가지고 있었던 자가 기후를 선택하는 섬세한 본능을 갖지 못했기 때문에 편협하고 비굴하며 까다로운 전문가가 되어버렸던 것이다. 그리고 만약 나의 병이 나를 이성으로 향하게 하고 현실 속에서의 이성에[109] 대해서 숙고하도록 강요하지 않았더라면, 결국 나 자신이 그러한 실례처럼 되었을 것이다. 이제 나는 기후와 기상의 영향을, 오랜 연습을 통해 매우 섬세하고 신뢰할 만한 측정기가 된 나 자신에게서 읽어낼 수 있다. 예를 들어 토리노에서 밀라노까지 짧은 여행을 하는 동안에도 나는 대기의 습도 변화를 나 자신의 생리 상태를 통해 측정할 수 있다. 내 생명이 위험에 처해 있었던 지난 10년을 제외하고는 내가 항상 나에게는 그야말로 **금지구역이었던**

---

108) 니체의 친구 로데(Erwin Rohde, 1845~1898)를 가리킨다고 한다. 로데는 독일의 고전학자로 그리스의 희곡과 종교에 대한 연구로 유명했다.

109) 이성이 토양이나 기후와 긴밀한 연관 속에 있다는 것이다. 니체는 육체와 이성을 분리하지 않았다. 심지어는 육체를 커다란 이성이라고 부르면서, 우리가 흔히 이성이라고 부르는 지적인 지성과 구별하고 있다. 이러한 커다란 이성은 육체이기에 토양이나 기후와 밀접한 연관을 갖게 된다. 니체가 말하는 커다란 이성으로서의 육체는 힘에의 의지를 가리킨다고 할 수 있다.

잘못된 장소에서만 살았었다는 **끔찍한** 사실을 생각하면 소름이 끼친다. 나움부르크, 슐포르타 학교, 튀링겐 일대, 라이프치히, 바젤, 베네치아, 이 모든 곳은 나의 생리에 맞지 않는 불행한 장소들이었다. 나는 도대체가 나의 유년 시절과 소년 시절 전체에 걸쳐서 즐거운 추억거리를 하나도 찾을 수 없다. 그런데 그 이유를 이른바 '도덕적'인 데서, 가령 내가 **충분한** 교우관계를 갖지 못했다는 데서 찾는다는 것은 우습기 짝이 없는 일이다. 항상 그랬듯이 지금도 교우관계는 부족하지만, 그렇다고 해서 내가 쾌활하거나 용감하게 살지 못했던 것은 아니기 때문이다. 오히려 생리현상에 대한 무지, 즉 저 지긋지긋한 이상주의야말로 내 삶에 진정한 재앙이었으며 불필요하고 어리석은 것이었다. 그러한 이상주의에서는 좋은 것이라고는 하나도 생겨나지 않는다. 그것이 미치는 해악을 보상하고 상쇄할 수 있는 것은 아무것도 없다. 내가 범했던 모든 과오, 내 인생의 **과제**로부터 일탈하게 했던 본능의 중대한 탈선과 '겸손' 모두, 그리고 내가 문헌학자가 되었다는 사실이 그러한 이상주의의 결과라고 나는 이해하고 있다. 도대체 왜 나는 적어도 의사나 사람의 눈을 뜨게 만들어주는 자가 되지 않았을까? 바젤 시절에[110] 하루 일과를 포함한 나의 정신적인 섭생은 탁월한 역량을 완전히 무의미하게 낭비하는 것에 불과했다. 이러한 낭비를 어떻게든 충당해주는 힘이 공급

---

110) 바젤 대학에서 고전문헌학 교수로 재직하던 시절을 가리킨다.

되지도 않았으며, 심지어 그러한 낭비와 충당에 대해서 생각조차도 하지 않았다. 보다 섬세한 자기 배려도, 지배자처럼 명령하는 본능을 보호하는 것도 결여되어 있었다. 나는 나 자신을 모든 사람과 동등한 것으로 간주했고, '자신을 상실했으며', 다른 인간들과 나 자신의 거리를 망각했다. 바로 이런 것들 때문에 나는 나 자신을 용서할 수 없다. 거의 인생의 종말에 처했을 때에야, 즉 거의 종말에 처했다는 사실로 인해, 나는 내가 살아온 방식의 근본적인 비이성적 성격, 즉 이상주의에 대해서 곰곰이 생각하기 시작했다. 병이 나를 비로소 이성으로 인도했던 것이다.

3

영양섭취법의 선택, 기후와 장소의 선택, 그다음 세 번째로 절대로 실책을 범해서는 안 되는 것은 자신에게 적합한 휴식법의 선택이다. 이 경우에도 정신이 독자적인 것일수록 그에게 허락된 것, 즉 그에게 유용한 것의 범위는 좁으며 [영양섭취법이나 기후와 장소를 선택하는 경우보다] 더 좁다. 나에게는 모든 독서가 휴식이 된다. 독서를 통해 나는 나 자신에게서 벗어나게 되며, 낯선 학문들과 영혼들 안에서 산책하게 된다. 따라서 독서는 내가 진지하게 여기지 않는 것에 속한다. 독서를 통해 나는 나의 진지함에서 벗어나 휴식하는 것이다. 열심히 일에 몰두할 때 나는 어떤 책도 곁에 두지 않는다. 나는 누구도 내 가까이에서 말을 하거나 심지어 생각하는 것조차도 못 하도록 조심한다. 바로 이러한 조심을 하지 않는 것이야말로 독서다. … 임신을 하게 되면 정신이 그리고 근본적으로는 유기체 전체가 심각한 긴장 상태에 빠지게 되는데, 이때 우연과 외부로부터의 모든 자극이 격렬하게 영향을 끼치고 너무나 깊은 타격을 준다는 사실을 실제로 관찰해본 적이 있는가? 그래서 우연과 외부로부터의 모든 자극을 가능한 한 피해야 하는 것이다. 성벽을 만들어 자신을 지킨다는 것은 정신이 임신했을 때 본능이 취하는 첫째가는 현명한 조치에 속한다. 낯선 사상이 성벽을 은밀히 기어오르는 것을 내가 허락할 것 같은가? 그러한 것을 허락하는 것이 독서라는 것이다. … 일과 결실의 시간이 지나면 휴식의 시간이 뒤따른다. 그대들, 즐겁고 재기 넘치고 사려 깊은 책들이여, 영리하기 그지없는 책들이여! 내게로 오라! 이런 책들이 과연 독일 책일까? … 어떤 책을 손안에 들고 있는 나를 떠올리자면 반년 전으로 거슬러 올라가야 한다.[111] 그때 나는 무슨 책을 읽었던가? 그것은 빅토르 브로샤르[112]의 『그리스의 회의가들』이라는 탁월한 연구서였다.

<hr />

111) 이는 니체의 의도적인 왜곡이다. 니체는 그 반년 동안 신문이나 저널을 제외하고도 최소한 여덟 권의 책을 읽었다고 한다.

112) 브로샤르(Victor Brochard, 1848~1907)는 프랑스의 철학자로 소르본 대학 철학사 교수였다. 『그리스의 회의가들(*Les Sceptiques Grecs*)』(Paris, 1887)이라는 책을 썼다.

그 책은 라에르티오스에 대한 나의 논문들[113]을 잘 활용하고 있다. 두 가지, 심지어 다섯 가지 방식으로까지 해석될 수 있는 다의적인 족속인 철학자들 중에서 회의가들은 존경할 만한 유일의 유형이다! … 이런 책들 외에 나는 거의 항상 몇 안 되는 똑같은 책들에서 마음의 안식을 구하고 있는데, 이 책들은 내게 합당한 것으로 증명된 것들이다. 이책 저책을 잡다하게 많이 읽는 것은 나의 독서 방법이 못 되는 것 같다. 서재는 나를 병들게 한다. 많은 책, 많은 종류의 책을 사랑하는 것도 내 방식은 아니다. 새 책에 대한 경계심, 심지어 적대감을 갖는 것이 '관용'이나 '아량' 또는 그 외의 '이웃사랑'보다 내 본능에 더 적합하다. … 실제로 내가 항상 거듭해서 돌아가는 것은 소수의 옛 프랑스인들이다. 내가 신뢰하는 것은 오직 프랑스적인 교양뿐이다. 나는 프랑스적인 교양 외에 오늘날 유럽에서 '교양'이라고 불리는 것은 하나의 오해에 불과하다고 생각한다. 물론 독일적인 교양은 말할 것도 없다. 내가 독일에서 우연히 접했던 높은 교양을 갖춘 소수의 사람은 모두 프랑스 출신이었고, 특히 코지마 바그너 부인은[114] 취미 문제에 관한 한 이제까지 내가 들어본

---

113) 디오게네스 라에르티오스에 대한 니체의 초기 문헌학 연구논문들을 가리킨다. "De Laertii Diogenis fontibus", *Rheinisches Museum* Bd. 23(1868), 632~653쪽, Bd. 24(1869), 181~228쪽; "Analecta Laertiana", *Rheinisches Museum* Bd. 25(1870), 217~231쪽.

114) 코지마 바그너의 아버지 리스트는 헝가리 출신이었지만, 어머니 마리 다구

최상의 목소리였다. … 나는 파스칼의 책을 읽지는 않지만, 파스칼을 **사랑한다**. 파스칼은 그리스도교의 가장 교훈적인 희생물로서 처음에는 육체적으로 그다음에는 심리적으로 서서히 살해당했다.[115] 파스칼은 이렇게 가장 잔혹한 형태의 비인간적인 잔인성을 뒷받침하는 논리의 전체를 체현하고 있다. 저 몽테뉴의 장난기가[116] 나의 정신뿐 아니라 어쩌면 신체에도 깃들어 있는 것 같다. 나의 예술가 취향은 셰익스피어와 같은 난폭한 천재에 대해서 통분(痛忿)을 느끼면서 몰리에르, 코르네유, 라신과 같은 이름을 옹호한다.[117] 이

(Marie d'Agoult)는 프랑스 출신이었다.

115) 육체적으로 살해당했다는 것은 금욕주의적인 신앙생활을 통해서 건강한 본능과 욕망을 억압했다는 것이며, 심리적으로 살해당했다는 것은 광신에 빠져 이성을 상실했다는 것이다. 파스칼은 『팡세(*Pensées*)』(section III. 95)에서 우리는 정신적인 면에서 '바보가 되어야 한다'고 말하고 있다. 니체는 파스칼과 관련하여 이렇게 말하고 있다.

"그리스도교는 사람들에게 정신성의 최고 가치들을 죄악으로, 곧 사람들을 미혹하고 **유혹하는** 것으로 느끼도록 가르침으로써 심지어는 가장 강한 정신력을 가진 사람들의 이성마저 타락시켰다. 가장 통탄할 만한 실례는 파스칼의 타락이다. 파스칼은 자신의 이성이 원죄 때문에 타락했다고 믿었지만 사실은 그리스도교 때문에 타락하게 된 것에 지나지 않았다!"(『안티크리스트』 5절)

116) 몽테뉴(Michel Eyquem de Montaigne, 1533~1592)는 프랑스 르네상스 시대의 철학자·문학자이며 『수상록(*Les Essais*)』으로 유명하다. 온건한 회의주의자였으며 모든 종류의 광신을 경계했다.

117) 몰리에르, 코르네유, 라신은 자유로움보다는 규칙을 중시했던 고전주의 작가들이었다. 이들에 비하면 니체는 셰익스피어가 낭만주의적이며 거칠고 분방하다고 보았다.

렇게 옛 프랑스인들을 거명했지만, 그렇다고 해서 내가 오늘날의 프랑스인들이 매력적인 사람들이라는 사실을 부정하는 것은 아니다. 과거의 어떤 세기를 살펴보아도, 호기심이 넘치면서도 섬세한 심리학자들을 한꺼번에 낚을 수 있는 곳은 오늘날의 파리 이외에는 존재하지 않는다. 시험 삼아 — 이렇게 말하는 것은 그 수가 적지 않기 때문인데 — 한번 열거해보자면 폴 부르제, 피에르 로티, 지프, 멜라크, 아나톨 프랑스, 쥘 르메트르[118] 등이다. 또는 강인한 종족 중의 한 사람이자 진정한 라틴인으로서 내가 각별하게 호감을 갖고 있는 기 드 모파상을 들 수 있다. 우리끼리 솔직히 이야기하는 것이지만, 나는 이 세대를 그들의 위대한 스승들보다도 더 좋아한다. 이 스승들은 예외 없이 독일 철학에 의해 철저하게 오염되어 있었다. 예를 들어 텐은 헤겔에 의해 오염되었는데, 텐이 위대한 인간과 시대에 대한 오해를 하게 된 것도 헤겔 탓이다.[119] 독

---

118) 모두 프랑스의 문학가로, 부르제(Paul Bourget, 1852~1935)는 시인이자 소설가, 비평가이며, 로티(Pierre Loti, 1850~1923)는 소설가이고, 지프(Gyp, 1850~1932) 역시 소설가로 본명은 시빌 리케티 드 미라보(Sibylle Riquetti de Mirabeau)이며 시대 풍조와 정치를 비판하는 글을 많이 썼다. 멜라크 (Henri Meilhac, 1830~1897)는 극작가, 프랑스(Anatole France, 1844~1924)는 소설가이자 비평가, 르메트르(Jules Lemaître, 1853~1914)는 극작가이자 비평가였다.

119) 텐(Hippolyte Adolphe Taine, 1828~1893)은 프랑스의 평론가이자 철학자, 역사가로서 콩트의 실증주의에 입각하여 문학을 연구했다. 인종과 환경 그리고 시대를 문학에서 가장 중요한 세 가지 요소로 보았다. 르낭과 함께 19세기

78

일이 영향을 미치는 곳에서는 문화가 **타락한다.** 전쟁만이 프랑스에서 정신을 '구제했다'.[120] … 스탕달, 그는 내 생애에서 가장 아름다운 우연 중의 하나다. 우연이라고 말하는 것은 내 삶에서 신기원을 이루는 모든 것은 우연히 제 발로 나에게 찾아왔기 때문이다. 내가 그것들을 찾아낸 것은 결코 누군가의 권유에 의해서가 아니다. 스탕달은 앞을 내다보는 심리학자의 눈을 가지고 있으면서, 당시 가장 위대한 사실[나폴레옹]이 가까이에 존재한다는 것을 발견하는(손톱을 보고 나폴레옹을 알아차린)[121] 사실 파악력을 가지고 있었다는 점에서 측량할 수 없을 정도로 귀중한 존재다. 마지막으로, **정직한 무신론자**라는 점에서도 그는 적지 않게 귀중한 존재다. 무신론자라는 종족은 프랑스에서는 드물며, 발견하기가 거의 불가능에

후반의 대표적인 프랑스 사상가로 평가된다. 텐이 헤겔 때문에 위대한 인간과 위대한 시대를 오해했다는 것은, 텐이 헤겔과 마찬가지로 천재나 위대한 인간을 시대와 환경의 산물로 보기 때문이다. 니체는 천재나 위대한 인간은 시대와 환경의 산물이 아니라 오히려 시대와 환경을 넘어서 있다고 본다.

120) 1870~1871년에 독일(프로이센)과 프랑스 사이에 벌어졌던 전쟁, 즉 보불전쟁으로 인해 프랑스에서 친(親)독일 정신이 사라지고 반(反)독일 정신이 지배하게 되면서, 프랑스 지식인들이 독일 정신의 영향력에서 벗어나게 되었다는 의미이다.

121) "발톱을 보고 사자를 안다"를 변용한 말로서, 다른 사람들이 나폴레옹의 위대함을 알지 못할 때 일찍이 나폴레옹의 위대함을 간파했다는 의미로 여겨진다. 스탕달은 나폴레옹에 대한 열렬한 지지자로서 나폴레옹의 원정군을 따라 알프스를 넘었으며 『나폴레옹의 생애(*Vie de Napoléon*)』라는 책을 쓰기도 했다.

가깝다. 물론 프로스페르 메리메[122]에게도 경의를 표하고 싶다. …
나는 아마도 스탕달을 질투하고 있는지도 모른다. "신이 할 수 있
는 유일한 변명은 그가 존재하지 않는다고 말하는 것이다"라는 가
장 훌륭한 무신론적인 조크를 내게서 빼앗아버렸다. 그 조크는 스
탕달이 아니었다면 내가 할 수도 있었을 것이다. 나 자신도 어딘가
에서[123] 그와 같은 말을 했다. 신이란 개념은 지금까지 인간의 삶에

---

122) 메리메(Prosper Mérimée, 1803~1870)는 프랑스의 소설가이자 역사가였다.
123) 『우상의 황혼』, 「네 가지 커다란 오류」 8절을 가리킨다.
"하나의 인간이 존재한다는 것, 그가 이러저러한 특성을 갖고 있다는 것, 그
가 바로 이러한 상황과 이러한 환경에서 존재한다는 사실에 대해서는 어느
누구에게도 책임이 없다. 각 개인의 숙명적인 본성은 이미 존재했었고 또 앞
으로 존재할 모든 것의 숙명에서 분리될 수 없다. 그는 자신의 의도나 어떤
의지 혹은 어떤 목적의 결과가 아니다. 그는 '인간의 이상' 또는 '행복의 이상'
또는 '도덕성의 이상'을 구현하기 위해 존재하지 않는다. — 자신의 존재를 어
떤 목적에 맞추려 하는 것은 불합리한 일이다. '목적'이라는 개념을 고안해낸
것은 우리 자신이다. 목적이라는 것은 실제로는 존재하지 않는다. […] 어느 누
구도 이제 더 이상 책임질 수 있는 존재가 되지 않는다는 것, 존재의 방식이
제일 원인으로 소급되어서는 안 된다는 것, 세계가 감각중추로서의 혹은 '정
신'으로서의 통일체는 아니라는 것, 바로 이것이야말로 위대한 해방이다. — 이
와 함께 비로소 생성의 무구함이 회복된다. … '신' 개념은 지금까지 인간의
삶에 최대의 걸림돌이 되어왔다. … 우리는 신을 부정한다. 그리고 신을 부정
함으로써 책임을 부정한다. 이와 함께 비로소 우리는 세계를 구원한다."
그리스도교와 성직자들은 사람들에게 자연스러운 본능과 타고난 기질 그리
고 이기적인 성향 등을 근절하고 성스러운 존재가 될 것을 요구한다. 그런데
이렇게 요구하기 위해서는, 인간이 그러한 존재가 된다는 목표를 실현할 수
있는 자유의지를 갖는다고 상정해야 한다. 그리스도교와 성직자들은 사람들

최대의 **걸림돌**이 되어왔었다고.

4

진정한 서정시인이라는 것이 무엇인지에 대해서 나에게 가장 잘 보여준 사람은 하인리히 하이네였다. 나는 수천 년의 역사를 샅샅이 살펴보았지만, 하이네에 필적할 만한 감미롭고 열정적인 음악을 발견할 수 없었다. 그는 저 신적인 악의(惡意)를 지니고 있었다. 그리고 나는 이러한 악의를 결여한 완전성이라는 것을 생각할 수 없다. 나는 인간과 종족의 가치를 그들이 얼마나 필연적으로 신을 사티로스[124]와 불가분의 존재로 이해할 수 있는가 아닌가를 척도로 하여 평가한다. 그리고 하이네가 독일어를 구사하는 것을 보라! 후세인들은 이렇게 말할 것이다. 하이네와 내가 독일어를 가장 훌륭하게 구사한 예술가였으며, 우리의 독일어는 범속한 독일인들이 구사해온 독일어와는 천양지차가 있다고! 나는 바이런의 『맨프

이 자유의지를 가지고 있음에도 불구하고 성스러운 존재가 되지 못하고 있는 죄인이라고 단죄한다. 그리스도교와 성직자에 따르면 신이 인간에게 이러한 자유의지를 부여했기 때문에, 신이야말로 인간이 죄책감에 사로잡혀 살게 하는 궁극적인 원인이라고 볼 수 있다. 이런 의미에서 니체는 신은 인간의 삶에 최대의 걸림돌이었다고 말하고 있다.

124) 사티로스에 대해서는 각주 7번을 참조할 것.

레드』와 깊은 혈연관계에 있음이 틀림없다. 이 작품의 모든 심오한 심연을 나 자신 속에서 발견했으며, 13세 때에 나는 이 작품을 완전히 이해할 수 있을 정도로 성숙해 있었다. 『맨프레드』가 있는 자리에서 감히 『파우스트』를 운운하는 자들에게 나는 할 말을 잊어버린다. 다만 눈길을 한 번 줄 뿐이다. 독일인들이 위대함이란 관념을 이해하는 것은 **불가능**하다. 이러한 사실을 보여주는 증거가 바로 슈만이다. 이 달짝지근한 작센인에게 분노가 치밀어서 나는 그의 「만프레트」 서곡에 대항하는 서곡을 작곡했다. 한스 폰 뷜로[125)는 그것을 보더니 그런 작품이 오선지 위에 쓰인 것을 한 번도 본 적이 없다고 말하면서, 그것을 음악의 여신 에우테르페[126)에 대한 강간이라고 불렀다. 내가 **셰익스피어**에게 바치는 최고의 표현을 찾을 때면, 언제나 그가 카이사르라는 유형을 창안해냈다는 표현만이 떠오른다. 사람들은 그런 유형을 추측할 수 없다. 사람들은 그러한 유형이거나 아니거나 할 뿐이다. 위대한 시인은 ── 나중에 가서 자신의 작품을 더 이상 견디지 못할 정도에 이르기까지는 ── 오

---

125) 뷜로(Hans von Bülow, 1830~1894)는 독일의 피아니스트이자 작곡가다. 리스트의 제자로서 리스트의 딸 코지마의 남편이었지만, 코지마는 남편과 이혼하고 바그너와 결혼했다. 니체는 여기서 뷜로가 자신이 작곡한 작품을 찬양한 것처럼 말하고 있다. 그러나 니체의 작품에 대해서 뷜로는 혹평이라고 할 정도의 부정적인 평가를 내렸다.

126) 그리스 신화에 나오는 음악과 서정시의 신.

직 자신의 현실에서 길어낸 것만을 표현할 수 있다. … 나는 『차라투스트라는 이렇게 말했다』에 눈길을 던지는 것만으로도 치밀어 올라오는 흐느낌을 누르지 못하고 반 시간 동안 방 안을 서성거리게 된다. 나는 셰익스피어 작품보다 더 가슴을 찢을 듯 비통하게 하는 작품을 본 적이 없다. 그렇게 익살스러운 광대가 될 필요가 있었던 인간은 너무나 큰 고통을 겪었을 것임에 틀림없다! 우리는 햄릿을 이해할 수 있을 것인가? 의심이 아니라 확신이야말로 사람을 미치게 만드는 것이다. … 그러나 그렇게 느끼기 위해서는 깊이가 있어야 하며 심연이어야 하고 철학자여야만 한다. … 우리 모두는 진실을 두려워한다. … 그리고 고백하거니와, 베이컨 경이야말로 이렇게 극도로 섬뜩한 문학의 창시자요, 자기 자신이라는 동물을 학대하는 자라는 사실을 나는 본능적으로 확신한다.[127] 미국의 혼란스럽고 멍청한 자들이 떨어대는 가련한 수다는[128] 내가 알 바 아니다. 그러나 가장 강력한 통찰을 위해 필요한 힘은 행동하기 위해 필요한 힘 — 그것도 무시무시한 행동이나 범죄를 하기 위해 필요

---

127) 프랜시스 베이컨이 셰익스피어라는 설이 있다. 베이컨은 학문의 방법으로 귀납법을 제창한 철학자이자 정치가로서 제임스 1세 치하의 영국에서 국왕의 최측근으로 활동했다.

128) 프랜시스 베이컨이 셰익스피어인지 아닌지를 둘러싸고 미국에서 벌어진 논쟁을 가리키며, 니체는 셰익스피어는 베이컨이라고 확신하고 있기 때문에 이러한 논쟁을 쓸데없는 수다로 보고 있다. 그러나 셰익스피어는 베이컨이 아니라는 것이 정설이다.

한 가장 강력한 힘 — 과 양립될 수 있을 뿐만이 아니다. 전자는 후자를 전제한다. … 현실주의자(Realist)라는 단어가 갖는 모든 위대한 의미에 있어서 최초의 현실주의자인 베이컨 경을 우리는 오랫동안 충분히 알지 못하고 있다. 따라서 그가 도대체 무엇을 했고, 무엇을 원했고, 무엇을 체험했는지를 알지 못한다. … 제길! 나의 친애하는 비평가들이여! 내가 『차라투스트라』를 다른 이름으로 — 예컨대 리하르트 바그너의 이름으로 — 출판했다면, 지금부터 2천 년 동안 은 아무리 예리한 비평가라도 『인간적인 너무나 인간적인』의 저자가 차라투스트라라는 비전(Vision)을 창시한 사람과 동일한 사람이라는 사실을 알아내지 못할 것이다.

5

내 삶에 휴식이 되었던 것에 대해서 말하고 있는 이 자리를 빌려, 나에게 가장 깊고 가장 진정으로 휴식이 되었던 것에 대해서 한마디 감사를 표하지 않을 수 없다. 그것은 의심할 나위 없이 바그너와의 깊은 친교였다. 나머지 인간관계는 모두 싼값으로 팔아 넘겨도 좋지만, 바그너와 친교를 나누던 트립셴에서의[129] 나날은

---

129) 바그너는 스위스의 소도시 트립셴에서 1866년부터 1872년까지 살고 있었으며, 니체는 1869년부터 스무 번 이상 바그너를 방문했다.

내 인생에서 절대로 빼고 싶지 않다. 신뢰와 쾌활함과 숭고한 우연 그리고 **심오한** 순간들로 가득 찼던 나날을. ⋯ 나는 다른 사람들이 바그너와 함께하면서 무엇을 체험했는지는 알 바 없다. 우리의 하늘에는 구름 한 점 없었다. 여기에서 다시 프랑스로 이야기를 돌려보겠다. 바그너 숭배자들은 **자신이** 바그너와 유사하다고 여기는 것이 바그너에게 경의를 표하는 것이라고 믿지만, 나는 그들에게 반론을 제기하고 싶지는 않다. 그들에게 다만 경멸의 조소를 지을 뿐이다. 가장 깊은 본능에서부터 나는 독일적인 모든 것에 대해 이질감을 느끼기 때문에 독일 사람이 가까이 있는 것만으로도 소화불량에 걸린다. 그런 내가 바그너와 처음으로 만났을 때 나는 내 삶에서 처음으로 안도의 숨을 쉴 수 있었다. 나는 바그너를 **외국**으로서, 모든 '독일적인 덕목'에 대립하는 저항의 화신으로서 느끼고 존경했다. 1850년대의 눅눅한 공기 속에서 어린 시절을 보냈던 우리는 '독일적'이라는 개념에 대해서는 필연적으로 염세주의자가 될 수밖에 없다. 우리는 도리 없이 혁명가일 수밖에 없는 것이다. 우리는 **위선자들**[130]이 기고만장해하는 상황을 참지 않을 것이다. 오늘날 그 위선자가 다른 색깔을 보여주고 있는지, 주홍색 옷을 걸치

---

130) 빌헬름 2세와 같은 자들을 가리킨다. 니체는 『안티크리스트』에서 독일의 황제였던 빌헬름 2세 같은 자들이 그리스도교를 실제로는 믿지 않으면서도 그리스도교인으로 자처하는 위선에 대해 신랄하게 비판하고 있다. 『안티크리스트』 39절(박찬국 옮김, 아카넷, 2013) 참조.

고 있는지, 경기병의 제복을 입고 있는지는 나에게는 전혀 문제가
되지 않는다. 그런데 보라! 바그너는 혁명가였던[131] 것이다. 그는
독일인들에게서 도망쳤다. … **예술가의 고향은 유럽에서는 파리뿐**
이다. 바그너 예술의 전제가 되고 있는 다섯 가지 예술적 감각[132]에
서 넘치는 섬세함, 뉘앙스를 감지하는 손가락들, 심리적인 섬약(纖
弱)함은 오직 파리에서만 발견된다. 또한 형식이란 문제에서의 이
러한 정열, 연출 기술에서의 이러한 진지함은 파리에만 존재한다.
그것은 파리인들에게 전형적으로 존재하는 진지함이다. 독일인들
은 파리 예술가들의 영혼 속에 살아 있는 거대한 야망을 전혀 이해
하지 못한다. 독일인들은 선량하다. 그러나 바그너는 결코 선량하
지 않았다. … 나는 바그너가 어디에 속하며 그와 가장 가까운 친
족관계에 있는 자들이 누구인지를 이미 충분히 언급한 바 있다(『선
악의 저편』 256쪽에서[133]). 그들은 프랑스 후기 낭만주의자들이다.

---

131) 바그너는 1849년에 드레스덴에서 일어난 시민혁명에 참여했다. 이 혁명의 실
패로 바그너는 처음에는 파리로 망명했지만, 얼마 안 가 취리히로 다시 망명
했다.

132) 시각, 청각, 후각, 미각, 촉각을 가리킨다.

133) 니체는 여기에서 『선악의 저편』 256쪽이라고 쓰고 있지만 256절이 맞다. 독
자의 이해를 돕기 위해 이 절에서 바그너와 관련된 부분만 소개하겠다.
"1840년대 **프랑스 후기 낭만주의**와 리하르트 바그너가 극히 밀접하게 내적으
로 연관되어 있다는 것은 엄연한 사실이다. 양자는 모든 욕구의 높이와 깊이
에서 근본적으로 상통하고 있다. […] 그들 모두는 눈과 귀에 이르기까지 문
학에 의해서 지배당했고 세계문학에 대한 교양을 가진 일류의 예술가들이었

그들은 들라크루아나 베를리오즈처럼 높은 창공을 날면서 그곳으로 사람들을 끌어올리는 예술가이다. 이들은 원래 병들어 있고 본질적으로 치유 불가능한 자들이었으며, **표현의 광신자들**이고 철두철미하게 예술의 거장들이었다. … 최초의 **지적인** 바그너 숭배자는 누구였던가? 바로 샤를 보들레르였다. 그는 또한 들라크루아를 이해한 최초의 인물이었으며, 당시의 예술가 무리 전체가 자신과 동일시했던 전형적인 데카당이었다. 아마도 그는 또한 최후의 데카당이었을 것이다. … 내가 바그너에게서 절대로 용서할 수 없었던 것은 무엇인가? 그가 독일인에게 **굴복했다**는 것, 독일제국적으로 되었다는 것이다. … 독일의 손이 닿는 곳에서는 문화가 **타락하게 된다**.

으며, 그들 대부분은 작가이자 시인, 예술들과 감각들을 서로 매개하는 자이자 융합하는 자이기도 했다(바그너는 화가들 사이에서는 음악가로, 음악가들 사이에서는 시인으로, 배우들 사이에서는 종합적인 예술가로 통했다). […] 전체적으로 보아 그들 모두는 대담했고 화려한 힘으로 충만해 있었으며 드높이 비상하면서 다른 사람들도 높이 끌어올렸던 보다 높은 종류의 인간들이었으며, 자신들의 세기 ─ 그것은 대중의 세기다 ─ 에 '보다 높은 인간'이라는 개념을 처음으로 가르쳐야만 했다. 리하르트 바그너의 독일 친구들은 바그너의 예술에 단적으로 독일적인 것이 과연 존재하는지, 아니면 바그너 예술의 탁월함은 **초독일적인** 원천으로부터 그리고 **독일로부터 벗어나려는** 동기로부터 비롯되는 것인지에 대해서 숙고해보기 바란다. 그 경우 간과되어서는 안 되는 것은 바그너의 예술양식이 형성되기 위해서는 파리가 없어서는 안 되었으며 결정적인 순간에 그의 깊은 본능이 파리로 갈 것을 명령했다는 점이다."

6

아무리 생각해보아도, 바그너의 음악이 없었다면 나는 내 청춘 시절을 견디지 못했으리라. 왜냐하면 나는 독일인으로 존재하도록 **단죄받았기** 때문이다. [독일인으로 존재하도록 단죄받은 청춘의] 견딜 수 없는 압박감에서 벗어나려면 해시시[대마초]가 필요하다. 그렇다. 나에게는 바그너가 필요했다. 바그너는 독일적인 모든 것에 대한 탁월한 해독제였다. 해독제도 독이라는 사실을 나는 부정하지 않지만. … 「트리스탄」[134]의 피아노 발췌곡이 존재하기 시작한 순간부터 — 이 점에 대해 폰 뷜로 씨에게 진심 어린 감사를 드린다! — 나는 바그너 숭배자가 되었다. 그 이전의 바그너 작품들[135]을 나는 얕보았던 것이다. 그것들은 너무나 통속적이고 너무나 독일적이었다. … 그러나 오늘날까지도 나는 「트리스탄」에 필적할 만한 위험

---

134) 바그너의 「트리스탄과 이졸데(Tristan und Isolde)」를 가리킨다. 「트리스탄과 이졸데」는 1865년 6월 10일에 뮌헨 국립극장에서 처음으로 상연되었고, 그 때 지휘를 맡은 사람은 한스 폰 뷜로였다. 당시 니체는 21세의 대학생이었다. 니체는 1872년 6월 뮌헨에서 뷜로가 지휘한 「트리스탄과 이졸데」를 듣고 큰 감명을 받았다. 니체는 뷜로에게 보내는 한 편지에서 가장 숭고한 예술적 감명을 준 것에 감사하고 있다.

135) 「방황하는 네덜란드인(Der fliegende Holländer)」(1840~1841), 「탄호이저 (Tannhäuser)」(1842~1845), 「로엔그린(Lohengrin)」(1845~1848)을 말하는 것 같다.

한 매력과 무한한 전율 그리고 감미로움을 갖춘 작품을 찾고 있다. 모든 예술을 샅샅이 뒤져보았지만 헛수고였다. 레오나르도 다빈치의 불가사의한 매력도 「트리스탄」의 첫 음이 울리자마자 마력을 잃고 만다. 이 「트리스탄」은 바그너의 최고 걸작이다. 그 후 「마이스터징거」와 「니벨룽겐의 반지」를 쓰면서 바그너는 「트리스탄」을 쓰다가 쌓였던 피로에서 회복했다. 건강을 회복한다는 것 ― 그것은 바그너와 같은 본성을 지닌 자에게는 하나의 **퇴보**다. … 나는 내가 마침 적절한 시기에 살았고, 그것도 바로 독일인들 사이에서 살았다는 것을 최고의 행운이라고 생각한다. 그 덕분에 나는 이 작품을 이해할 수 있을 정도로 성숙하게 되었기 때문이다. 그것이 가능할 정도로 심리학자로서 나의 호기심도 성장했던 것이다. 「트리스탄」이 선사하는 '지옥의 열락'을 누릴 정도로 병들어보지 못한 자의 세계는 너무나 빈약하다. 여기에서 신비주의자의 표현을 사용하는 것은 허용될 수 있을 뿐 아니라 적절하다고 할 수 있을 정도다. 바그너가 이룰 수 있는 저 어마어마한 것, 바그너가 아니면 그 누구도 날아오를 수 없는 저 미지의 황홀한 50가지 세계를 나는 그 누구보다도 잘 알고 있다고 생각한다. 나는 매우 강한 인간이기 때문에 가장 의심스럽고도 가장 위험한 것[136]을 나에게 유리하게 이용할 줄 안다. 그리고 그럼으로써 보다 강한 인간이 될 수 있다. 따라

---

136) 바그너를 가리킨다.

서 나는 바그너를 내 삶의 최고의 은인이라고 부른다. 우리는 금세기의 누구보다도 더 깊이 고통을 겪었으며 또한 서로에게서도 고통을 받았다는 점에서 동일한 친족에 속한다. 바로 이 점 때문에 우리의 이름은 영원토록 함께 맺어질 것이다. 그리고 바그너가 독일인들 사이에서는 오해된 존재인 것이 확실한 것처럼, 확실히 나도 오해된 존재에 불과하며 언제나 그러하리라. 나의 친애하는 게르만인들이여! [바그너와 니체를 제대로 이해하기 위해서는] **무엇보다도 먼저 2백 년에 걸친 심리학적·예술적 훈련이 필요하다!** ⋯ 그러나 그것으로도 뒤떨어진 것을 만회하지 못할 것이다.

7

가장 훌륭한 귀를 가진 자들을 위해서, 내가 음악에서 진정 무엇을 바라는지에 대해 한마디 하겠다. 나는 음악이 10월의 오후처럼 청명하고 깊이가 있기를 바란다. 음악이 개성적이고 자유분방하며 부드럽기를, 애교와 우아함을 함께 갖춘 달콤한 작은 여인이기를 바란다. ⋯ 나는 독일 사람이 음악이 무엇인가를 알 수 있다는 것을 도저히 인정할 수 없다. 독일 음악가로 불리는 자들, 그중에서 특히 가장 위대한 음악가들은 **외국인**이다. 즉 슬라브인, 크로아티아인, 이탈리아인, 네덜란드인 또는 유대인이다. 그렇지 않으면 하인리히 쉬츠,[137) 바흐, 헨델과 같은 강한 종족의 독일인, 즉 지금은 **소멸해버린** 독일인이다. 나는 쇼팽을 위해서라면 나머지 음악을 모두 버려도 좋을 정도로 아직도 폴란드인이다. 다만 세 가지 이유 때문에 바그너의 「지크프리트 목가」와 리스트도 예외로 한다. 리스트는 그의 고귀한 오케스트라적 악센트로 모든 음악가보다 탁월하기 때문이다. 끝으로 알프스 저 너머에서 ― 말하자면 지금 내가 있는 **이쪽에서**[138] ― 자라난 모든 것은 예외로 한다. … 로시니도 없어서는 안 되는 음악가다. 더더욱 음악에서의 나의 **남쪽 나라**, 즉 나의 베네치아의 거장 피에트로 가스티(Pietro Gasti)[139]의 음악이 없으면 안 된다. 내가 알프스 저 너머라고 말할 때는 항상 베네치아만을 염두에 두고 있다. 나는 음악이란 말을 대신할 다른 단어를 생각해보지만, 결국은 항상 베네치아라는 단어만이 떠오를 뿐이다. 나는 눈물과 음악을 구별하는 방법을 알지 못한다. 나는 **남쪽 나라**를 생각하면 무서운 전율을 느끼는 행복에 젖게 된다.

　다리 곁에 나는 서 있었다,

---

137) 쉬츠(Heinrich Schütz, 1585~1672)는 헨델과 바흐에 이르는 독일 바로크 음악의 기초를 놓았다.

138) 이 글을 쓸 당시 니체는 이탈리아 토리노에 있었다.

139) 니체의 제자 페터 가스트(Peter Gast)의 이탈리아식 이름. 본명은 하인리히 쾨젤리츠(Heinrich Köselitz, 1854~1918)로 니체를 숭배했다. 니체 사후 바이마르에 있는 니체 문고에서 일했다(1900~1908). 「베네치아의 사자」라는 작품을 작곡했다.

얼마 전 갈색 밤에.

멀리서 들려오는 노랫소리,

떨고 있는 수면 위로

황금빛 물방울이 솟아올랐다 사라졌다.

곤돌라, 등불, 음악 —

취한 채 황혼 속으로 헤엄쳐 갔다. …

나의 영혼은 하나의 현악기,

보이지 않는 손길에 닿아 노래를 불렀다,

곤돌라도 은밀히 노래를 불렀다,

찬란한 지복(至福)에 떨면서.

— 누군가가 귀 기울여 들었을까? …[140)]

8

이 모든 것에서 — 즉 영양, 장소와 기후, 휴식의 선택에 있어서 — 명령을 내리는 것은 **자기보존 본능**이다. 자기보존 본능은 자기 방어 본능으로서 가장 분명하게 자신을 드러낸다. 많은 것을 보지

---

140) 한밤중 베네치아의 리알토 다리에서 멀리서 나는 음악 소리를 들으며 쓴 시로 추정된다.

않고, 많은 것을 듣지 않으며, 많은 것의 접근을 허락하지 않는 것, 그것이 첫째가는 현명함이자 인간이 우연이 아니라 하나의 필연이라는 사실에 대한 첫째가는 증거다. 이러한 자기방어 본능을 가리키는 통상적인 표현은 **취향**(Geschmack)이란 말이다. 그것은 긍정이 자기 상실(Selbstlosigkeit[사심 없음])을 의미할 때는 부정하도록 명령할 뿐 아니라, [부정을 유발하는 영양, 장소와 기후, 휴식을 벗어나서] **가능한 한 드물게 부정을 하도록** 명령한다. 또한 거듭해서 부정을 하게 만드는 것으로부터 떠나고 자신을 그것으로부터 분리시키라고 명한다. 이러한 조치는 합리적이다. 이는 방어적인 지출이 아무리 사소한 것이더라도 규칙이 되고 습관이 될 때는 엄청나면서도 전혀 불필요한 빈곤을 초래하기 때문이다. 작은 지출이 극도로 자주 행해지면 **막대한** 지출이 되는 것이다. 방어하는 것, 접근을 허락하지 않는 것, 이것도 하나의 지출이며 — 이에 대해서는 자신을 속여서는 안 된다 — 부정적인 목적을 위해서 힘을 **낭비하는** 것이다. 끊임없이 방어할 필요성 때문에 스스로를 더 이상 방어할 수 없을 정도까지 나약해질 수 있는 것이다. 내가 집을 나서서 발견한 것이 이 조용하고 귀족적인 토리노가 아니라 독일의 작은 마을이었다고 해보자. 그러면 나의 본능은 이 무미건조하고 소심한 세계에서 밀려들어 오는 모든 것을 물리치기 위해 나 자신을 폐쇄해야만 할 것이다. 또는 내가 발견한 것이 독일의 대도시였다고 하자. 악덕에 의해 세워진 이 도시에서는 아무것도 자라나지 않으며 좋

고 나쁜 모든 것이 끌려 들어와 있다. 그런 곳에서 나는 **고슴도치가**
될 수밖에 없지 않은가?[141] 하지만 가시를 갖는다는 것도 일종의
낭비이고 심지어 이중의 사치다. 이는 가시를 갖지 않고 **열린 손을**
가질 수도 있기 때문이다.[142] …

---

141) 쇼펜하우어는 인간들 사이의 관계를 고슴도치에 비유한 적이 있다. 인간은
　　 고슴도치처럼 가시가 돋아 있어서 가까이 있으면 서로 찌르고, 서로 멀리 떨
　　 어져 있으면 한기와 외로움을 느낀다. 서로 간에 적당한 거리를 만들어주는
　　 것이 흔히 예의라고 불리는 것이다. 그러나 내적으로 풍요롭고 온기를 갖고
　　 있는 사람은 홀로 있어도 한기와 외로움을 느끼지 않는다.

142) 『차라투스트라는 이렇게 말했다』에서 니체는 차라투스트라는 고슴도치가 아
　　 니라고 말한다. 차라투스트라는 작은 불쾌한 일에 짜증을 내지 않는 것처럼,
　　 왜소한 인간들에게도 배척하고 경계하는 태도를 취하지 않는다. 차라투스트
　　 라는 이렇게 말한다.
　　 "나는 이들 민중 사이에서 눈을 뜨고 있다. 그들은 내가 그들의 덕을 시기하
　　 지 않는 것을 용서하지 않는다.
　　 그들은 나를 물어뜯으려 한다. 나는 그들에게 왜소한 자들에게는 왜소한 덕
　　 이 필요하다고 말하기 때문이다. […]
　　 여기서 나는 낯선 농가에 들어간 수탉과 같다. 암탉들조차도 이 수탉을 쪼아
　　 댄다. 그러나 나는 이 암탉들을 나쁘게 생각하지 않는다.
　　 나는 암탉들에 대해서 일체의 사소한 불쾌한 일에 대해서와 마찬가지로 정
　　 중하다. 작은 일에 대해 가시를 곤두세우는 것은 나에게는 고슴도치를 위한
　　 지혜로 생각된다."(『차라투스트라는 이렇게 말했다』 3권, 「왜소하게 만드는
　　 덕에 대해서」 2절)
　　 니체는 초인이 될 수 있는 인간은 소수이며, 따라서 다수의 왜소한 인간에게
　　 는 왜소한 생활방식과 덕이 필요하다고 본다. 따라서 니체는 왜소한 인간들
　　 에게 까다롭게 굴지 않으며 그들에게 정중하다. 이런 의미에서 니체는 여기
　　 서 자신은 가시 대신에 '열린 손'을 가지고 있다고 말한다.

또 하나의 현명한 자기방어는 **가능한 한 드물게 반응한다**는 것이며, 자신의 '자유'와 주도권을 포기하고 단순히 하나의 반응시약(試藥)이 될 수밖에 없는 상황과 조건을 피하는 것이다. 그 예로 책을 대하는 법을 들어보겠다. 근본적으로 단지 책을 뒤적일 뿐인 학자들 ─ 하루에 2백 권 정도의 책을 뒤적이는 것이 적당량이라고 생각하는 문헌학자 ─ 은 결국에는 스스로 생각하는 능력을 완전히 상실하고 만다. 그들은 책을 뒤적이지 않을 때는 사고하지도 않는다. 그들이 사고할 때는 단순히 자극(그들이 읽은 사상)에 **반응하는** 것이다. 결국 그들은 단순히 반응할 뿐이다. 학자들은 다른 사람들이 이미 생각해낸 것을 긍정하거나 부정하는 데에, 즉 그것을 비판하는 데에 온 힘을 쏟는다. 그들 스스로는 더 이상 사고하지 않는다. 그들의 자기방어 본능은 약해질 대로 약해졌다. 그렇지 않다면 그들은 책들에 저항할 것이다. 학자는 일종의 데카당이다. 나는 천부적인 재능과 풍요롭고 자유로운 자질을 가진 자들이 이미 30대에 '독서로 망가져버리는' 것을 내 눈으로 똑똑히 보았다. 그들은 불꽃을 일으키기 위해서는 ─ 스스로 '생각'을 하기 위해서는 ─ 누군가가 그어주어야만 하는 성냥개비가 되어버린다. 동트는 이른 아침에, 즉 모든 것이 신선하고 아침놀처럼 힘이 솟아오를 때 **책**을 읽는 것, 나는 그것을 악덕이라고 부른다!

9

이 대목에서 인간은 어떻게 자기 자신이 되는가라는 물음에 제대로 된 답을 제시하는 것을 더 이상 피할 수 없다. 아래와 같이 답을 제시함으로써 나는 자기보존, 즉 **자기애**[143]의 기술에서 걸작에 해

---

143) 니체는 자기애 내지 이기심을 병들고 불행한 것과 건강하고 행복한 것으로 나눈다. 병든 이기심은 남의 것을 약탈해서라도 자신만을 살찌우려는 탐욕스러운 이기심이다. 이러한 이기심으로 차 있는 사람은 사실은 내적인 공허감과 불안감에 사로잡혀 있다. 그는 재물이나 권력 혹은 명예에 의지하여 자신의 공허감과 불안감을 극복하려고 한다. 그러나 재물이나 권력 혹은 명예를 더 많이 가질수록 그것들에 예속된다. 그는 그것들이 사라질까 두려워하고 그것들이 사라지면 자신의 인생도 끝난다고 생각한다. 그리고 재물이나 권력 혹은 명예를 더 많이 갖고 싶어 하고 자기보다 더 많이 갖는 자를 시기한다. 그는 행복하지 않다.

이에 반해 건강하고 행복한 이기심은 드높은 육체, 아름답고 승리감에 넘치는 싱싱한 육체를 갖고 있는 힘찬 영혼이 갖는 이기심이다. 이러한 영혼과 육체는 춤추며 자신을 즐긴다. 니체는 이러한 자기 향유야말로 진정한 덕이라고 말한다.

니체에 따르면 사이비 현인들, 모든 성직자, 세상에 지쳐버린 염세주의자는 그동안 이기심 자체를 악으로 단죄해왔다. 그들은 자기를 무시하고 남들만 생각하는 이타심을 선이라고 불렀다. 이에 반해 정말로 어렵고 중요한 것은 행복한 존재가 되는 것이다. 이렇게 진정으로 행복하고 자기를 향유하는 자만이 남의 것을 탐하지 않고 남의 것을 뺏으려고도 하지 않고 자신의 행복을 나누어줄 수 있다. 자신에 대해 당당한 긍지를 갖고 자기 자신에 만족하는 자, 그리고 자신의 삶을 향유할 줄 아는 자, 이런 자의 자아를 니체는 건전하고 신성한 것이라 말한다.

당하는 것에 대해서 말하는 셈이다. … 왜냐하면 과제, 사명, 과제의 운명이 평균을 훨씬 넘어서 있는 경우, 그러한 과제를 갖는 자기 자신에 직면하는 것보다 더 위험한 것은 없을 것이기 때문이다. 인간이 자기 자신이 된다는 것에는 자기 자신이 **무엇인지**에 대해 가장 희미하게라도 예감하지 못하고 있다는 사실이 전제가 되고 있다. 이런 관점에서 보면, 심지어 인생의 **실책들**, 즉 때때로 옆길로 샌다든지, 길을 잘못 든다든지, 주저한다든지, '소극적으로 군다든지', **자신의 과제가 아닌** 과제들에 진지한 관심을 낭비한다든지 등과 같은 실책들조차도 나름의 의미와 가치를 가지고 있다. 이 모든 것에서 하나의 위대한 현명함이, 심지어는 최고의 현명함이 '표현되고 있을 수' 있다. nosce te ipsum[너 자신을 알라]이라는 말이 몰락으로 이끄는 처방이 되는 경우에는,[144) 자신을 망각하는 것, **자신을 오해하는 것**, 자신을 왜소하게 만드는 것, 자신을 편협하게 만

---

144) 본문의 이어지는 내용에서 보겠지만, 너무 일찍 자기 자신을 아는 것은 자신을 몰락으로 이끌 수 있다는 것이다. 여러 시행착오를 거치면서 비로소 자기 자신이 누구인지를 알게 되는 것이 좋다. 너무 일찍부터 자신을 위대한 과업을 수행할 자로 의식하는 사람은 그러한 과업의 수행에 필요한 여러 능력의 미성숙으로 인해 몰락해버릴 수 있다. 따라서 자신의 진정한 과업과 그에 필요한 능력들의 성숙을 위해서는 처음에는 범용한 인간으로 사는 것이 좋다. 니체는 원칙적으로는 자신은 범용한 인간들의 덕인 이웃사랑이나 동정을 배격하지만, 이러한 자기방어와 자기보존을 위해서는 그러한 덕을 따르는 것이 필요할 수도 있다고 본다.

드는 것, 자신을 범용하게 만드는 것이 가장 합리적이다. 도덕적인 표현을 사용하여 말하자면, 이웃사랑, 다른 사람들과 다른 것들을 위한 삶이 가장 견고한 자기를 보존하기 위한 방어 조치가 될 수 있는 것이다. 이것은 내가 나의 법칙과 확신에 거역하면서 '비이기적' 충동들 편에 서는 예외적인 경우다. 왜냐하면 여기서는 그러한 충동들이 **자기애와 자기 도야**에 봉사하고 있기 때문이다. 의식의 전 표면 — 의식은 표면이다 — 은 모든 위대한 명령에 의해 오염되지 않도록 순수하게 유지되어야만 한다.[145] 모든 위대한 말과 모든 위대한 태도를 조심하라! 본능이 너무 일찍 '자신을 자각하는' 것은 극히 위험한 일이다. 그사이에, 조직하고 지배하도록 예정되어 있는 '이념'이 의식의 깊은 곳에서 점점 자라나서 명령하기 시작하며, 우리가 옆길과 잘못된 길에서 **되돌아오도록** 서서히 인도한다. 또한 그 이념은 언젠가 전체를 위한 수단으로서 필수불가결한 것으로 입증될 **개별적인** 성질과 자질들을 준비하는 것이다. 그것은 어떤 **지배적인** 과제, 즉 '목표', '목적', '의미'에 대해 무엇인가를 알려주기 전에, 그것에 봉사하는 모든 능력을 차례로 형성하는 것이다. 이런 측면에서 보면, 나의 생애는 그저 놀라울 뿐이다. 모든 **가치의**

---

145) 너무 일찍부터 자신의 위대한 사명과 목적을 의식해서는 안 되며, 이러한 사명과 목적 그리고 이를 실현할 수 있는 능력이 무의식 속에서 자라나게 해야 한다는 뜻이다.

전환이라는 과제를 위해서는 한 개인 안에 함께 존재하는 능력들보다도 더 많은 능력이 필요했을 것이다. 무엇보다도 서로를 방해하지도 파괴하지도 않는 방식으로 능력들이 대립하는 것조차 필요했을 것이다. 그것들은 서로를 교란해서도 파괴해서도 안 되었다. 능력들 간의 위계질서, 능력들 간의 거리, 서로를 적대적으로 만들지 않으면서도 서로를 분리시키는 기술, 아무것도 혼합하지 않으며 아무것도 '화해시키지 않는 것', 엄청나게 다수이지만 그럼에도 불구하고 혼돈과는 반대되는 것 — 이것이 내 본능의 전제조건이자 오랜 비밀스러운 작업이자 예술적 수완이었다. 내 본능이 **높은 곳에서 행했던 보호**는, 내가 자신 속에서 무엇이 성장하고 있는가에 대해 아무런 감지조차도 하지 못했을 정도로 강력했다. 따라서 나의 모든 능력은 갑자기 성숙되고 최종적으로 완성되어, 어느 날 **개화했던** 것이다. 나는 무언가를 이루려고 애써본 적이 한 번도 없다. 즉 **투쟁**의 어떤 흔적도 내 삶에는 존재하지 않는다. 나는 영웅적인 본성과는 반대된다. 무언가를 '의욕한다는 것', 무언가를 위해 '노력한다는 것', 어떤 '목적', 어떤 '소망'을 염두에 둔다는 것, 이 모든 것을 나는 경험한 적이 없다. 나는 바로 이 순간에도 나의 미래를 — **광대한 미래를!** — 잔잔한 바다를 바라보듯이 바라본다. 이 잔잔한 바다에는 어떤 욕망의 잔물결도 보이지 않는다. 나는 어떤 것도 현재의 상태와 다르게 되는 것을 조금도 바라지 않는다. 나는 내가 다른 인간처럼 되는 것을 원하지 않는다. 나는 항상 그렇게 살아왔다. 나는 어떤 소망도 가져보지 않았다. 나는 44년을 살고 나서도 **명예**와 **여자**와 **돈** 때문에 애쓴 적이 없었다고 감히 말할 수 있는 사람이다! 그것들을 얻을 기회가 없었던 것은 아니다. 예를 들어보자면 나는 어느 날 대학교수가 되어 있었다. 그러나 나는 이런 일 [교수가 되는 것]을 생각해본 적도 없었다. 그 당시 겨우 스물네 살에 불과했기 때문이다. 그리고 그보다 2년 전 어느 날 나는 문헌학자가 되어 있었다. 즉 어떤 의미로든 나의 데뷔작이었던 내 최초의 문헌학 논문이 스승인 리츨[146]의 요청으로 그가 편집을 맡고 있었던 《라인 박물관지(*Rheinisches Museum*)》에 게재되었던 것이다. (존경하는 마음으로 말하는 것이지만 리츨은 내가 지금까지 만난 학자 중 유일한 천재였다. 그는 퇴락했지만 유쾌한 성격의 소유자다. 이러한 성격은 우리 튀링겐 사람의 특징이다. 이러한 특징을 가지고 있다면 심지어 독일인도 호감이 가는 인간이 될 수 있다. 우리 튀링겐 사람들은 진리에 도달하기 위해 샛길을 더 좋아한다. 그렇다고 해서 내가 이 말로 나의 가까운 동향인인 저 **영리한 레오폴트 폰 랑케**를[147] 과소평가하고 싶어 하는 것은 아니다.)

---

146) 리츨(Friedrich Wilhelm Ritschl, 1806~1876)은 니체가 본 대학과 라이프치히 대학을 다니던 시절의 고전문헌학 스승이었다.

147) 랑케(1795~1886)는 니체가 태어난 뢰켄에서 50킬로미터 정도 떨어진 비에에서 태어났다. 뢰켄과 비에 모두 튀링겐주에 속한다.

10

이 대목에서 깊이 숙고해볼 필요가 있다. 누군가 질문을 던질 것이다. 즉 도대체 왜 나는 일반적인 통념으로는 전혀 관심거리도 되지 못하는 이런 사소한 것들을 이야기하는가라고. 더군다나 내가 위대한 과제를 수행하도록 운명 지어져 있다면, 그렇게 사소한 것들에 신경을 쓰는 것으로 나 자신을 해치는 것은 아닌가라고. 나는 이렇게 답한다. 사소한 것들 — 영양, 장소, 기후, 휴식, 자기애의 결의론 전체[148] — 은 사람들이 이제까지 중요하다고 여겨왔던 그 어떤 것보다도 상상을 초월할 정도로 중요하다고.[149] 바로 여기에서 우리는 **다시 배우는 것**을 시작해야 한다. 이제까지 인류가 중요

---

148) 결의론(決疑論, Casuistik)은 가톨릭의 도덕 신학에서 사용했던 것으로 일반적인 도덕규범을 개개의 경우에 적용하는 기술을 가리킨다. 도덕적으로 허용할 수 있는 기준을 상세하게 규정하고 있으며 사제가 신도의 고백을 들을 때 사용했다. 여기서는 자기애를 위해서 진정으로 요구되는 것들에 대한 논의를 가리킨다고 할 수 있다.

149) 니체는 『안티크리스트』 17절에서 이렇게 말하고 있다.
"우리는 인간의 유래를 더 이상 '정신'이나 '신성'에서 찾지 않는다. 우리는 인간을 동물 가운데로 되돌려놓았다. [⋯] 다른 한편으로 우리는 이 경우에도 다시 목청을 높이려고 하는 허영심, 즉 인간이 마치 동물의 진화과정에 숨겨진 위대한 목적이었던 것처럼 생각하는 허영심에 저항한다. 인간은 결코 창조의 정점이 아니다. 모든 존재자는 인간과 나란히 존재하며 인간과 동일한 완전성을 갖는다."

한 것으로 생각해왔던 것들은 한갓 상상에 불과한 것으로 결코 실재가 아니다. 보다 엄밀하게 말하자면, 그것들은 병들고 가장 깊은 의미에서 해로운 본성을 가진 자들의 열악한 본능들에서 나온 거짓이다. '신', '영혼', '덕', '죄', '피안', '진리', '영생'과 같은 개념들이 모두 그렇다. … 그런데도 사람들은 인간 본성의 위대함과 '신성'을 그러한 개념들에서 찾아왔다. … 정치와 사회조직과 교육의 모든 물음이 철저하게 왜곡되었다. 왜냐하면 사람들은 가장 유해한 인간[150]을 가장 위대한 인간으로 간주해왔고, '사소한' 것들로 간주되었지만 사실은 삶에서 근본이 되는 것들을 스스로 경멸하도록 가르쳐왔기 때문이다. … 오늘날 우리의 문화는 극히 애매한 성격을 갖고 있다. … 독일 황제는 마치 교황이 삶에 대한 불구대천의 원수가 아니라는 듯이 교황과 제휴를 맺고 있다! … 오늘날 건설된 것은 3년만 지나도 남아 있지 않을 것이다. 내 뒤에 도래할 것, 즉 [서양 전통의] 전복과 유례없는 건설은 논외로 하고, 내가 무엇을 할 수 있는가를 척도로 하여 나 자신을 측정한다면 나는 사멸할 운명인 그 어떤 인간보다도 위대함이라는 말을 요구할 수 있는 권리를 갖는다. 이제까지 최고의 인물로 추앙받는 자들과 나를 비교해보면 그 차이는 명백해진다. 나는 이러한 이른바 제일급의 인간들을 인간 축에도 포함시키지 않는다. 내가 보기에 그들은 인류의 쓰

---

150) 이원론에 입각한 이상들을 가르치는 성직자나 철학자를 가리킨다.

레기이며, 병과 복수 본능의 산물이다. 그들은 삶에 복수하는, 극히 불길하고 근본적으로 치유 불가능한 비(非)인간들이다. … 나는 그들의 대립자로 존재하고 싶다. 건강한 본능의 모든 징후를 최고로 민감하게 감지할 수 있다는 것이 나의 특권이다. 나에게는 병적인 성향이 전혀 존재하지 않는다. 중병을 앓고 있던 때에도 나는 병적이지 않았다. 내 본성에서 광신적인 성향을 찾으려는 것은 부질없는 짓이다. 내 삶의 어떤 순간에서도 주제넘게 우쭐대거나 격정적인 태도의 나를 찾아볼 수 없을 것이다. 격정적인 포즈는 위대함에 속하지 **않는다**. 포즈 같은 것을 필요로 하는 자는 누구나 가짜다.[151] 그림처럼 아름다운 자들을 조심하라! 삶이 내게 가벼워졌다. 삶이 나에게 가장 무거운 것을 요구했을 때 그것은 가장 가벼워졌다. 이번 가을의 70일 동안[152] 나는 나 이후의 누구도 모방할 수 없고 나 이전의 누구도 하지 못했던 제일급의 것들을 한 번도 중단하는 일 없이 썼다. 그것들을 나는 앞으로 다가올 모든 시대에

---

151) 『안티크리스트』 54절에서 니체는 이렇게 말하고 있다.
　　　"확신을 가진 사람은 병적으로 제약된 자신의 관점 때문에 사보나롤라 (Savonarola), 루터, 루소, 로베스피에르, 생시몽과 같은 광신자들, 즉 강하고 **자유롭게** 된 영혼의 반대 유형이 되고 만다. 그러나 이러한 **병든** 영혼들, 즉 개념의 간질병자들의 과장된 태도가 많은 대중에게 감명을 주고 있다. — 광신자들은 근사해 보인다. 인류는 [이성적인] 근거에 귀를 기울이기보다는 몸짓을 보는 것을 더 좋아하는 것이다."
152) 『우상의 황혼』, 『안티크리스트』, 『이 사람을 보라』를 쓸 동안을 가리킨다.

대한 책임감을 가지고 썼다. 그 70일 동안에 나를 본 사람은 나에게서 어떠한 긴장의 기미도 발견하지 못했을 것이다. 오히려 넘쳐흐르는 싱싱함과 쾌활함을 볼 수 있었을 것이다. 나는 그때만큼 기분 좋게 음식을 먹은 적이 없었고, 그때만큼 잠을 잘 잔 적도 없었다. 나는 위대한 과제와 사귀는 방법으로 **유희** 이외의 방법을 알지 못한다. 유희는 하나의 위대함의 징표이자 그것의 본질적인 전제 조건이다. 조금이라도 압박감이나 우울한 표정이 보이고 목소리에서 거친 톤이 들릴 경우, 이 모든 것은 그 사람이 위대하지 않다는 증거이며, 그 몇 배로 그의 작품이 위대한 것이 아니라는 증거다! … 무신경해져야 한다. … 고독 때문에 **고통을 받는 것도** 위대하지 않다는 증거다. 나는 항상 오로지 '사람들과 함께 있는 것'으로 인해 고통을 받았다. … 터무니없게 들리겠지만, 일곱 살이라는 어린 나이에 나는 이미 어떤 인간의 말도 나에게는 와닿지 않는다는 것을 깨달았다. 그로 인해 내가 우울해하는 것을 본 사람이 있는가? 지금도 나는 여전히 모든 사람을 상냥하게 대한다. 나는 심지어 가장 낮은 자들에도 경의를 표한다. 이 모든 것에는 교만이나 은밀한 경멸의 흔적이라곤 한 점도 없다. 내가 누군가를 경멸한다면, 그는 나의 경멸을 받고 있다는 것을 느낄 수 있다. 내가 곁에 존재하는 것만으로도 나는 몸에 불결한 피가 흐르는 모든 것을 화나게 만든다. … 어떤 인간이 위대한 인간이라는 것을 보여주는 징표는 **운명애**다. 즉 어떤 것도 지금과 다른 것이 되기를 원하지 않는 것, 미래

104

에도, 과거에도, 영원히. 그것은 또한 필연적인 것을 단순히 견디기만 하지 않고 은폐는 더더욱 하지 않으며 ─ 모든 이상주의는[153] 필연적인 것 앞에서의 기만이다 ─ 그것을 **사랑하는** 것이다. …

---

153) 이상주의(Idealismus)는 이원론적인 플라톤주의나 그리스도교처럼 필연적인 운명이 지배하는 현실을 덧없는 우연이 지배하는 가상으로 간주하면서 초감 성적인 피안세계를 실재로 간주한다. 플라톤주의나 그리스도교는 초감성적인 것들을 필연적인 것으로 본다. 이데아나 신은 선 자체로서 항상 선하게 존재할 수밖에 없다.

나는 왜 이렇게 좋은 책을 쓰는가

1

나와 내 작품은 별개다. 내 작품들을 하나씩 살펴보기에 앞서, 여기에서는 먼저 내 작품들이 이해되고 있는지 아니면 이해되지 않고 있는지에 대한 문제를 다룰 것이다. 나는 이 문제를 필요한 정도로만 다룰 것이다. 왜냐하면 이 문제를 다루기에는 아직은 시기 상조이기 때문이다. 나 자신의 시간은 아직 오지 않았다. 몇몇 사람은 사후(死後)에야 태어나는 법이다.[154] 언젠가는, 사는 법과 가르치는 법에 대해서 내가 이해했던 그대로 사람들을 살게 하고 그것들을 사람들에게 가르칠 기관들이 필요할 것이다. 심지어는 『차

---

154) 각주 2번을 참조할 것.

라투스트라』 해석을 위한 특별 강좌들이 개설될 것이다. 하지만 지금 내가 나의 진리들을 받아들일 귀와 손을[155] 기대한다면, 그것은 나 자신과 완전히 어긋나는 일일 것이다. 오늘날 사람들이 내 말에 귀를 기울이지 않는다는 것, 내게서 뭔가를 받아들일 줄 모른다는 것은 이해할 수 있을 뿐 아니라 나 자신이 생각하기에도 당연하다. 나는 [다른 사상가들과] 혼동되고 싶지 않다. 이것에는 내가 나 자신을 혼동하지 않는 것도 포함된다. 반복해서 말하지만, 나는 살아오면서 타인으로부터 '악의적인' 처사를 받은 적은 거의 없다. 내 작품에 대해서도 '악의적인' 비평이 가해진 적은 한 번도 없었다. 이에 반해 나의 저서를 이해할 수 없다고 말하는 순진한 바보들[156]은 너무나 많다. … 누군가가 내 책을 입수한다면, 그것은 그가 자신에게 줄 수 있는 진귀하기 그지없는 특전(特典) 중의 하나라고 나는 생각한다. 나는 그가 내 책을 입수하기 위해서, 장화는 말할 것도 없고[157] 신발까지 벗을 것이라고 생각한다. … 언젠가 하

---

155) 어떤 책을 이해한다는 것은 단순히 그 책을 머리로 이해하는 것을 넘어서 그 책이 말하려는 것을 체화하는 것을 의미한다. 이런 의미에서 니체는 '나의 진리들을 받아들일 귀와 손'에 대해서 이야기하고 있다. 사람들은 니체가 말하는 것을 단순히 귀로 듣는 것을 넘어서 손으로 붙잡아야 한다는 것이다.

156) '순진한 바보'는 바그너 『파르지팔』의 주인공 파르지팔을 떠올리게 한다. 여기서는 '그리스도교라는 거짓을 순진하게 믿는 사람'을 가리킨다고 할 수 있다.

157) 성스러운 것 앞에서 신발을 벗는 종교적 관습을 염두에 두고 있다. 니체는 자신의 책을 성스러운 것으로 보고 있다. 장화는 당시의 독일에서는 주로 눈

인리히 폰 슈타인 박사[158]가 나의 『차라투스트라』를 한 마디도 이해할 수 없다고 정직하게 불평했을 때 나는 그에게 이해하지 못하는 것이 당연하다고 말했다. 『차라투스트라』에서 여섯 문장을 이해했다는 것, 다시 말해 그것들이 말하는 바를 체험했다는 것은, 언젠가는 죽을 수밖에 없는 우리 인간이 도달해야 할 단계 중 '현대인'이 도달할 수 있는 것보다도 더 높은 단계에 오른 것을 의미한다. [현대인들과 나 사이에 존재하는] 거리를 이렇게 느끼면서도 내가 잘 알고 있는 이 '현대인들'에 의해 내가 읽히기를 어떻게 기대할 수 있겠는가! 나의 승리는 쇼펜하우어의 승리와는 정반대다.[159] 나는 말한다. "나는 지금 읽히지 않고 있다. 앞으로도 읽히지 않을 것이다 (non legor, non legar)"라고. 나는 내 작품에 대해 '노'라고 부정하는 사람들의 순진함을 보면서 여러 번 유쾌한 기분을 느꼈지만 이러한 기분을 과소평가하고 싶지 않다. 이번 여름, 내가 나의 무게 있는, 너무나 무게 있는 나의 작품으로 문학계를 뒤흔들었을 때, 베를린 대학의 한 교수는 내가 다른 스타일로 써야 한다고 호의

이 오는 경우에 사용했으므로 대개 진흙투성이가 되어 있었다. 따라서 사람들은 성스러운 것 앞에서 장화를 벗었다.

158) 하인리히 폰 슈타인에 대해서는 각주 53번을 참조할 것.

159) 쇼펜하우어는 63세부터, 즉 죽기 10여 년 전부터 유명해졌지만, 어떻든 살아 있을 때 유명해졌다. 이에 반해 니체 자신은 사후에 유명해질 것이기 때문에, 자신의 승리는 쇼펜하우어의 승리와는 정반대라는 것이다.

와 함께 충고했다. 그런 것은 아무도 읽지 않는다고 말하면서. 결국 두 개의 극단적인 사례를 제공한 것은 독일이 아니라 스위스였다. 《분트(*Bund*)》지에 실린 비트만 박사[160]의 논문, 즉 「니체의 위험한 책」이라는 제목으로 『선악의 저편』에 대해서 쓴 논문, 그리고 역시 《분트》지에 실린 카를 슈피텔러 씨[161]의 내 책들에 대한 종합적인 서평은 내가 내 생애에서 경험했던 극대치(Maximum)에 해당한다. 무엇의 극대치인지에 대해서는 말하지 않겠다. 슈피텔러의 서평은 예를 들면 내 『차라투스트라』를 '고도의 문체 연습'으로 간주하면서 차후에는 내용에도 신경을 쓰면 좋겠다는 바람을 표명했다. 비트만 박사는 모든 품위 있는 감정을 제거하려고 노력하는 나의 용기에 경의를 표했다. 우연의 사소한 장난에 의해서 여기 『차라투스트라』의 모든 문장이 놀라울 정도의 일관성과 함께 [기존의] 진리를 거꾸로 세웠다. 사람들이 주목할 만한 방식으로 — 내 머리에 못을 박는 대신 — 나의 핵심을 찌르고 싶다면, '모든 가치의 전환'만 하면 된다.[162] … 따라서 그만큼 한층 더, 나로서는 해명을 하

---

160) 비트만(Joseph Victor Widmann, 1842~1911)은 베른의 《분트》지 문예란 주필로서 쇼펜하우어 사상의 영향을 많이 받았다.

161) 슈피텔러(Karl Spitteler, 1845~1924)는 스위스의 시인이자 바젤에서 나오던 《그렌츠보텐(*Grenzboten*)》과 취리히에서 나오던 《신 취리히 신문(*Neue Zürcher Zeitung*)》의 편집자로서 1919년에 노벨 문학상을 받기도 하였다.

162) 니체를 이해하기 위해서는 니체 자신과 마찬가지로 모든 가치를 전환해야 한다는 것이다. 그리스도교와 같은 가치를 수동적으로 받아들이는 것을 부정하

고 싶다. 결국은 어느 누구도 책을 비롯한 모든 것에서 자신이 이미 알고 있는 것보다 더 많은 것을 얻어들을 수는 없다. 체험을 통해 접근할 수 없는 것에 대해서는 그것을 들을 귀도 없는 법이다. 극단적인 예를 하나 생각해보자. 어떤 책이 자주 일어나거나 드물게라도 일어날 수 있는 경험들에서 전적으로 벗어나 있는 체험들에 대해서 말하고 있다고 해보자. 즉 그 책이 일련의 새로운 경험들에 대해서 **처음으로** 말하고 있다고 해보자. 이 경우에는 전혀 아무것도 들리지 않는다. 아무것도 들리지 않는 곳에서는 **아무것도 없다**는 청각상의 착각이 일어난다. ⋯ 이것[자신이 경험하지 못한 것은 아무것도 듣지 못한다는 것]이 결국 내가 대체로 경험했던 것이지만, 원한다면 나의 **독특한 경험**이라고 생각해도 좋다. 간혹 나에 대해 무언가를 이해했다고 믿는 자들은 나를 가지고 자기의 상에 맞는 무언가를 만들어냈을 뿐이다. 나와 정반대되는 것, 예를 들면 '이상주의자'를 만들어내기도 했다. 나에 대해서 아무것도 이해하지 못한 사람은 내가 고찰할 만한 존재라는 사실마저 부인해버렸다. '초인'이라는 말은 최고의 완성된 인간 유형을 지칭하는 것으로서 '현대'인, '선량한' 사람, 그리스도교인과 여타 허무주의자들과는 반대되는 말이다. 이 말이 도덕의 **파괴자**인 차라투스트라의 입에서

고, 기존의 모든 가치를 힘에의 의지를 척도로 하여 재평가하며, 힘에의 의지를 진정으로 강화하고 고양시킬 수 있는 새로운 가치들을 정립해야 한다.

나오게 되면 극히 깊은 의미를 갖게 된다. 그런데 초인이라는 말은 곳곳에서 극히 순진하게, 차라투스트라의 형상에서 드러나 있는 가치들과는 정반대되는 가치들을 구현한 자의 의미로 이해되고 있다. 말하자면 초인은 보다 높은 인간[163]의 '이상주의적인' 전형, 즉 반쯤은 '성인'이고 반쯤은 '천재'인 자로 이해되는 것이다. … 다른 엉터리 학자는 초인이라는 말 때문에 나를 다윈주의자가 아닌가 하고 의심하기까지 한다.[164] 심지어는 자신도 모르게 그리고 의도하지도 않은 채로 사기를 일삼는 칼라일의 『영웅 숭배론』을[165] 내가 그토록

---

163) '보다 높은 인간'은 말세인보다는 높지만 아직 초인의 경지에 도달하지 못한 자를 가리킨다.

164) 니체는 『우상의 황혼』, 「어느 반시대적 인간의 편력」 14절에서 다윈을 이렇게 비판하고 있다.
"반(反) 다윈. ― 저 유명한 '생존을 위한 투쟁'에 관해서 말해보자면, 현재로서는 주장만 되고 있지 증명은 안 된 것 같다. 생존을 위한 투쟁이 일어나기는 하지만 예외로서 일어날 뿐이다. 삶의 전체적인 모습은 궁핍 상태나 기아 상태가 아니라 오히려 풍요와 충일(充溢)이며 심지어는 터무니없는 낭비이기도 하다. ― 투쟁이 일어나기는 하지만 그 경우 그것은 힘을 위한 투쟁이다. … 맬서스와 자연을 혼동해서는 안 된다. ― 그런데 생존을 위한 투쟁이 일어나고 있다고 가정해보면 ― 사실 일어나고 있지만 ― 그 결과는 유감스럽게도 다윈학파가 바라거나 사람들이 다윈학파와 함께 바라도 된다고 생각하는 것과는 정반대다. 즉 '생존을 위한 투쟁'은 강자나 특권자들이나 행복한 예외자들에게 불리하게 되는 결과로 끝나는 것이다. 종의 성장은 완전한 형태로 이루어지지 않는다. 약자가 항상 거듭해서 강자를 지배하게 된다. ― 이는 약자가 다수이고 더 영리하기조차 하기 때문이다."

165) 칼라일(Thomas Carlyle, 1795~1881)은 스코틀랜드의 역사가이자 에세이스

혹독하게 비난했음에도 사람들은 초인이라는 말에서 그러한 영웅 숭배를 읽어냈다. [초인이 무엇인지를 알기 위해서는] 파르지팔과 같은 자보다는 체사레 보르자[166]와 같은 자를 찾는 것이 낫다고 내가 속삭였을 때 사람들은 자신의 귀를 의심했다. 내가 내 책들에 대한 서평, 특히 신문에 나온 서평에 전혀 관심이 없다는 사실에 대

트이다. 칼라일이 영웅으로 간주한 사람 중에는 니체도 찬양한 나폴레옹도 있었지만, 니체가 종교적인 광신도로 간주하면서 배격한 마호메트, 루터, 크롬웰도 있었다. 칼라일은 대체로 종교지도자들을 영웅으로 간주하는 경향이 있었으며 또한 영웅을 사회 전체를 위한 도구로 보았다. 이에 반해 니체는 종교지도자들을 높이 평가하지 않았으며, 천재를 시대나 사회를 위한 도구로 보지 않고 오히려 자신이 속한 시대나 사회를 뛰어넘는 존재로 보았다.

166) 체사레 보르자(Cesare Borgia, 1475/6~1507)는 수단과 방법을 가리지 않고 권력을 추구했던 르네상스 시대의 전제군주였다. 마키아벨리는 체사레 보르자를 당시 여러 도시국가로 분열되어 있었던 이탈리아의 통일을 이룰 수 있는 이상적 군주로 보았다. 니체는 『선악의 저편』 197절에서 체사레 보르자에 대해 이렇게 말하고 있다.

"사람들은 맹수나 맹수와 같은 인간(예를 들면 체사레 보르자)을 근본적으로 오해하고 있다. 이제까지의 거의 모든 도덕주의자처럼 열대지역에 사는 모든 괴물과 생물 중에서도 가장 건강한 자들에게서 병적인 면을 찾거나 심지어 천성적인 '악마적 속성'을 찾으려고 하는 한, 우리는 '자연'이라는 것을 오해하는 것이 된다. 도덕주의자들에게는 원시림이나 열대에 대한 증오가 있는 것 아닌가? 또한 '열대의 인간'을 인류의 병이나 타락으로 보거나 혹은 악마적 속성을 가졌거나 자기 학대를 하는 존재로서 보면서 반드시 배척해야만 하는 것일까? 왜 이래야 하는가? '온대(溫帶, gemässigt)'를 위해서? 온건한(gemässigt) 인간을 위해서? '도덕적인 인간'을 위해서? 범용한 인간을 위해서? 이상은 '소심함으로서의 도덕'이란 장을 위한 기록이다."

해 사람들은 양해해야 할 것이다. 내 친구들과 내 책의 발행인들은 이러한 사실을 알고 있기에 나에게 그 서평들에 대해 전혀 언급하지 않는다. 특별한 일이지만, 나는 내 책 중 하나 — 『선악의 저편』을 말한다 — 에 대한 엉터리 서평을 처음부터 끝까지 다 읽은 적이 있다. 나는 그것에 대해서 정중한 보고를 해둘 필요가 있다.《국민신문(Nationalzeitung)》은 매우 진지하게 『선악의 저편』을 '시대의 징후'로서, 즉 진정하고 올바른 **융커 철학**으로 간주하면서,《십자신문(Kreuzzeitung)》에게는 이러한 융커 철학을 표방할 정도의 용기만이 결여되어 있다고[167] 썼다. 이러한 사실들을 누가 믿을 수 있겠는가? 나의 외국 독자들을 위해서 말해두자면 《국민신문》은 프로이센 신문이며, 미안하지만 나 자신은 프랑스 신문인 《논쟁 저널 (Journal des Débats)》밖에 읽지 않는다.

2

이상은 독일인들을 위해서 한 말이다. 이렇게 말하는 것은 독일 외에도 내 독자들이 도처에 있기 때문이다. 이들은 모두 **탁월한**

---

167) 《십자신문》은 융커 철학에 입각한 신문이었지만, 니체처럼 융커 철학을 공공연하게 표방할 정도의 용기는 갖지 못했다는 의미다. 《십자신문》은 프로이센의 지주 귀족계급인 융커의 기관지였다. 프로이센에서 모든 고급 관리는 이 융커 계급에서 채용되었다.

지성들이며, 높은 지위와 의무 속에서 교육받은 확증된 인물들이다. 내 독자 중에는 심지어는 진정한 천재들도 있다. 빈, 상트페테르부르크, 스톡홀름, 코펜하겐, 파리와 뉴욕 등 곳곳에서 나는 발견되었다. 나를 발견하지 못한 곳은 유럽의 저지(低地)인 독일뿐이다. … 그리고 내 이름을 들어보지도 못했고 철학이란 말조차도 모르는 나의 비(非)독자들이 나를 더욱 기쁘게 한다는 사실을 고백해야겠다. 그러나 예를 들어 이곳 토리노도 그렇고 내가 어디를 가든 나를 보기만 해도 사람들의 얼굴이 환해지고 기쁨에 넘친다. 이제까지 나를 가장 기분 좋게 했던 것은 노점상 할머니들이 나에게 가장 달콤한 포도를 찾아주지 못하면 안절부절못했던 일이다. 이 정도가 아니면 철학자라고 할 수 없다. … 폴란드인이 슬라브족 가운데 프랑스인이라고 불리는 것은 다 이유가 있다. 매력적인 러시아 여성이라면 내가 어떤 종족에 속하는지를 한눈에 알아차릴 것이다. 나는 [다른 독일인들과는 달리] 격식을 갖추면서 점잔을 빼지 못한다. 기껏해야 당황할 뿐이다. … 독일인처럼 생각하고, 독일인처럼 느낀다는 것, 나는 무엇이든 다 할 수 있지만 이것만큼은 내 역량을 넘어선다. … 나의 옛 스승 리츨은 내가 문헌학 논문을 파리의 소설가처럼 황당할 정도로 흥미진진하게 쓴다고까지 주장했다. 파리에서조차 사람들은 '나의 모든 대담함과 섬세함'에 — 이것은 텐의 표현이다 — 놀라워한다. 내가 쓴 것에는, 심지어 나의 디오니소스 찬가의 최고 형식에도 결코 우둔하게 — '독일적'으로 — 되지 않는 에스프리라는 소금이 쳐져 있지만, 사람들이 이러한 사실을 느끼지 못할까 봐 걱정이다. … 이에 대해 나는 어쩔 도리가 없다. 신이여 나를 도우소서! 아멘.[168] 우리 모두는 긴 귀를 가진 당나귀가 어떤 동물인지를 알고 있고, 심지어 몇몇 사람은 경험을 통해서 알고 있다. 좋다, 나는 내가 가장 작은 귀를 가지고 있다고 감히 주장한다. 여자들은 이 점에 대해 적잖이 흥미를 느낀다. 아마도 여자들은 내가 그들을 더 잘 이해한다고 느끼는 것 같다. … 나는 탁월한 반(反)당나귀(Antiesel)다.[169] 따라서 세계사에 이름을 남길 정도의 괴물이다. 나는 그리스말로는 — 아니 비단 그리스말이 아니어도 되지만 — **안티크리스트**[170]다.

---

168) Gott helfe mir! Amen. 이것은 루터가 1521년 4월 18일 보름스 제국의회에서 심문을 받을 당시 자신의 주장을 철회하라는 가톨릭교회의 요구를 거부하면서 마지막으로 했던 말이다.

169) '긴 귀를 가진 당나귀'라는 말로 니체는 주관 없이 남의 말에 잘 속고 남에게 맹종하는 어리석은 자를 염두에 두고 있다. 당나귀는 긴 귀를 가지고 있는 반면에, 니체 자신은 짧은 귀를 가지고 있다고 말하면서 자신의 총명함을 강조하고 있다.

170) 그리스어로는 안티크리스토스(Antichristos)이고 독일어로는 안티크리스트 (Antichrist)다. '그리스말로는'이라고 말하는 것은 안티크리스트가 원래 그리스어로 쓰인 성서의 「요한 1서」 2장 18절에 나오는 말이기 때문이다.

3

나는 내가 작가로서 갖고 있는 특권들에 대해 어느 정도는 알고 있다. 내 작품들에 익숙해지는 것이 얼마나 사람들의 취미를 '해치게' 되는지가 몇 가지 개별적인 경우에서 확인되기도 했다. 내 작품에 익숙하게 되면 다른 책들은 더 이상 견딜 수 없게 된다. 특히 가장 견딜 수 없게 되는 것은 다른 철학책들이다. 고상하고도 미묘한 내 세계로 진입한 것은 비할 데 없는 영예다. 독일인은 이러한 영예를 누릴 수 없다. 이러한 영예는 궁극적으로는 그럴 자격이 있는 사람만이 누릴 수 있는 것이다. 이 경우 의지의 **높이**가 나와 필적할 만한 사람이면 배움의 진정한 황홀경을 체험하게 된다. 왜냐하면 나는 어떤 새도 일찍이 이르지 못했던 높은 곳에서 왔으며, 어떤 발도 들어가보지 못한 심연을 잘 알고 있기 때문이다. 사람들은 나에게 내 책 중 하나를 일단 잡으면 손에서 놓을 수 없고 밤잠을 설치게 된다고 말했다. 내 책보다 더 긍지에 차 있으면서 동시에 더 섬세한 종류의 책은 일찍이 존재한 적이 없었다. 여기저기에서 내 책들은 지상에서 도달할 수 있는 최고의 것인 냉소주의(Cynismus)에까지 도달하고 있다. … 내 책들을 정복하려면 가장 부드러운 손가락과 가장 용감한 주먹을 가져야 한다. 영혼이 약해서는 절대로 안 되며, 소화불량이 있어서도 안 된다. [예민한] 신경은 필요 없고, 소화를 잘 시키는 편안한 아랫배가 필요하다. 영혼이 빈곤하거나 영혼에 음습한 공기가 있어서는 더욱더 안 된다. 비겁하거나 불결해서도 안 되며 내장에 은밀하게 복수심을 가져서도 안 된다. 내 말 한마디면 그 사람의 얼굴에 모든 나쁜 본능이 드러나게 된다. 내가 알고 있는 사람 중에는 내 책들에 여러 반응을, 즉 가르쳐주는 바가 매우 많은 반응을 보여주는 실험용 동물과 같은 자들이 있다. 내 책의 내용에 관여하려 하지 않는 자들, 예를 들어 이른바 내 친구들은 '아무런 감정도 없이(unpersönlich)'[171] 말한다. 이들은 내가 '그 정도에까지' 다시 도달하게 된 것을 축하해준다. 그들은 내 책이 논조가 보다 쾌활해졌다는 점에서 진보했다고 말한다. … 완전히 타락한 '정신들', 즉 철저하게 허위에 찬 '아름다운 영혼들'[172]은 내 책을 어떻게 대해야 할지를 전혀 알지 못한다. 따라서 그들은 내 책들이 자신들 아래에 있다고 여긴다. 이런 것이 모든 '아름다운 영혼'의 아름다운 논리다. 내가 알고 있는 사람 중에서 멍청이들은 — 실례를 무릅쓰고 말하자면 이들은 모두 독일인이다 — 내 의견에 항상 동의하지는 않지만 경우에 따라서는 동의하기도 한다고 넌지시 말한다. 예를 들면 … 『차라투스트라』에 대해서조차도 나는 그들이 그렇게 말하는 것을 들었다. … 마찬가지

---

171) 무심하게, 무관심하게.
172) 피안세계나 육체에서 벗어난 불멸의 순수한 영혼을 신봉하는 이상주의자들을 가리킨다.

로 '페미니즘'[173] 전부가, 남자들이 주장하는 페미니즘조차도 나의 세계로 들어가는 문을 닫아버린다. [이렇게] 사람들은 대담한 인식의 미궁으로 절대로 들어가지 않을 것이다. 가혹하기만 한 진리 속에서 기분 좋게 명랑하게 있으려면, 사람들은 자기 자신에 대해 관대해서는 안 되며 자신을 엄격하게 대하는 습관을 들여야만 한다. 완벽한 독자의 모습을 한번 상상해보자면, 그는 용기와 호기심이 어우러진 괴물로 나타난다. 그 외에 그는 유연하고 교활하며 신중한 자, 타고난 모험가이자 발견자이기도 하다. 결국, 내가 기본적으로 어떤 사람에게만 이야기하는지는 차라투스트라가 말한 것보다 더 잘 말할 수 없을 것이다. 차라투스트라는 **누구에게만** 자신의 수수께끼를 이야기하는가?

"그대들, 대담한 탐구자들, 실험가들[174]에게, 그리고 일찍이 교묘한 돛을 달고 무서운 바다로 나갔던 자들[175]에게,

그대들, 수수께끼에 취한 자들, 어스름을 좋아하는 자들, 피리 소리에

---

173) 니체는 남성과 여성의 동등한 권리를 주장하는 페미니즘에 대해서 비판적이었다. 니체는 페미니즘을 남성이 유약하게 되고 여성화됨에 따라 여성들이 남성에 대한 외경심을 상실하게 되면서 생긴 것으로 보았다.
174) 기존의 가치에서 벗어나 새로운 가치를 창조하려는 자들이다.
175) 지혜롭게 험난한 인생을 헤쳐나갔던 자들을 가리킨다.

홀려 미궁의 목구멍으로 끌려 들어가는[176] 영혼을 가진 자들에게,

내가 이렇게 말하는 것은 그대들이 겁먹은 손으로 한 오라기의 실을 더듬어 찾고 싶어 하지 않고,[177] 또한 그대들은 추측할 수 있는 경우에는 추론하기를 싫어하기 때문이다.[178],[179]

4

이제 나의 **문체의 기법**(Kunst des Stils)에 대해서 일반적인 말을 해보겠다. 어떤 상태, 즉 파토스의 내적 긴장 상태를 기호들을 통해서 그리고 그 기호들의 속도를 통해서도 **전달하는 것**, 이것이 바로 문체라는 것의 의미다. 그리고 나의 내적 상태들은 예외적으로 다양하기 때문에, 내게는 수많은 문체의 가능성이 있다. 나는 일찍

---

176) 바다의 요녀 세이렌이 아름다운 노랫소리로 선원들을 유혹했다는 이야기를 연상시킨다.

177) 테세우스가 미궁에 사는 괴물 미노타우로스를 죽이기 위해서 실을 더듬으며 전진했다는 이야기를 연상시킨다.

178) 자명한 전제에서 결론을 추론해내는 것이 아니라 수수께끼를 풀듯이 논리를 뛰어넘는 방식으로 추측하는 것을 가리킨다. 추론은 전통적인 진리나 규범을 당연한 전제로 삼으면서 자신이 어떻게 살 것인지를 연역해내는 반면에, 수수께끼를 푸는 식의 추측은 새로운 전제를 창조해낸다. 따라서 추측은 전통적인 진리나 규범에 안주하는 삶이 아니라 그것들을 의문시하면서 새로운 가치를 창조하는 모험적인 삶을 가리킨다.

179) 『차라투스트라는 이렇게 말했다』 3권, 「유령과 수수께끼」 1절에서 인용.

이 한 인간이 구사했던 가장 다양한 문체의 기법을 갖고 있는 것이다. 좋은 문체란 내적 상태를 제대로 전달하는 문체이며, 기호들과 기호들의 속도와 제스처들을 — 반복문(反復文, Periode)에 관련된 모든 규칙은 제스처의 기법인 것이다 — 올바르게 구사하는 문체다. 이 점[문체의 구사]에서 나의 본능은 결코 틀림이 없다. 좋은 문체 그 자체라고 하는 것은 '아름다움 그 자체', '선 그 자체', '물 그 자체'와 마찬가지로 순진한 우매함이자 '이상주의'에 불과하다.[180] …항상 전제되고 있는 것은 들을 귀가 존재한다는 것이다. 즉 저자와 동일한 파토스를 가질 수 있고 또한 그러한 파토스를 가질 만한 기품이 있는 자들이 있다는 것, 저자가 자신을 전달해도 좋은 자들이 있다는 것이다. 예를 들어 나의 『차라투스트라』는 당분간은 아직 그런 자들을 찾는 중이다. 아아! 그는 더 오랫동안 찾아야 할 것이다! 사람들이 그의 말을 들을 자격을 갖추고 있어야만 하기에. …그때까지는 『차라투스트라』에서 아낌없이 구사된 기법을 이해하는 자가 아무도 없을 것이다. 『차라투스트라』를 위해서 정녕 처음으로 창조된 전대미문의 새로운 예술 기법들을 아낌없이 구사하는 자는 나 말고는 없었다. 그러한 기법이 다름 아닌 독일어로 가능하다는 것은 [『차라투스트라』가 쓰이기 전까지는] 입증되지 못했다. 나 자신이 『차라투스트라』를 쓰기 전이라면 그러한 가능성을 단호하게 부

---

180) 좋은 문체는 그것에 귀를 기울이는 자들이 있을 경우에만 의미가 있다는 것이다.

정했을 것이다. 나 이전에 사람들은 독일어로 무엇을 할 수 있는지를 알지 못했으며, 아니 도대체 언어로 무엇을 할 수 있는지를 알지 못했다. 숭고한 초인적인 정열의 거대한 상승과 하강을 표현하기 위한 **위대한** 리듬의 기법, 반복문의 **위대한** 문체는 내가 처음으로 발견한 것이다. 『차라투스트라』 3권 마지막 장인 「일곱 개의 봉인」이라는 제목의 디오니소스 찬가에 의해서 나는 이제까지 시라고 불려온 것을 넘어 천 마일이나 높게 날아올랐다.

5

내 작품들에서 말하고 있는 사람은 비교할 상대가 없는 뛰어난 **심리학자**라는 것, 이것이야말로 아마도 훌륭한 독자가 [내 작품들을 읽을 때] 맨 먼저 갖게 되는 통찰일 것이다. 나에게 어울리는 독자는 옛날의 훌륭한 문헌학자들이 호라티우스를 읽듯이 나를 읽는 독자다. 근본적으로 온 세상이 ─ 통속 철학자나 도덕주의자, 그 밖의 속이 텅 빈 자나 멍청이들은 말할 나위도 없이 ─ 동의하는 명제들이 나에게는 순진하기 그지없는 오류로 드러난다. '이기적'과 '비이기적'이 서로 대립한다는 명제가 그 예이지만,[181] 실제로는

---

181) 이기적인 것은 악이고 이타적인 것이 선이라는 통념에 반해서, 니체는 『안티크리스트』 2절에서 '선이란 힘의 감정을 증대시키는 모든 것이요, 악은 약함

자아(ego) 자체가 한갓 '고등 사기'이자 하나의 '이상'일 뿐이다.[182]

에서 비롯되는 모든 것'이라고 말하고 있다. 또한 『우상의 황혼』, 「어느 반시
대적 인간의 편력」 33절에서 이기주의의 가치에 대해 이렇게 말하고 있다.
"이기주의의 자연적 가치. — 이기심이 갖는 가치는 이기심을 갖는 자가 생리
적으로 갖는 가치에 따라 달라진다. 즉 이기심은 매우 큰 가치를 가질 수 있
고 무가치하고 경멸받을 만할 수도 있다. 모든 인간은 삶의 상승선을 나타내
는지 아니면 하강선을 나타내는지에 따라 평가될 수 있다. 이 점이 결정되면
각 개인의 이기심이 어떤 가치를 갖는지 가늠할 수 있는 규준도 주어지는 셈
이다. 어떤 사람이 상승선을 나타낸다면, 그의 가치는 실제로 비범하다. —
그리고 그와 함께 한 발짝 더 나아가게 되는 총체적 생을 위해, 그를 위한 최
선의 환경조건을 유지하고 조성하는 데 최대한의 배려를 해도 좋다. 지금까
지 민중이나 철학자가 이해했던 것과 같은 개인, '개체'는 하나의 오류다. 개
인은 그 단독으로는 아무것도 아니다. 개인은 하나의 원자도 아니고 '사슬의
한 고리'도 아니며, 이전의 것을 단순히 상속한 자도 아니다. — 개인이란 그
에게까지 이르는 인류의 전체적인 연속선이다. … 만약 그가 나타내는 것이
하강, 쇠퇴, 만성적 퇴락, 질병(병이라는 것은 크게 보면 쇠퇴의 원인이 아니
라 쇠퇴의 결과적 현상이다)이라면, 그는 거의 가치를 갖지 못한다. 따라서
그가 건강한 자들로부터 가능한 한 적게 탈취하게 하는 것이 공정성의 제일
원리다. 그는 건강한 자들의 기생충에 불과하다."
니체에 따르면 천재는 자신의 능력을 주체할 수 없어 분출하는 자다. 그는 자
신을 위해서 자신의 능력을 발휘하지만 이것이 인류에게 덕이 된다. 사람들
은 그것을 '희생적 행위'라고 부르지만, 이는 천재에 대한 오해에 불과할 뿐이
다. 천재는 힘이 내부로부터 솟아나고 넘쳐흐르기에, 자신을 탕진하고 자신
을 아끼지 않는다. 그는 필연적으로, 숙명적으로 그렇게 할 수밖에 없다.

182) 니체는 생각과 행동의 자유로운 주체로서의 자아라는 개념은 언어의 오류에
    의해 발생한 산물에 불과하다고 본다. 언어는 주어-술어의 구조로 되어 있
    는데, 이러한 언어 구조로 인해 우리는 술어에서 표현되는 어떤 생각과 행
    위의 원인에 해당하는 자유로운 의식적 주체가 있다고 생각하게 된다. 그러
    나 이러한 자유로운 의식적 주체로서의 자아란 사실은 하나의 허구에 불과

··· 이기적인 행동도 비이기적인 행동도 **없다**. 두 개념은 심리학적으로 터무니없는 것이다. 또는 '인간은 행복을 추구한다'는 명제[183] ··· 또는 '행복은 덕에 대한 보상이다'라는 명제[184] ··· 또는 '쾌(快)와 불쾌는 서로 대립된다'는 명제도 마찬가지다. 인류를 유혹하는 마녀 키르케[185]인 도덕이 모든 심리적인 것을 철저하게 왜곡했다. 다시 말해 **도덕화했다**. 그 결과 사랑은 '비이기적인' 것이어야 한다는 섬뜩한 터무니없는 명제까지 생겨났다. ··· 확고하게 자기 자신에게만 의지하고 용감하게 자신의 두 다리로 서 있는 자가 아니면 절대로 사랑을 할 수 없다. 여자들은 이러한 사실을 너무나 잘 알

하다. 우리의 생각과 행동은 사실은 우리가 보통은 의식하지 못하는 생리적 차원의 힘에의 의지에 의해서 규정되어 있다. 힘에의 의지가 병약해 있으면, 사람들은 서양 형이상학이나 그리스도교처럼 이원론적으로 생각하고 행동하게 된다. 그러나 이 경우 사람들은 자신들이 세계에 대한 객관적인 관찰에 입각해서 그렇게 생각하고 행동한다고 착각한다.

183) 여기서 니체가 염두에 두고 있는 행복은 '쾌락이나 몸과 마음의 평안'과 동일시되는 행복이다. 니체는 인간이 궁극적으로 추구하는 것은 이런 종류의 행복이 아니라 저항을 극복함으로써 자신의 힘을 증강시키는 것이라고 본다.

184) 칸트는 덕은 행복으로 보상받아야 한다고 보면서 이는 현실에서는 불가능하니 내세에서 신이 이를 가능케 할 것을 희망할 수밖에 없다고 보았다. 현실에서는 유덕한 인간이 항상 행복한 것은 아니니 내세에서는 유덕한 인간의 행복을 보장하는 신의 존재를 요청할 수밖에 없다는 것이다.

185) 호메로스의 『오디세이』에 나오는 마녀로 오디세우스의 부하들에게 마법의 술을 먹여서 돼지로 변하게 했다. 니체는 여기서 도덕을 마녀 키르케에 비유하면서 인류를 그릇된 삶의 길로 유혹하는 것으로 보고 있다.

고 있다. 여자들은 자기를 상실하고 한갓 객관적이 되어버린 남자들에게는 아무런 관심도 갖지 않는다. … 이 대목에서 내가 여성을 잘 알고 있다는 추측을 감히 해도 될까? 이러한 지식은 나의 디오니소스가 나에게 준 선물이다. 누가 알겠는가? 아마도 나는 영원히 여성적인 것에[186) 대한 최초의 심리학자이리라. 여성들은 모두 나를 사랑한다. 이것은 너무나 당연한 이야기다. 그러나 아이를 낳을 수 있는 기관이 없는 '해방된 여자들', 불구의 여자들은 제외한다. 다행히도 나는 갈기갈기 찢기고 싶지는 않다. 완전한 여성이 사랑을 하게 되면 갈기갈기 찢어버린다. … 나는 이 매혹적인 광폭한 여자들을 잘 알고 있다. … 아아, 그들은 얼마나 위험하고 살금살금 기어 다니는 지하의 조그만 맹수인가! 그러면서도 얼마나 사랑스러운가! … 아무리 작은 여자라도 복수심에 사로잡히면 운명조차도 밀어 넘어뜨린다. 여자는 남자보다 말할 수 없을 정도로 더 사악하고 더 영리하다. 따라서 여자가 착하다는 것은 그 여자가 이미 **퇴화하고 있다는** 것의 징후다. … 이른바 '아름다운 영혼'의 근저에는 생리적인 장애가 있다. 이에 대해서 모든 것을 말하지는 않겠다. 모든 것을 말하게 되면 내가 의학자처럼 될 것이기 때문이다. 남자들과 **동등한** 권리를 획득하기 위한 투쟁은 병의 징후일 뿐

---

186) "영원히 여성적인 것이 우리를 인도한다"는 괴테의 『파우스트』에 나오는 말이다.

이다. 모든 의사가 이러한 사실을 알고 있다. 여자다운 여자일수록 권리 일반을 온몸으로 거부한다. 왜냐하면 자연상태, 즉 양성 사이의 영원한 **전쟁 상태**는 여성에게 전적인 우위를 부여하기 때문이다. 사람들이 사랑에 대한 나의 정의를 들을 귀를 갖고 있을까? 이러한 정의야말로 철학자의 품격에 어울리는 유일한 정의다. 사랑, 그 수단은 전쟁이요, 그 근본은 양성 간의 무시무시한 증오다.[187] 남자가 여자를 어떻게 **치유**할 것인가, 즉 어떻게 '구원할 것인가'에 대한 나의 답변을 들어본 적이 있는가? 남자가 여자에게 아이를 낳게 하면 된다. 여자는 아이를 필요로 하며, 남자란 항상 이를 위한 수단에 불과하다. 차라투스트라는 이렇게 말했다.[188] '여성의 해방', 이것은 여성으로서는 **실패작**, 즉 아이를 못 낳는 불구의 여자들이 아이를 가질 수 있는 여자들에 대해서 갖는 본능적인 증오다. '남자'에 대한 투쟁이란 항상 수단이고 구실이며 전술에 지나지 않

---

187) 남녀 간의 사랑을 일종의 전쟁으로 보는 니체의 사랑관과, 여성을 남성보다 더 사악하고 더 영리하다고 보는 여성관은 「카르멘」을 실마리로 하고 있다고 할 수 있다. 니체는 비제의 오페라 「카르멘」을 스무 번에 걸쳐 관람했을 정도로 매료되었다. 「카르멘」의 줄거리를 간단히 정리하면 아래와 같다.
'폭행 사건으로 붙잡힌 집시 카르멘을 연행하던 돈 호세는 카르멘의 유혹에 넘어가 카르멘을 풀어주고 영창에 들어간다. 영창에서 나온 돈 호세와 카르멘의 사랑이 시작되지만, 결국 호세에게 싫증이 난 카르멘이 투우사 에스카밀로를 사랑하게 되면서 돈 호세는 카르멘을 죽인다.'
188) 『차라투스트라는 이렇게 말했다』 1권, 「늙은 여자와 젊은 여자에 대하여」.

는다. 해방된 여자들은 자기 자신을 '여성 자체', '보다 높은 여성', 여성에 관한 '이상주의자'로 끌어올림으로써 여성이 갖는 지위의 일반적인 수준을 끌어내리려고 한다. 이를 위한 가장 확실한 수단은 여자에게 중등교육과 바지 그리고 [정치인들에 의해] 쉽게 조종되는 투표권자로서의 정치적 권리를 허용하는 것이다. 해방된 여자들은 '영원히 여성적인 것'의 세계에서는 무정부주의자이며 복수를 가장 심층의 본능으로 갖고 있는 실패자이다. 가장 악질적인 '이상주의'의 족속들은 성애에 대해서 아무런 양심의 가책을 느끼지 않는 태도, 즉 성애를 자연스러운 것으로 즐기는 태도를 독살하려고 한다. 그런데 가장 악질적인 이상주의는 남자들에게서도 발견된다. 저 전형적인 노처녀인 헨리크 입센이[189] 그 예다. … 여기에서 나는 이 문제에 대한 나의 정직하면서도 엄격한 신념에 어떠한 의심의 여지도 남겨두지 않기 위해 나의 도덕법전에서 악덕에 관한 조문(條文)을 소개하겠다. 악덕이란 말로 내가 공격하는 것은 모든 종류의 반(反)자연이며 ― 사람들이 아름다운 말을 원한다면 ― 모든 종류의 이상주의다. 그 조문은 이렇다. "순결을 가르치는 설교는 사람들을 반자연적인 것으로 향하도록 공공연하게 자극하는 것이다.

---

189) 입센(Henrik Ibsen, 1828~1906)은 남성으로부터 독립적인 삶을 살고자 하는 여성을 주인공으로 한 『인형의 집』이 세계적인 주목을 받으면서 여성해방운동에 크게 기여했다.

성생활에 대한 모든 경멸, 성생활을 '불결하다'는 개념을 통해 더럽히는 것은 삶의 성스러운 정신에 대한 진정한 죄다."[190]

6

심리학자로서의 나를 이해시키기 위해 나는 『선악의 저편』에 나오는 진기한 심리학적 구절을 인용하고자 한다. 덧붙여 말하자면 나는 이 구절이 누구를 묘사하고 있는지에 대한 모든 억측을 금한다. "저 위대한 은둔자[191]가 갖고 있는 것과 같은 심정의 수호신 (Genie),[192] 유혹하는 신, 인간의 양심을 사로잡는 타고난 유혹자, 그의 소리는 모든 영혼의 지하세계에까지 내려가는 법을 알고 있으며, 그가 던지는 말 한마디, 눈길 하나에도 유혹하려는 마음과

---

190) 이 조문은 『안티크리스트』 말미에 실려 있는 「그리스도교 탄압법」 제4조와 동일하다.

191) 독일 하멜른이라는 마을에서 전설로 내려오는 피리 부는 사나이를 가리킨다고 할 수 있다. 이 사나이는 쥐의 등쌀에 시달리던 동네 사람들의 부탁을 받고 피리를 불어서 쥐 떼를 꾀어내어 강물에 빠져 죽게 했다. 그러나 약속된 보수를 받지 못하자 다시 피리를 불어 마을의 모든 어린이를 데리고 어디론가 사라졌다고 한다. 보통 유혹자라는 의미로 쓰이고 니체의 텍스트들에서도 그렇게 쓰이는 경우가 많다.

192) 천재를 뜻하는 Genie는 수호신을 뜻하는 라틴어 genius로부터 유래했다고 한다. 이후의 맥락을 고려했을 때 여기서 Genie는 천재라기보다는 수호신이라는 뜻으로 쓰인 듯하다.

저의가 숨겨져 있다. 그는 자신을 나타내는 데 대가(大家)이지만, 자신을 있는 그대로 나타내는 것이 아니라 자신을 따르는 사람들에게 오히려 하나의 강제로서, 즉 그에게 더욱더 가깝게 다가오도록 몰아대고 그를 더욱더 기꺼이 그리고 철저하게 따르게 하는 강제로서 나타난다. 이 심정의 수호신은 소란스럽고 자만하는 자들을 모두 침묵시키면서 경청하게 만들고 거친 영혼을 순화시키고 그러한 영혼으로 하여금 새로운 갈망 — 거울처럼 조용히 누워서 깊은 하늘을 자신 위에 비추고 싶어 하는 갈망 — 을 맛보게 한다. 심정의 수호신은 우둔하고 성급한 손을 자제하게 하면서 보다 우아하게 붙잡는 법을 가르친다. 그는 흐리고 두꺼운 얼음 밑에서 감추어지고 망각된 보물, 즉 선의와 달콤한 정신성의 물방울을 찾아내면서 오랫동안 진흙과 모래 더미의 감옥 속에 파묻혀 있었던 황금의 낟알 하나하나를 찾아내는 수맥 지팡이다.[193] 이 심정의 수호신과 접한 모든 사람은 보다 풍요롭게 되어 떠난다. 그러나 이는 그들이 은총을 받거나 놀라운 충격을 받아서가 아니며, 미지의 재물로 인해 행복해지거나 압도당해서도 아니다. 그보다는 오히려 내적으로 더 풍요롭게 되고, 자신에 대해서 전보다 더 새로워지며, 깨어져 열리고, 얼음을 녹이는 따뜻한 바람이 불어와 숨겨져 있던

---

193) 여기서 수맥 지팡이로 번역한 Wünschelruthe는 수맥을 찾는 데 사용되는 두 갈래 나뭇가지다. 수맥이나 광맥이 아래에 있으면 흔들린다.

것이 드러나게 된다. 그들은 아마도 보다 더 불안정하게 되고, 부드럽게 되며, 깨지기 쉽고, 부서진 것이 되지만, 아직 이름도 갖지 못한 희망으로 부풀고, 새로운 의지와 조류로 가득 차며, 새로운 불만과 역류로 가득 차게 된다."[194]

---

194) 『선악의 저편』 295절. 이 구절은 다음과 같이 이어진다.
　　"그런데 내가 무엇을 하고 있는가, 나의 친구들이여. 나는 누구에 대해서 그대들에게 말하고 있는가? 나는 그대들에게 한 번도 그의 이름을 말하지 않았다는 사실까지 잊어버렸는가? 그러나 그대들은 이런 식으로 찬양받고 싶어 하는 이 불가사의한 정신과 신이 누군지를 이미 짐작했을 것이다. 어렸을 때부터 항상 어디에도 정주하지 않고 도상(途上)에 있었고 낯선 고장에 살았던 사람이면 누구나 경험하는 것처럼 나 역시 기묘하고 상당히 위험한 수많은 정신들과 부딪혀왔다. 무엇보다도 내가 방금 이야기했던 그 정신과는 항상 거듭해서 부딪혀왔다. 이 정신은 다름 아닌 **디오니소스 신**이다. [⋯] 이미 앞에서 말한 것처럼 그동안 나는 입에서 입으로 전해진 이 신의 철학에 대해서 많은 것을, 너무나 많은 것을 배웠다. 디오니소스 신의 최후의 제자이자 전수자인 나는 마침내 그대들, 나의 친구들에게 ― 나에게 허락되어 있는 한 ― 이 철학을 조금이라도 맛보게 하는 일을 시작해도 좋을 것이다."
　　위 인용문에서 볼 수 있는 것처럼 니체는 심정의 수호신, 유혹하는 신을 디오니소스 신이라고 말하고 있다. 그러나 니체는 여기서 자신을 디오니소스 신의 최후의 제자라고 부르면서 디오니소스 신의 정신을 체현한 자로 보고 있다. 디오니소스 신은 우리 각자의 내부에 존재하는 힘에의 의지를 가리킨다고 볼 수 있다. 니체는 이러한 힘에의 의지가 우리를 보다 높은 차원을 향하도록 몰아댄다고 본다. 니체의 삶을 예로 들자면, 니체는 자기 내부의 힘에의 의지가 자신을 고전문헌학 교수직을 그만두고 철학자의 길을 걷도록 몰아대기 위해서 혹심한 병에 걸리게 했다고 본다. 자신의 병은 실은 외부에서 초래된 것이 아니라 오히려 자기 내부의 힘에의 의지가 자신을 보다 높은 존재로 고양시키기 위해서 초래했다는 것이다.

비극의 탄생

1

『비극의 탄생』(1872)을 공정하게 평가하기 위해서는 몇 가지 사실을 망각해야만 한다. 이 책의 영향력과 심지어 매혹은 이 책이 범한 과오에서 비롯되었다. 마치 바그너 숭배가 **상승**의 징후라도 되는 것처럼 이 책은 **바그너 숭배**에 이용되었던 것이다. 바로 이 때문에 이 책은 바그너의 삶에서는 하나의 사건이었다. 그때부터 바그너라는 이름은 비로소 커다란 희망을 의미하게 된 것이다. 오늘날에도 여전히 사람들은 경우에 따라서는 이 책을 「파르지팔」과 연관시키면서 나에게 그러한 사실을 상기시킨다. 바그너 숭배 운동의 **문화적 가치**를 둘러싼 그렇게 높은 평가가 정점(頂點)에 이르렀다는 점에 내가 얼마나 양심의 가책을 느끼고 있는지. 나는 이 책이 '음악정신으로부터 비극의 **재탄생**'이라는 제목으로 여러 번 인용되는 것을 보았다.[195] 사람들은 이 책에서 **바그너**의 예술과 의도 그리고 **과제**가 갖는 새로운 형식에 대해서만 귀를 기울였고, 그 책의 근저에 간직되어 있는 가치 있는 것은 흘려듣고 말았다. '그리스 정신과 염세주의'라고 제목을 붙였더라면 이 책이 의도하는 바가 좀 더 분명해졌을 것이다. 왜냐하면 이 책은 그리스인들이 염세주의를 어떻게 해결했는지 ― 무엇을 가지고 그들이 염세주의를 **극복했는지** ― 에 대한 최초의 가르침이었기 때문이다. … 비극이야말로 그리스인들이 결코 염세주의자가 **아니었다**는 사실에 대한 증거다.[196] 쇼펜하우어는 모든 점에서 오류를 범했지만, 이 점에 대해서도 오

---

195) 1872년에 출간된 『비극의 탄생』 초판의 제목은 『음악정신으로부터의 비극의 탄생』이었다. 1886년에 재판이 출간되면서 니체는 제목을 『비극의 탄생 또는 그리스 문명과 염세주의』로 바꿨다. 재판은 새롭게 덧붙여진 「자기비판의 시도」라는 서문을 제외하고는 초판과 동일한 내용을 담고 있다. 니체는 『비극의 탄생』에서 그리스 비극이 디오니소스 축제에서 디오니소스의 죽음을 슬퍼하고 그의 부활을 기뻐하는 합창 속에서 태어났다고 보았다. 그리고 이러한 합창에 담겨 있는 음악정신이 바그너에게 계승되고 있다고 보았다.

196) 니체는 『비극의 탄생』 재판에 덧붙인 서문 「자기비판의 시도」에서 염세주의를 강함의 염세주의와 약함의 염세주의로 나누면서 그리스인들은 강함의 염세주의를 추구했다고 말하고 있다. 이러한 염세주의는 자신의 힘을 시험하기 위해서 위험과 적을 찾아다니는 염세주의다. 니체는 이를 행복으로부터 비롯되는 염세주의, 즉 넘쳐나는 건강과 생명력으로부터 비롯되는 염세주의라고 말하고 있다. 이에 반해 약함의 염세주의는 피로하고 병든 생명력으로 인해서 인생은 고통이라고 한탄하는 쇼펜하우어식 염세주의다.

류를 범했다.[197] 어느 정도 중립적으로 읽어보면 『비극의 탄생』은 매우 반시대적인 책으로 보인다. 이 책이 뵈르트 전투의[198] 포성(砲聲)이 울리는 와중에 구상되기 **시작했다**는 사실을 사람들은 꿈에도 생각하지 못할 것이다. 메츠의 성벽 앞에서 9월의 차가운 밤에 의무병으로 근무하면서 나는 이 책이 다루는 문제들을 철저하게 사유했다. 사람들은 이 책이 50년 전에 쓰였다고 하면 오히려 더 쉽게 믿을 것이다.[199] 이 책은 정치에 무관심하다. 요새 사람들 같으면 이 책을 '비독일적'이라고 부를 것이다.[200] 이 책은 불쾌한 헤겔류의 냄새를 풍기며,[201] 두세 개의 정식(定式)에서는 쇼펜하우어의

197) 쇼펜하우어는 그리스 비극은 인생이 고통이라는 사실을 드러내면서 사람들에게 생존에 대한 욕망에서 벗어날 것을 가르친다고 보았다. 이에 반해 니체는 그리스 비극이 생에 대한 긍정을 가르친다고 보았다.

198) 프로이센-프랑스 전쟁(1870~1871) 당시 니체는 바젤 대학의 교수였으나 자원하여 종군했다. 그러나 이질에 걸려 두 달 후에 제대하게 된다. 뵈르트는 프로이센-프랑스 전쟁의 격전지 중 하나다.

199) 니체가 『비극의 탄생』을 쓸 당시는 프로이센-프랑스 전쟁이 한창이었기 때문에, 독일을 민족주의적인 감정이 뒤덮고 있었다. 그러나 이 책에서는 정치에 대해서 전혀 언급하고 있지 않기 때문에, 아직 독일 민족주의가 발호하지 않고 있던 50년 전에 이 책이 쓰였다고 말하면 사람들이 더 쉽게 믿을 것이라고 니체는 말한다.

200) 1871년에 독일이 통일된 후 독일에서는 독일제국을 찬양하는 소리가 높았지만 『비극의 탄생』은 그러한 찬양과는 무관하다는 말이다.

201) 어떤 점에서 헤겔류의 냄새를 풍기는지에 대해서 니체는 분명히 말하고 있지 않지만, 우리 나름대로 추측해볼 수 있을 것이다. 예를 들어 『비극의 탄생』은 헤겔의 변증법을 일정 부분 수용하고 있다고 할 수 있다. 『비극의 탄

장례식용 향수 냄새를 짙게 풍기고 있다.[202] 이 책에서는 하나의 '이념', 즉 디오니소스적인 것과 아폴론적인 것의 대립이 형이상학적인 것으로 해석되었다. 역사 자체가 이 '이념'의 전개 과정으로서 해석되었고, 비극에서 그 대립이 통일로 지양되는 것으로 파악되었다. 이러한 관점 아래서 이전에는 한 번도 마주친 적이 없던 것들이 갑자기 서로 대치되면서 상대방에 의해 조명되고 파악되는 것이다. … 예를 들어 오페라와 혁명이.[203] … 이 책은 두 가지 점에서 결정적인 신기원을 이루고 있다. 그 하나는 그리스인들에게서 보이는 디오니소스적 현상에 대한 이해다. 이 책은 이러한 현상에 대한 최초의 심리학적 분석을 행하고 있으며, 그러한 현상에서 그리스 예술 전체의 뿌리를 본다. 또 하나는 소크라테스주의에 대한 이해

생』에서 니체는 그리스 예술이 아폴론적 예술을 거쳐 디오니소스적 예술로 발전했고 이 양자의 종합인 비극에서 정점에 달했다고 말하고 있는데, 여기서 아폴론적 예술은 헤겔의 변증법에서 말하는 정(正, These), 디오니소스적 예술은 반(反, Antithese), 비극은 합(合, Synthese)에 해당한다고 볼 수 있다. 이 외에 『비극의 탄생』이 어떤 의미에서 헤겔류의 냄새를 풍기는지에 대해서 더 상세히 알고 싶다면, 역자가 번역한 『비극의 탄생』(아카넷, 2007)에 덧붙인 해제 323쪽 이하를 참조하기 바란다.

202) 쇼펜하우어의 형이상학과 예술철학이 『비극의 탄생』에 어떤 식으로 반영되어 있는지에 대해서는 해제를 참조할 것.

203) 『예술과 혁명』은 바그너가 쓴 책의 이름이다. 원래는 무정부주의자였던 바그너는 음악이 사회혁명에 기여할 수 있다고 보았다. 니체 역시 『비극의 탄생』에서 음악을 통해 새로운 신화를 건립함으로써 정신혁명을 일으킬 수 있다고 보았다.

다. 이 책은 소크라테스를 그리스를 해체하는 도구이자 전형적인 데카당으로서 최초로 파악했다. 본능에 대립하는 것으로서의 '이성'. 어떤 대가를 치르더라도 이성을 수호한다는 것은 삶을 파괴하는 위험한 폭력이다! 책 전체에 걸쳐서 그리스도교에 대한 깊은 적대적 침묵이 흐른다. 그리스도교는 아폴론적이지도 디오니소스적이지도 않다. 그리스도교는 **모든 미적** 가치를, 즉 『비극의 탄생』이 인정하는 유일한 가치를 **부정한다**. 그리스도교는 가장 깊은 의미에서 허무주의적이다. 이에 반해 디오니소스적 상징에서는 [삶에 대한] 긍정이 최고의 한계에까지 이르게 된다. 이 책에서 나는 그리스도교 성직자들을 '음험한 난쟁이 족속', '지하세계의 음험한 인간들'이라고 넌지시 한 번 암시하기도 했다.

2

이러한 출발은 가장 주목할 만한 것이다. 나는 나의 가장 내적인 경험에 대한 역사상 유일한 비유이자 짝을 **발견했다**. 이렇게 해서 나는 디오니소스적인 것이라는 놀라운 현상을 이해한 최초의 인물이 되었다. 동시에 나는 소크라테스를 데카당으로 인식했다.[204] 이

---

204) 니체는 『비극의 탄생』에서 그리스 비극이 논리적인 지성의 인간인 소크라테스에 의해 붕괴되었다고 주장하고 있다. 즉 모든 것을 이론적으로 해명할 수

와 함께 내가 수행한 심리학적 파악의 확실성이 도덕으로 아무리 철저하게 무장한 자의 공격을 받더라도 위태로워지지 않을 것이라는 사실이 분명하게 입증되었다. 도덕 자체를[205] 데카당의 징후로 본 것은 인식의 역사에서 하나의 신기원을 이루는 것이며 유례가 없는 최고의 것이었다. 이 두 가지 인식[디오니소스적 현상에 대한 인식과 소크라테스를 데카당으로 인식한 것]과 함께 나는 낙관주의와 염세주의를 서로 대립되는 것으로 보는 가련한 멍청이들의 수다를 얼마나 높이 뛰어넘었던가![206] 나는 진정으로 서로 대립되는 두 가지를 처음으로 발견했다. 그 하나는 지하의 은밀한 복수욕과 함께 삶에 대해 저항하는 **퇴화하는** 본능(그리스도교, 쇼펜하우어의 철학, 어떤 의미에서는 이미 플라톤의 철학, 그리고 이상주의 전체가 이러한 본능의 전형적인 형태다)이다. 다른 하나는 충만과 충일에서 탄생한 **최고의 긍정 형식**, 즉 고통과 죄 자체에 대한 그리고 삶 자체의 모든 의

있다고 믿었던 소크라테스와 함께, 음악이 조성하는 도취와 열정에 의해 세계의 비밀과 진리에 닿을 수 있었던 비극은 사라지게 되었다는 것이다. 인간이 음악과 분리된 언어, 다시 말해 모든 감정과 열정과 동떨어진 순수한 논리적 언어, 존재와 분리된 의식의 언어를 통해서 세계의 비밀을 다 파헤칠 수 있다고 믿을 때 비극은 종말을 고했다. 운명적인 열정이 계산과 술책, 타산에게 자리를 내주게 되었다.

205) 여기서 니체가 도덕으로 염두에 두고 있는 것은 노예도덕이다.

206) 니체는 그리스인들이 삶을 고통과 불행으로 점철되어 있다고 보는 염세주의자이면서도, 그러한 고통과 불행을 자신의 강한 힘을 확인하고 즐기는 계기로서 흔쾌하게 긍정하는 낙관주의자였다고 본다.

문스럽고도 낯선 것에 대한 아무런 유보 없는 긍정이다. … 삶에 대한 이렇게 궁극적이면서도 가장 기쁨에 차 있고 가장 충일하면서도 가장 의기양양한 긍정은 최고의 통찰일 뿐 아니라 진리와 학문에 의해서 가장 엄격하게 입증되고 보존되는 **가장 심오한 진리다**. 존재하는 것에서 **빼버릴** 것은 하나도 없으며, 없어도 되는 것은 하나도 없다. 그리스도교인들과 그 외의 허무주의자들에 의해서 거부된 삶의 측면들이야말로 데카당한 본능이 시인하고 **시인해**도 되었던 측면들보다도 가치들의 위계질서에서 무한히 높은 것이다. 이러한 사실을 파악하려면 **용기**가 필요하고 그러한 용기를 갖기 위한 조건으로서 넘치는 **힘**이 필요하다. 왜냐하면 용기가 과감하게 앞으로 나아갈 수 있는 바로 그만큼, 즉 바로 그 힘의 정도만큼 사람들은 진리에 다가갈 수 있기 때문이다. 강한 자들에게 그러한 인식이, 즉 현실에 대한 긍정이 필연적이듯이, 약한 자들에게는 약함으로 인한 현실에 대한 비겁과 현실로부터의 **도피**, 즉 '이상'이라는 것이 필연적이다. … 약한 자들은 현실을 아무리 제대로 인식하고 싶어도 인식할 수 없다. 데카당들은 거짓을 **필요**로 한다. 거짓이 그들을 유지하는 조건 중 하나이기 때문이다. '디오니소스적'이라는 단어를 이해할 수 있을 뿐 아니라 '디오니소스적'이라는 단어에서 **자기 자신**을 이해할 수 있는 자는 플라톤이나 그리스도교 또는 쇼펜하우어를 반박할 필요를 느끼지 않는다. 왜냐하면 그는 그들에게서 썩는 냄새를 맡을 수 있기 때문이다. …

3

내가 바로 이러한 견해와 함께 어느 정도까지 '비극적'이란 개념과 비극의 심리학에 대한 궁극적인 인식에 도달하게 되었는지를 나는 『우상의 황혼』, 「내가 옛 사람들에게 빚지고 있는 것」 5절에서 최근에 언급한 적이 있다. "가장 낯설고 가혹한 삶의 문제들과 직면해 있으면서도 삶을 긍정하는 것, 자신의 무궁무진성에 기쁨을 느끼면서 삶의 최고의 전형[207]을 희생하는 것도 불사하는 생에의 의지. — 이것이야말로 내가 디오니소스적이라고 불렀던 것이며, 비극 시인의 심리학에 이르는 교량으로서 인식한 것이다. 공포와 연민에서 벗어나기 위해서가 아니라, 그리고 아리스토텔레스가 해석하는 것처럼 공포와 연민을 격렬하게 방출함으로써 그 위험한 정념으로부터 정화되기 위해서가 아니라[208] 공포와 연민을 초월하여 생성의 영원한 기쁨 자체로 존재하기 위해서 — 파괴에 대한 기쁨까지도 포함하는 기쁨으로 존재하기 위해서. …" 이런 의미에서 나는 나 자신을 최초의 비극적 철학자로서, 즉 염세주의적인 철학자

---

207) 오이디푸스와 같은 비극의 영웅들을 가리킨다.
208) 아리스토텔레스는 비극의 효과는 주인공의 비극적 운명을 그림으로써 관중의 마음에 '두려움'과 '연민'의 감정을 격렬하게 유발하다가 결말에서 이러한 감정을 한꺼번에 폭발시킴으로써 마음속에 쌓여 있던 정념의 응어리를 정화시키는 것, 즉 카타르시스라고 보았다.

에 대한 극단적 대립이자 대척자로서 이해할 권리를 갖는다. 나 이전에는 디오니소스적인 것이 이렇게 철학적 파토스로 전환된 적이 없었다. 즉 비극적인 지혜가 결여되어 있었던 것이다. 나는 소크라테스 이전 두 세기까지 거슬러 올라가 위대한 그리스 철학자들에게서 그러한 지혜의 조짐이라도 찾아보았지만 헛수고였다. 그렇지만 헤라클레이토스는 예외인 것 같다. 다른 어떤 곳에서보다도 그의 곁에서 나는 더 따뜻하고 좋은 기분을 느꼈기 때문이다. 디오니소스 철학에서 결정적인 점, 즉 소멸과 파괴의 긍정, 대립과 전쟁의 긍정, [영구불변의] '존재'라는 개념을 철저하게 거부하는 생성, 이 모든 것이 이제까지 나타난 사상 중에서 나의 사상과 가장 친연성을 갖는다는 사실을 나는 인정하지 않을 수 없다. 모든 것이 무조건적으로 무한히 반복해서 순환한다는 '영원회귀'에 대한 가르침, 차라투스트라의 이러한 가르침도 헤라클레이토스가 이미 가르쳤던 것일 수도 있다. 헤라클레이토스에게서 자신들의 거의 모든 근본적인 사상을 물려받았던 스토아학파에게는 최소한 헤라클레이토스의 흔적이 존재한다.[209]

---

209) 스토아학파는 만물의 근원이라고 할 수 있는 신적인 영원한 불로부터 그것에 고유한 로고스, 즉 이성적 질서에 따라 모든 것이 생성되고 다시 그곳으로 회귀한다고 보았다. 모든 것은 필연적인 연쇄의 고리 속에서 서로 긴밀하게 결합되어 있으며, 따라서 인간의 운명도 이미 정해져 있다고 보았다. 헤라클레이토스 역시 신적인 영원한 불로부터 만물이 로고스에 따라 생성되고

4

이 책에서는 거대한 희망이 말하고 있다. 결국 나는 음악의 디오니소스적 미래에 대한 희망을 포기할 이유가 전혀 없다. 한 세기 앞을 내다보자. 그리고 2천 년에 걸친 반(反)자연과 인간 모독에 대한 나의 암살 계획이 성공한다고 해보자. 그때 [생을 대변하는] 저 새로운 생명당파(Partei des Lebens)가 인류를 더 고귀하게 길러낸다는 더없이 위대한 과제에 착수할 것이다. 이러한 과제에는 퇴화한 자들과 기생하는 자들을 무자비하게 절멸시킨다는 것도 포함되어 있다. 저 새로운 생명당파는 지상에서 **삶의 충일**을 다시 가능하게 할 것이며, 이로부터 디오니소스적 상태가 다시 자라날 것임에 틀림없다. 나는 **비극적** 시대가 올 것이라고 약속한다. 삶을 긍정한다는 점에서 최고의 예술인 비극은 인류가 가장 가혹하면서도 가장 필연적인 전쟁들을 이미 의식했으면서도 **이러한 의식으로 인해 고통받지 않을 때** 부활하게 될 것이다. … 심리학자라면 다음과 같이 덧붙일 것이다. 젊은 시절에 내가 바그너 음악에서 들었던 것은 사실 바그너와는 아무런 관계가 없으며, 디오니소스적인 음악에 대해서 서술했을 때 나는 내가 들었던 것을 서술했을 뿐이고, 내 안에 담지하고 있던 새로운 정신으로 모든 것을 본능적으로 번역하고 변

소멸한다고 보았다.

형시켜야만 했다고. 이에 대한 증거는 「바이로이트의 바그너」라는 나의 글이며,[210] 이것은 단순한 증거라고 말하기에는 훨씬 더 강력한 것이다. 이 글의 심리학적으로 결정적인 부분들에서는 오직 나에 대해서만 이야기하고 있다. 이 텍스트에서 바그너라는 이름이 나오면 그것을 내 이름이나 '차라투스트라'라는 단어로 주저 없이 치환해도 좋다. 이 글에서는 **디오니소스 신을 찬양하는** 예술가의 모습이 [바그너라는 형태로] 전체적으로 묘사되고 있지만, 이러한 모습은 사실은 차라투스트라를 낳게 되는 시인[니체]의 모습이다. 이러한 시인은 [바그너와 전혀 상관없이] **이미 존재하고 있었다.** 이 모습은 심연의 깊이와 함께 묘사되고 있으며, 현실의 바그너와는 아무런 관련이 없다. 바그너 자신도 이러한 사실을 어느 정도는 알고 있었다. 그는 그 글에서 자신의 모습을 볼 수 없었다. 이와 마찬가지로 '바이로이트의 사상'[「바이로이트의 바그너」 8절]도 나의 『차라투스트라』를 알고 있는 사람들에게는 수수께끼가 아닌 어떤 것으로 변형되었다. 즉 그것은 가장 엄선된 자들이 모든 과제 중에서 가장 위대한 과제[211]를 위해 자신을 바치는 저 **위대한 정오**[212]로 변형된 것

---

210) 「바이로이트의 바그너」는 『반시대적 고찰』에 실려 있는 네 번째 글이다.

211) 모든 가치의 전환이라는 과제를 가리킨다.

212) 니체가 말하는 위대한 정오가 무엇을 의미하는지를 알기 위해서는 『우상의 황혼』, 「어떻게 '참된 세계'가 마침내 우화가 되었는가? 오류의 역사」에 나오는 다음 말을 음미할 필요가 있다.

이다. 누가 알겠는가? 내가 체험하게 될 축제의 모습을. … 이 글의 처음 몇 쪽에 나오는 파토스는 세계사적인 것이다. 7쪽(「바이로이트의 바그너」 1절)에 등장하고 있는 [바그너의] 시선은 본래는 차라투스트라의 시선이다. 바그너, 바이로이트, 즉 모든 왜소한 독일적 가련함은 미래의 무한한 신기루가 반영되어 있는 한 점 뜬구름에 불과하다. 심리 면에서도 나의 고유한 본성이 갖는 결정적인 모든 특징이 이 글에서는 바그너의 특징으로 묘사되어 있다 — 가장 밝은 힘들과 가장 치명적인 힘들의 공존, 이제까지 어떤 인간도 갖지 못했던 힘에의 의지, 무모할 정도로 용감한 정신, 행동하려는 의지를 압살(壓殺)하지 않으면서도 배우고자 하는 무한한 힘. 이 글에서 미리 고지되고 있는 것은 그리스 정신의 회귀가 가깝다는 것, [알렉산드로스에 의해] 풀렸던 그리스 문화의 고르디우스의 매듭[213)]을 다

"정오. 가장 짧게 그늘이 지는 순간, 가장 긴 오류의 끝, 인류의 정점. 차라투스트라의 등장"

여기서 정오는 전통 형이상학의 이원론이 철저하게 붕괴하면서 인류를 오랫동안 사로잡았던 오류가 종언을 고하는 순간을 가리킨다. 전통 형이상학에서 생성변화하는 현실세계는 어두움으로 묘사되었고, 초감성적인 피안세계는 태양 내지 빛과 동일시되었다. 그러나 이원론이 붕괴되면서, 오직 생성변화하는 현실세계만이 유일한 실재로 남게 되었다. 현실세계를 철저히 긍정하는 초인에게는 생성소멸하는 세계 그 자체가 빛이다. 따라서 이 세계는 어둠이 지배하는 것이 아니라 어떠한 그늘도 없는 정오의 밝음만이 지배한다.

213) 프리기아의 왕 고르디우스가 신전에 바친 수레를 신전에 묶어둔 매듭. 이것을 푼 자는 아시아를 지배한다는 말이 있었지만 일찍이 그것을 푼 자가 없었

시 묶는 반(反)**알렉산드로스파**[214]가 필연적으로 등장한다는 것이다.
… 이 글의 30쪽[『바이로이트의 바그너』 4절]에서는 '비극적 성향'이라

다. 그런데 알렉산드로스가 기원전 333년 이 매듭을 칼로 베어버렸다고 한다.
여기에서 고르디우스의 매듭은 세계의 수수께끼 같은 성격을 가리키며, '알
렉산드로스가 그것을 베어버렸다'는 것은 '그리스 비극이 표현하려고 했던
세계의 수수께끼 같은 성격을 소크라테스와 같은 이론적인 인간들이 제거해
버렸다'는 것을 가리킨다. 이런 맥락에서 니체는 자신이 고르디우스의 매듭
을 다시 묶는 인간, 즉 세계의 디오니소스적인 성격에 대한 그리스 비극의
통찰을 부활시키는 자라고 말하고 있다.

214) 여기서 니체가 염두에 두고 있는 반(反)알렉산드로스파는 '알렉산드리아 문
화에 반대하는 파'라는 의미다. 이 경우 알렉산드리아 문화는 세계에 대한 이
론적 탐구를 통해서 세계의 수수께끼를 해명할 수 있다고 보는 낙천주의적인
주지주의 문화를 가리킨다. 니체는 『비극의 탄생』에서 이렇게 말하고 있다.
"본래의 '그리스적 명랑성'과는 다른 형식의 명랑성인 알렉산드리아적 명랑
성의 가장 고귀한 형식은 **이론적 인간**의 명랑성이다. […] 이론적 인간의 명
랑성은 디오니소스적 지혜와 예술을 공격하고 신화를 해체하려고 하며 형이
상학적 위로 대신에 현세적인 협화음을 […] 내세운다."
알렉산드리아 문화는 알렉산드로스 대왕 출현 이후 두세 세기(BC 3세기~1
세기) 동안 헬레니즘 세계를 지배했던 문화적 경향을 가리킨다. 알렉산드로
스 대왕을 기념하기 위해서 이집트에 건설된 알렉산드리아는 당시 세계 제
일의 도시로서 정치·경제·문화의 중심지였다. 문인들을 활발하게 초빙했던
이집트 왕가의 보호정책으로 학문과 예술이 발전했으며, 특히 자연에 대한
연구가 활발했다. 당시 알렉산드리아 도서관은 80만 권의 장서를 보유하고
있었다. 기하학의 유클리드, 지리·역사·자연학의 에라토스테네스, 천문학의
프톨레마이오스, 문헌학의 칼리마코스 등의 대학자가 이러한 문화에서 배출
되었다. 그러나 전체적으로 볼 때 이 당시 학문은 전문화되고 독창성을 결여
하고 있었다. 니체는 자신이 살고 있던 19세기의 독일 문화가 알렉산드리아
문화와 극히 유사하다고 생각했다.

는 개념이 도입되고 있다. 이때의 세계사적인 악센트를 들어보라. 이 글은 세계사적인 악센트로 가득 차 있다. 이것은 이 세상에 존재할 수 있는 가장 희귀한 '객관성'이다. 나라는 존재가 누구인지에 대한 절대적 확신이 어떤 하나의 우연한 현실[바그너]로 투사되고 있다. 나에 관한 진실이 전율스러울 정도로 깊은 곳으로부터 이야기되고 있다. 71쪽[「바이로이트의 바그너」 9절]에서 차라투스트라의 문제가[215] 폐부를 찌를 정도로 확실하게 서술되고 선취되고 있다. 그리고 차라투스트라라는 사건에 대해서, 즉 인류를 거대하게 정화하고 축성하는 행위에 대해서 이 글의 43쪽에서부터 46쪽[「바이로이트의 바그너」 6절]의 표현보다도 더 위대한 표현은 결코 찾아볼 수 없을 것이다.[216]

---

215) 「바이로이트의 바그너」 9절에서 니체는 바그너의 문체에 대해서 이렇게 묘사하고 있다.
"표현의 구체성, 대담한 압축성, 박력과 율동적인 다양성, 강하고 의미심장한 단어들의 두드러진 풍부한 사용, 문장 구성의 단순화, 용솟음치는 감정과 예감을 표현하는 말의 거의 유일무이한 독창성, 가끔 극히 순수하게 솟아 흐르는 민중적인 것과 격언적인 것 […]"
니체는 이러한 문체가 사실은 『차라투스트라는 이렇게 말했다』에서 자신이 구사하고 있는 문체라고 말하고 있다.

216) 「바이로이트의 바그너」에서 니체는 바그너의 음악을 인류를 거대하게 정화하고 축성하는 사건이라고 말하고 있지만, 사실은 『차라투스트라는 이렇게 말했다』라는 작품의 출현이야말로 인류를 거대하게 정화하고 축성하는 사건이라는 것이다.

반시대적 고찰

1

네 편으로 이루어진 『반시대적 고찰』은 극히 전투적인 책이다. 이 네 편의 논문들은 내가 몽상가 한스[217]가 아니고 검을 빼는 일을 즐거워하는 자라는 사실을 입증하며, 아마도 또한 내가 위험하리만큼 자유롭게 손목을 움직인다는 사실도 입증한다. **첫 번째** 공격 (1873)[『다비트 슈트라우스, 고백자와 저술가』]은 내가 당시 이미 극도의 경멸과 함께 내려다보았던 독일적인 교양을 향한 것이었다.[218]

---

217) 『햄릿』에 나오는 '몽상가 존'의 독일어 번역. 아버지가 부당하게 살해되었음에도, 복수하는 것도 잊어버린 게으르고 비겁한 바보라는 의미이다.

218) 니체는 당시 독일의 교양에 대해서 이렇게 말하고 있다.
"우리의 현대적 교양은 살아 있는 것이 아니다. 다시 말하면 그것은 전혀 실

독일적인 교양이란 아무런 의미도 실체도 목표도 없는 한갓 '여론'에 불과했다. 독일의 군사적 대성공이[219] 독일적 교양의 우월성을 입증한다고 믿는다든지, 심지어 프랑스에 대한 독일적 교양의 승리를 입증한다고 믿는 것보다 악의적인 오해는 없을 것이다. … 두 **번째** 반시대적 고찰(1874)「삶에 대한 역사학의 공과(功過)」은 우리의 학문하는 방식에 보이는 위험한 면, 즉 삶을 갉아먹고 중독시키는 면을 백일하에 폭로하고 있다.[220] 학문 경영의 비인간적인 톱니바퀴와 메커니즘으로 인해, 노동자의 '비인격화'로 인해, '분업'이라는 잘못된 경제로 인해 삶은 **병들어버렸다**. 문화라는 **목적**은 상실되어버렸고, [문화의] 수단인 현대의 학문하는 방식은 **야만적인 것이** 되었다. … 이 논문에서 금세기가 자랑하는 '역사적 감각'이[221] 병이라

제적 교양이 아니고 단지 일종의 교양을 위한 지식에 불과하다. 그것은 교양의 느낌에 머물러 있을 뿐이다. 따라서 그것으로부터는 어떠한 결단도 나오지 않는다."(『반시대적 고찰』)

219) 프로이센-프랑스 전쟁에서 프로이센이 승리한 것을 가리킨다.

220) 니체는 당시의 교육이 학생들을 국가와 경제 메커니즘의 유능한 나사 부품으로 만드는 것을 목표하고 있다고 보면서, 이렇게 비판하고 있다.
"'지성과 소유의 결합'은 윤리적 요구로 간주된다. 돈과 영리의 추구에 도움이 되지 않고 사람들을 고독하게 만들면서 많은 시간을 필요로 하는 모든 교육은 배척된다. […] 이러한 윤리에 따르면 반대의 것이, 즉 가능한 한 빨리 돈을 버는 존재가 될 수 있도록 만드는 신속한 교육이, 그리고 또 아주 돈을 많이 버는 존재가 될 수 있도록 만드는 교육이 요구된다."(『우리 교육기관의 미래에 대하여(Über die Zukunft unserer Bildungsanstalten)』 첫 번째 강의)

221) 여기서 니체는 역사적 감각 자체보다는 당시의 타락한 역사적 감각을 비판

는 사실이, 즉 퇴락의 전형적인 징후라는 사실이 최초로 간파되었다. 이에 반해 세 번째와 네 번째의 반시대적 고찰[「교육자로서의 쇼펜하우어」(1874), 「바이로이트의 리하르트 바그너」(1876)]은 보다 높은 문화 개념을 위한 시사(示唆), 즉 '문화'라는 개념의 회복을 위한 지표로서 가장 엄격한 **자기애**와 함께 **자기 도야**를 수행했던 두 인물을 제시하고 있다. 이들은 탁월한 반시대적 유형이다. 이들은 자신을 둘러싸고 있는 '제국', '교양', '그리스도교', '비스마르크', '성공' 등으로 불리는 모든 것을 극도로 경멸한다. 이 두 인물은 쇼펜하우어와 바그너, **혹은** 한마디로 말하면 니체다. …

2

이 네 번의 공격 중 첫 번째는 대성공을 거두었다. 그것이 불러일으킨 소란은 모든 의미에서 장관이었다. 나는 승리감에 차 있던 국민의 아픈 곳을 건드렸던 것이다. 독일 국민의 승리는 문화적인 사건이 **아니라** 아마도 전혀 다른 어떤 것이라고. … 이에 대한 반

하고 있다고 할 수 있다. 예를 들어 니체는 『도덕의 계보』에서 전통적인 선악 개념의 기원을 역사적으로 파헤치면서 인간을 건강하게 만들 수 있는 새로운 도덕을 모색하고 있다. 이에 반해 니체 당시의 역사학은 인간의 삶을 건강하게 하는 데는 무관심한 채, 역사의 세세한 사실들을 탐구하는 데 몰두하고 있었다.

응은 각계각층에서 쏟아져 나왔으며 비단 다비트 슈트라우스의 옛 친구들에게서만 나온 것은 아니었다. 나는 슈트라우스를 자기만족에 빠져 있는 독일적인 교양 속물(Bildungsphilister)의 전형으로서, 간단히 말하자면 선술집에서 떠드는 복음에 불과한 『옛 신앙과 새로운 신앙』의 저자로서 웃음거리로 만들었다(교양 속물이라는 단어는 이 『반시대적 고찰』 제1편에서 사용되었는데 그때부터 관용어가 되었다). 슈트라우스의 옛 친구들인 뷔르템베르크 사람들과 슈바벤 사람들은 그들이 경탄해마지않던 슈트라우스를 내가 우스꽝스러운 인물로 보았을 때 깊은 상처를 받았다. 그들은 내가 바랐던 만큼 고지식하고 거친 반응을 보였다. 프로이센 사람들은 그들보다는 영리했다. 그들은 자신 속에 더 많은 '베를린의 푸른색(Berliner Blau)'[222]을 가지고 있었다. 가장 무례했던 것은 저 악명 높은 《그렌츠보텐(Grenzboten)》이라는 라이프치히의 신문이었다.[223] 나는 이 신문의 논조에 격분한 바젤 사람들을 달래느라 진땀을 흘렸다. 무조건 내 편을 든 사람들은 몇몇 나이 든 분이었지만, 그 동기는 복합적이었고 알 수 없는 면도 일부 있었다. 그중 한 사람인 괴팅겐[대학]의

---

222) 1704년에 베를린의 화학자 디스바흐(Johann Jacob Diesbach)가 발견한 진한 곤색 물감으로, 그림이나 장식에 사용되었다. 여기서는 프로이센 민족주의를 풍자하는 말이라고 볼 수 있다. 프로이센 군대의 제복이 푸른색이었기 때문이다.

223) 1873년 10월 17일 자 서평. 바젤 대학에 대해서도 악평을 하고 있다.

에발트[교수][224]는 나의 공격이 슈트라우스에게 치명적이었다고 시
사했다. 또한 나이 든 헤겔주의자 브루노 바우어[225]도 동일한 반응
을 보였다. 이때 이후로 그는 내 글을 가장 주의 깊게 읽는 독자 중
한 사람이 되었다. 말년에 그는 다른 사람들에게 나를 참조하도록
권하기를 좋아했다. 예를 들어 프로이센의 사료 편찬자인 폰 트라
이치케 씨[226]에게 그가 망각한 '문화' 개념을 알기 위해서는 누구의
글을 참조하면 좋은지를 알려주었다. 『반시대적 고찰』제1편과 그
저자에 대해서 가장 사려 깊고 가장 긴 서평을 썼던 사람은 철학자
폰 바더[227]의 옛 제자 중 한 사람인 뷔르츠부르크[대학]의 호프만
교수[228]였다. 그는 나의 글을 읽고 나에게 하나의 위대한 사명, 즉
무신론 문제에서 일종의 위기와 최고의 결단을 초래한다는 사명이

---

224) 에발트(Heinrich Ewald, 1803~1875)는 독일의 구약성서학자이다.

225) 바우어(Bruno Bauer, 1809~1882)는 헤겔 좌파라고도 불렸던 청년 헤겔주
　　의의 대표자 중 하나다. 그리스도의 기원에 대한 슈트라우스의 사상을 비판
　　하면서 헬레니즘이 그리스도교에 끼친 영향을 강조했다. 역사적 예수에 대
　　한 연구에 큰 업적을 남겼던 알베르트 슈바이처는 그의 신약성서 연구를 극
　　히 높게 평가했다.

226) 트라이치케(Heinrich von Treitschke, 1834~1896)는 프로이센의 영도 아래
　　독일이 통일되어야 한다고 주장했던 역사가로서 군국주의와 애국주의를 주
　　창했다.

227) 바더(F. X. von Baader, 1765~1841)는 독일의 철학자이자 신비주의자로 셸
　　링을 비롯한 낭만주의자들에게 큰 영향을 끼쳤다.

228) 호프만(Franz Hoffmann, 1804~1881)은 독일의 철학자로 바더의 철학을 변
　　호하는 저서들을 집필했다.

있음을 예견했다. 그는 나를 무신론의 가장 본능적이고 가장 무자비한 유형이라고 보았던 것이다. 나를 쇼펜하우어로 이끌었던 것은 무신론이었다. 글을 쓸 줄 아는 최후의 **인간다운** 독일인인 카를 힐레브란트[229]는 보통은 매우 부드러운 사람이었지만 나에게 비상하리만치 강력하고 용기 있는 성원을 보여주었다. 이러한 성원은 사람들의 경청을 불러일으킬 정도로 훌륭했으며, [그가 이러한 성원을 통해 독일 정신에 가한 비판은] 가장 통렬하게 느껴졌다. 그의 서평은 《아우크스부르크 신문(*Augsburger Zeitung*)》에 게재되었지만, 이 글은 보다 신중한 표현으로 고쳐진 형태로 지금은 그의 전집에서 읽을 수 있다. 여기에서 내 글은 사건이요, 전환점이며, 최초의 자기 성찰이고, 최고의 징후이며, 또한 정신적인 문제들에서 독일적인 진지함과 열정의 진정한 **귀환**으로서 소개되었다. 힐레브란트는 내 글의 형식과 성숙한 취미 그리고 인물과 사태를 구분하는 완벽한 솜씨에 대해서 극찬을 아끼지 않았다. 그는 내 글을 독일어로 쓰인 최고의 논쟁서라고 불렀다. 논쟁술이라는 것은 독일인들에게는 너무나 위험하고 권장할 만한 것이 못 되지만 말이다. 나는 독일에서 언어가 타락하고 있다(— 오늘날 독일인들은 국어정화론자 노

---

229) 힐레브란트(Karl Hillebrand, 1829~1884)는 독일의 역사가로 『시대, 국민 그리고 개인』이라는 저서에서 독일어와 독일 정신의 쇠퇴에 대해서 말했다. 그는 『반시대적 고찰』에 실린 「삶에 대한 역사학의 공과」와 「교육자로서의 쇼펜하우어」에 대한 평론을 썼다.

룻을 하면서 한 문장도 더 이상 제대로 쓰지 못한다 ―)고 감히 주장했던바, 그는 이러한 주장에 무조건적으로 찬동했을 뿐 아니라 더 나아가 나의 주장을 더욱 첨예화했다. 그리고 나와 마찬가지로 그도 독일의 '일류 문필가들'을 경멸하면서 내 용기에 찬사를 보내는 것으로 서평을 마무리 지었다. 즉 "한 국민이 몹시 사랑하는 바로 그 사람[슈트라우스]을 피고석으로 보내는 최고의 용기"라고. … 내 인생에서 『반시대적 고찰』 제1편의 여파는 헤아릴 수 없을 정도로 컸다. 지금까지 나에게 싸움을 걸어오는 사람은 없었다. [나에 대해서는] 모두 침묵하고 있다. 독일에서 나는 음울하고 조심스럽게 다루어지고 있다. 몇 년 전부터 나는 표현의 자유를 무제한으로 만끽해왔다. 오늘날 그 누구도, 특히 '[독일]제국'에서는 그러한 **자유**를 충분히 누리지 못하고 있다. 나의 천국은 "내 칼의 그림자 안에 있다."[230] … 근본적으로 나는 스탕달의 격언을 실천한 셈이다. 그는 **결투**를 통해 세상에 나가라고 충고하고 있다. 그러면 나는 내 적수를 어떻게 선택했던가! 나는 나의 적으로 최초의 독일적인 자유정신[슈트라우스]을 선택했다. … 사실상 이와 함께 완전히 **새로운 종류의 자유정신**[231]이 최초로 표현되었다. 즉 유럽과 미국의 '자유사

---

230) "천국은 칼의 그림자 안에 있다"는 마호메트가 한 말로 알려져 있다. 이슬람을 수호하기 위해 적과 싸우면서 자신을 희생한 자는 천국의 열락을 누릴 것이라는 의미다.

231) 니체 자신의 자유정신을 가리킨다.

상가' 족속 모두는 오늘날에 이르기까지 내게는 가장 낯선 존재들이며 나와는 아무런 관련이 없다. 그들은 '현대적 이념들'을 신봉하는 구제 불능의 멍청이이자 어릿광대이다. 나는 그들의 적대자보다도 그들과 훨씬 더 대립적인 관계에 있다. 그들도 그들 나름대로 자신의 상에 따라서 '인류'를 '개선'하고 싶어 한다. 만약 그들이 내가 누구이고, 내가 무엇을 원하는지를 파악하게 된다면, 그들은 도저히 화해할 수 없는 싸움을 걸어올 것이다. 그들 모두는 여전히 '이상'을 믿고 있다.[232] … [이에 반해] 나는 최초의 **비도덕주의자**다.

3

『반시대적 고찰』에서 쇼펜하우어와 바그너의 이름이 붙어 있는 두 편[제3편 「교육자로서의 쇼펜하우어」(1874),[233] 제4편 「바이로이트의

---

232) 이들은 다비트 슈트라우스와 마찬가지로 그리스도교를 비판하면서도 민주주의나 평등주의를 지향한다는 점에서 그리스도교적인 가치와 도덕에서 벗어나지 못하고 있다는 것이다.

233) 니체는 세계를 신이나 이성적인 질서가 지배하고 있다고 보는 그리스도교나 합리주의를 배격하고 인간과 세계를 지배하는 것은 맹목적인 욕망과 의지라고 본 쇼펜하우어의 솔직함과 담대함에 매료되었다. 니체는 『반시대적 고찰』에 실려 있는 「교육자로서의 쇼펜하우어」에서 쇼펜하우어를 국가와 교회에 아부하지 않는 진정한 교육자로 보았다. 그러나 여기서 니체는 자신이 그렸던 쇼펜하우어가 사실은 니체 자신이라고 말하고 있다.

리하르트 바그너」(1876)]이 특히 그 두 사람에 대한 이해나 심리학적인 문제 제기에 도움이 될 수 있다고 나는 주장하고 싶지 않다. 물론 당연히 몇 가지 개별적인 예외도 있다. 예를 들어 내가 본능적으로 깊이 확신했던 것이지만, 이미 여기에서 바그너의 본성에서 핵심에 해당하는 것은 배우로서의 재능이라고 묘사되고 있다. 바그너의 여러 수단과 의도는 이러한 배우 소질의 귀결에 지나지 않는다. 그러나 근본적으로 나는 이 글들에서 심리학[바그너나 쇼펜하우어에 대한 심리학적 고찰]이 아닌 전혀 다른 일을 시도하려고 했다. 오히려 비할 바 없이 중요한 교육 문제, 가혹할 정도의 **자기 도야**와 **자기방어**라는 새로운 개념, 위대함과 세계사적 과제를 향하는 길을 최초로 표현하고 싶었다. 크게 보자면, 나는 무언가를 표현하기 위해, 즉 [무언가를 표현할 수 있는] 몇 가지 정식과 기호와 언어 수단을 더 많이 갖기 위해, 유명하기는 하지만 전혀 진단된 적이 없었던 쇼펜하우어와 바그너라는 두 유형을 ─ 사람들이 기회를 잡듯이 ─ 정확하게 포착했던 것이다.[234] 이러한 사실은 너무나 섬뜩할 정도로 명민하게 『반시대적 고찰』 제3편의 93쪽[「교육자로서의 쇼펜하우어」 7절]에서 암시되고 있다. 이러한 방식으로 플라톤도 소크라테스를 플라톤 자신을 표현하기 위한 기호로 사용했다. 지금 내가

---

234) 이 말은 니체가 자신이 말하고 싶어 하는 것을 적절하게 표현할 정식과 기호, 수단을 얻기 위해 쇼펜하우어와 바그너를 이용했다는 것을 의미한다.

어느 정도 거리를 두고 그 당시 나의 상태를 — 이 상태에 대한 증언이 바로 이 두 편의 글이다 — 돌이켜볼 때, 나는 그 글들이 결국 나에 대해서 이야기하고 있다는 사실을 부인하고 싶지 않다. 제4편 「바이로이트의 바그너」는 나의 미래에 대한 하나의 비전을 제시하고 있다. 반면에 제3편 「교육자로서의 쇼펜하우어」에는 나의 가장 내적인 역사, 즉 나의 **생성**[내가 나 자신이 되는 과정]이 기술되고 있다. 무엇보다도 나의 **맹세**가 기술되고 있다! … 오늘날의 내 모습, 오늘날 내가 있는 곳 — 나는 더 이상 언어가 아닌 번개로 말하는 높은 곳에 있다 —, 오오, 당시에 나는 이곳으로부터 얼마나 멀리 떨어져 있었던가! 그러나 나는 육지를 **보았다.** 나는 길과 바다와 위험을 **그리고** 이것들로부터 비롯되는 성공을 한순간도 잘못 보지 않았다! 이러한 성공이 약속되어 있다는 것은 위대한 평정을 가져온다. 단순히 예고로만 끝나지 않을 미래를 내다보는 것은 행복한 일이다! 이 글들에서는 모든 말 하나하나가 체험된 것이며 깊고 내적인 것이다. 이 글들에는 극도로 고통스러운 것도 없지 않았다. 그 안에 있는 말들은 피[고통]를 요구한다. 그러나 **위대한** 자유의 바람이 이 모든 것을 덮치면서 멀리 날려버린다. 상처 자체가 장애물로 작용하지는 **않는다.** 어째서 내가 철학자를 모든 것을 위험에 빠뜨리는 무시무시한 폭발물로 이해하는지, 어째서 내가 나의 '철학' 개념을 대가들의 사상을 반추할 뿐인 강단의 학자들과 철학 교수들은 물론이고 칸트마저도 포함하는 철학 개념으로부터 철저하게 분리하는지에 대해서 이 글들은 헤아릴 수 없을 정도로 귀중한 가르침을 준다. 물론 이 글에서 말하고 있는 사람이 '교육자로서의 쇼펜하우어'가 아니라 그의 대립자인 '교육자로서의 니체'라는 사실을 인정하더라도 그렇다. 그 당시 나의 본업이 학자였고 내가 나의 본업을 제대로 수행했다는 사실을 고려해볼 때, 그 글에서 갑자기 등장하는 학자에 대한 신랄한 심리학은 의미가 없지 않다. 그것은 거리의 감정(Distanz-Gefühl)[235]을 표현하고 있으며, 무엇이 나에게 과제이고, 무엇이 단순히 수단이고 막간극이고 부수적인 것인지에 대한 깊은 확신을 표현하고 있다. 나의 영민함은 하나(Eins)가 될 수 있기 위해 그리고 하나로 모아질 수 있기 위해 많은 것이 되어보고 많은 곳에 있었다는 점에 있다. 나는 한동안은 학자가 될 필요가 있었다.[236]

---

235) 이 '거리의 감정'을 니체는 '거리의 파토스(Pathos der Distanz)'라고도 부른다. 거리의 파토스란 비천한 것에 대해 거리를 두면서 자신을 고귀한 존재로 고양시키려는 열정을 가리킨다. 니체는 인류 문화의 고귀한 유산들이 이러한 열정에서 생겨났다고 본다.

236) 니체는 이 책의 「나는 왜 이렇게 영리한가」 9절에서 이렇게 말하고 있다.
"인간이 자기 자신이 된다는 것에는 자기 자신이 무엇인지에 대해 가장 희미하게라도 예감하지 못하고 있다는 사실이 전제가 되고 있다. 이런 관점에서 보면, 심지어 인생의 실책들, 즉 때때로 옆길로 샌다든지, 길을 잘못 든다든지, 주저한다든지, '소극적으로 군다든지', 자신의 과제가 아닌 과제들에 진지한 관심을 낭비한다든지 등과 같은 실책들조차도 나름의 의미와 가치를 가지고 있다."

인간적인 너무나 인간적인
두 개의 속편과 함께

1

『인간적인 너무나 인간적인』은 어떤 위기의 기념비다. 이 책은 그 자신을 **자유정신**을 위한 책이라고 부른다.[237] 이 책의 거의 모든 문장이 승리를 표현하고 있다. 나는 이 책을 통해서 나의 본성 속에 있는 **비본래적인 것**으로부터 나 자신을 해방시켰다. 나에게 비

---

237) 『인간적인 너무나 인간적인』에는 '자유정신을 위한 책'이라는 부제가 붙어 있다. 니체가 말하는 자유정신이란 어떤 하나의 신념에 대한 광신적인 집착에서 벗어나 다양한 신념을 그때마다의 상황에 따라서 이용할 수 있는 유연하고 열린 정신을 말한다. 이러한 정신은 언뜻 보기에는 약하고 지조가 없는 것으로 나타나지만, 세계의 끊임없는 변화와 다양성을 자신의 힘의 강화와 성장을 위해서 이용할 줄 아는 정신이다.

본래적인 것이란 이상주의다. 이 책의 제목이 의미하는 바는 '그대들이 이상적인 것으로 보는 것에서 나는 인간적인, 아아 너무나 인간적인 것만을 본다'는[238] 것이다. … 나는 인간을 그대들[이상주의자들]보다 더 잘 알고 있다. … 여기에서 사용되고 있는 '자유정신'이라는 말은 자기 자신을 다시 소유하게 된 **자유롭게 된** 정신 이외의 다른 의미로 이해되어서는 안 된다. 여기서 어조나 목소리가 완전히 변했다. 사람들은 이 책을 영리하면서도 냉정하고 경우에 따라서는 가혹하면서도 조소적이라고 느낄 것이다. 이 책에서는 **고귀한 취미를 가진** 하나의 정신이 근저에 있는 더욱 열정적인 흐름에 맞서서 항상 그 위에 존재하는 것으로 보인다.[239] 이와 관련하여 이

---

238) 여기서 '이상'은 이 책의 다른 부분에서와 마찬가지로 플라톤의 이데아나 그리스도교의 신이나 피안과 같은 초감성적인 존재들 그리고 '최대 다수의 최대 행복이 이루어진 사회'나 공산주의와 같은 미래의 유토피아를 가리킨다. 니체는 이런 것들은 인간의 소망과는 상관없이 끊임없이 생성소멸하는 현실에 대한 불안에서 벗어나기 위해서 인간들이 만들어낸 허구라고 본다. '인간적인 너무나 인간적인'이라는 말은 생성소멸하는 현실을 있는 그대로 긍정하는 초인이 되지 못하고, 영원불변의 초감성적인 존재나 모든 고통과 고난이 사라진 허구적인 이상세계에서 위안을 찾으려는 인간의 허약성을 가리킨다. 전통 형이상학이나 종교에서는 자신들이 신봉하는 이상들을 신적인 것이라고 보지만, 니체는 그것들을 인간의 허약성에서 비롯된 '너무나 인간적인 것'으로 간주한다.

239) 니체는 첫 번째 작품 『비극의 탄생』에서는 디오니소스적인 열정을 높이 평가하지만, 『인간적인 너무나 인간적인』에서는 계몽주의를 높이 평가하며 냉정한 이성적 분석을 중시한다. 이러한 사실은 『인간적인 너무나 인간적인』에서

책이 **볼테르** 서거 100주년 기념으로 출간되었다는 것은 의미심장하다. 이 책이 1878년에 출간된 것은 바로 그 때문이다.[240] 왜냐하면 볼테르는 볼테르 이후에 글을 썼던 모든 사람과 반대되며, 나와 마찬가지로 무엇보다도 정신의 대귀족이었기 때문이다. 내 책에 볼테르라는 이름이 등장한다는 것, 그것은 정녕 **나를 향한** 진보였다. … 이 책을 좀 더 자세하게 살펴보면, 이상(理想)이 거주하는 모든 은신처를 알고 있는 무자비한 정신을 발견하게 될 것이다. 이러한 은신처에서 이상은 **지하 감옥**에 숨어 자신의 최후의 안전을 확보하고 있다. 그 무자비한 정신은 '흔들리지 않는' 빛을 발하는 횃불을 손에 들고 이상이 숨어 있는 지하세계를 구석구석까지 환히 비춘다. 이것은 전쟁이다. 그러나 화약도 연기도 없으며, 전투태세도 없고, 격정도 사지의 탈골(脫骨)도 없는 전쟁이다. 이런 것들[화약, 연기 등]이 있다는 것 자체가 아직 '이상주의'에서 벗어나지 못했다는 것을 의미한다. 오류들이 하나씩 차례로 조용히 얼음 위에 놓인다.[241] 이상은 반박되지 않는다. **얼어 죽을 뿐이다.** … 예를 들

볼테르를 높이 평가하는 데서도 확인할 수 있다. 후기 니체는 볼테르도 선과 악에 대한 전통적인 관념에 구속되어 있다고 본다.

240) 1878년에 출간된 『인간적인 너무나 인간적인』 초판에서 니체는 가장 위대한 정신의 해방자 중 한 사람인 볼테르 서거 100주년을 기념하기 위해서 이 책의 출간을 서둘렀다고 쓰고 있다. 볼테르는 1778년 5월 30일에 서거했다.

241) 오류들을 격렬하게 비판하고 부정하는 것이 아니라 오류들이 어디서 비롯되는지를 냉철하게 분석한다는 말이다. 니체는 신의 존재를 격렬하게 부정하

어 여기에서는 '천재'가 얼어 죽으며, 다음 구석에서는 '성자'가 얼어 죽고, 두꺼운 고드름 밑에서는 '영웅'이 얼어 죽는다. 마지막에는 '신앙', 즉 이른바 '확신'이라는 것이 얼어 죽는다. '동정'조차도 차갑게 식어버린다. 거의 모든 곳에서 '물 자체'[242]가 얼어 죽는다.

2

이 책의 서두 부분은 제1회 바이로이트 음악 축제[243]가 한창이던 몇 주 사이에 쓰였다. 바이로이트에서 나를 둘러쌌던 모든 것에 대해 깊은 위화감을 느꼈다는 점이 이 책을 쓰게 된 전제조건 중 하나였다. 어떤 비전들이 이미 당시의 내 마음에 떠올랐었는지를 알

<hr>

지 않고, 신이란 관념이 허약한 인간들이 살아갈 힘을 얻기 위해서 만들어낸 허구라는 사실을 심리학적으로 냉정하게 드러낸다. 니체는 어떤 관념의 심리학적인 기원이 밝혀지게 되면, 그 관념에 대응하는 실재가 존재하지 않고 그 관념이 허구라는 사실이 입증된다고 본다. 니체는 신의 존재를 격렬하게 부정하는 자는 그 관념에 대한 집착에서 온전히 벗어나지 못한 채 아직 이상주의에 사로잡혀 있는 자라고 본다.

242) '물 자체'는 칸트의 용어로 감각적으로 지각될 수 있는 현상계 이면에 존재하는 실재 자체를 가리킨다. 니체는 감각적으로 지각될 수 있는 세계 이외의 다른 세계는 존재하지 않는다고 본다.

243) 바이로이트 음악 축제에서는 바그너의 오페라가 상연된다. 제1회 바이로이트 음악제에 참석한 니체는 음악제가 독일 정신을 혁신하기 위한 기폭제가 되지 못하고 상류층이 사교를 즐기는 모임이 된 것에 환멸을 느꼈다.

고 있는 사람은 어느 날 내가 바이로이트에서 잠을 깼을 때 어떤 기분이었는지를 추측할 수 있었을 것이다. 나는 꿈을 꾸고 있는 것만 같았다. … 여기는 도대체 어디인가? 나는 아무것도 알아보지 못했다. 나는 바그너조차 알아보지 못했다. 헛되이 기억들 속을 뒤적였을 뿐이다. 트립셴,[244] 멀리 떨어져 있던 지복의 섬과 비슷한 어떤 그림자도 바이로이트에서는 찾아볼 수 없었다. 바이로이트 극장의 주춧돌을 놓았던 그 비교할 수 없는 나날, 그것을 축하하고 섬세한 문제들을 이해할 수 있었던 그 소수의 사람들과[245] 비슷한 어떤 그림자도 찾아볼 수 없었다. 무슨 일이 일어났던가? 바그너가 독일어로 번역되었던 것이다! 바그너 숭배자가 바그너 위에 군림하게 된 것이다! 독일의 예술! 독일의 거장! 독일의 맥주! … 바그너 숭배자들과는 다른 우리들, 즉 바그너의 예술이 오직 극히 세련된 예술가들에게만, 세계시민주의의 취향을 가진 사람들에게만 말을 건넨다는 사실을 너무나 잘 알고 있는 우리들은 독일적인 '덕들'로 휘감긴 바그너를 재발견하게 되면서 아연해할 수밖에 없었다. 나는 바그너 숭배자들을 잘 알고 있다고 생각한다. 나는 바그너를 헤

---

244) 트립셴에서 니체는 바그너와 처음으로 친교를 나누었으며 서로 사상을 공유하는 관계가 되었다. 니체는 이 시절을 극히 행복한 것으로 추억하고 있으며, 이런 의미에서 트립셴을 지복의 섬에 비유하고 있다.
245) 니체는 바이로이트 극장을 건립하는 문제에 대해 바그너와 많은 대화를 나누었다.

겔과 혼동했던 고(故) 브렌델[246]에서부터, 바그너와 자신들을 혼동했던 《바이로이트 신문(Bayreuther Blätter)》의 '이상주의자들'에 이르기까지 세 세대에 걸쳐 바그너 숭배자들을 '체험했다'. 나는 '아름다운 영혼들'[247]이 바그너에 대해서 하는 모든 종류의 고백을 들어왔다. 그러나 그중에 한 마디라도 분별 있는 말이 있다면 왕국을 주겠다![248] 사실 그들은 머리털을 곤두서게 할 정도로 소름 끼치는 무리다! 놀, 폴, 콜처럼 미안하지만 한없이 계속되는 이름들![249] 그들 중에는 불구자가 아닌 자가 없으며, 반유대주의자가[250] 아닌 자도 없다. 불쌍한 바그너! 그는 어디에 빠져버렸는가? 차라리 돼지우리 속으로 들어갔으면 좋으련만![251] 하필 독일인 무리 속에

---

246) 브렌델(K. F. Brendel, 1811~1868)은 음악 저널들의 편집자로 1851년에 바그너 옹호자가 되었다.

247) 이상주의자들을 가리킨다고 할 수 있다.

248) 셰익스피어의 『리처드 3세』에 나오는 말.

249) 놀(Ludwig Nohl, 1831~1885), 폴(Richard Pohl, 1826~1896), 콜(Johann Georg Kohl, 1808~1878)은 모두 바그너를 높이 평가했던 음악평론가들이다. 콜은 일반명사로는 '양배추'를 의미하지만, '머리 없는' 바보라는 의미로도 쓰인다. 니체는 놀, 폴, 콜과 같은 사람들이 사실은 바보라고 말하고 있는 것이다. 이 문장의 원문은 "Nohl, Pohl, Kohl mit Grazie in infinitum!"이다. 역자는 'mit Grazie'라는 말을 'mit Verlaub'와 같은 어법으로 보면서 '미안하지만', '실례지만'으로 해석했다.

250) 바그너는 극렬한 반유대주의자였다.

251) 이 말은 성경의 다음 구절을 패러디한 것이다.
"또 예수께서 건너편 가다라 지방에 가시매 귀신 들린 자 둘이 무덤 사이에

떨어지다니! … 후세를 위한 교훈으로 삼기 위해 우리는 이 진정한 바이로이트인을 결국은 박제로 만들어야 한다. 아니 차라리 술(Spiritus) 속에 그를 담가놓는 것이 좋겠다. 왜냐하면 그에게는 정신(Spiritus)이 결여되어 있기 때문이다. 그리고 '독일제국'의 기초가 되었던 '정신(Geist)'이란 이런 것이었다는 라벨을 병에 붙이는 것이 좋겠다. … 이것으로 충분하다. 어떤 매력적인 파리 여인이 나를 위로하려고 했음에도 불구하고, 나는 음악제가 한창일 때 갑자기 2, 3주간의 여행을 떠났다. 나는 바그너에게 숙명적인 전보 한 통을 보내는 식으로 양해를 구했다. 뵈머발트 숲속 깊은 곳에 숨겨져 있는 작은 마을 클링겐브룬에서 나는 멜랑콜리와 독일인에 대한 경멸을 마치 병(病)처럼 달고 다녔다. 그리고 때때로 '쟁기날'이라는 제목 아래 수첩에 한 문장씩 써 내려갔다. 이것들은 매우 **신랄한** 심리학적 고찰들로만 이루어져 있으며, 아마도 『인간적인 너무나 인간적인』에서 다시 찾아볼 수 있을 것이다.

서 나와 예수를 만나니 그들은 몹시 사나워 아무도 그 길로 지나갈 수 없을 지경이더라. 이에 그들이 소리 질러 이르되 하나님의 아들이여 우리가 당신과 무슨 상관이 있나이까 때가 이르기 전에 우리를 괴롭게 하려고 여기 오셨나이까 하더니. 마침 멀리서 많은 돼지 떼가 먹고 있는지라. 귀신들이 예수께 간구하여 이르되 만일 우리를 쫓아내시려면 돼지 떼에 들여보내주소서 하니. 그들에게 가라 하시니 귀신들이 나와서 돼지에게로 들어가는지라 온 떼가 비탈로 내리달아 바다에 들어가서 물에서 몰사하거늘."(「마태복음」 8장 28~32절)

3

그 당시 나에게 결정적이었던 일은 바그너와의 결렬 같은 것이 아니었다. 나는 내 본능이 총체적으로 길을 잃었다고 느꼈다. 바그너나 바젤 대학 교수직[252] 같은 개별적인 실책들은 한갓 [총체적인 길 잃음의] 징후에 불과했다. 나는 불현듯 나 자신을 참을 수 없게 되었다. 나는 이때야말로 나 자신을 돌이켜보면서 성찰할 절호의 기회라는 사실을 깨달았다. 내가 이미 얼마나 많은 시간을 허비했는지, 나의 사명을 생각할 때 문헌학자로서의 나의 삶 전체가 얼마나 무익하고 얼마나 자의적(恣意的)인 것이었는지가 갑자기 끔찍할 정도로 나에게 명료해졌다. 나는 이 잘못된 겸손에[253] 부끄러움을 느꼈다. … 10년이라는 세월이 지났지만 내 정신에 영양을 공급하는 일은 완전히 중단되어버렸고, 쓸모 있는 것은 하나도 배우지 못했으며, 먼지를 뒤집어쓴 구태의연한 학식의 잡동사니에 빠져서 어리석게도 [진정으로 중요한] 많은 것을 잊어버렸다. 나쁜 눈으로 고

---

252) 니체는 철학의 길을 걷지 않고 고전문헌학 교수가 된 것을 잘못된 선택이라고 생각했다.

253) 니체는 고전문헌학자는 고전문헌을 파헤칠 뿐 새로운 가치를 창조하지 못한다는 이유로 고전문헌학 교수가 되기 전부터 고전문헌학에 염증을 느끼고 있었다. 그는 자신이 새로운 가치를 창조하는 철학자의 길을 택하지 않고 고전문헌학의 길을 걸었던 것을 자신의 역량을 과소평가했다는 점에서 '잘못된 겸손'이라고 말하고 있다.

대의 운율학자를 꼼꼼하게 더듬는 것, 나는 그 지경이 되어버렸던 것이다! 나는 극도로 메마르고 굶주려 있는 나 자신을 연민과 함께 바라보았다. 내 지식의 내부에 **실재**가 결여되어 있는데, '이상'이 무슨 쓸모가 있단 말인가! 진실로 타는 듯한 갈증이 나를 사로잡았다. 그때부터 나는 실로 생리학과 의학과 자연과학을 연구하는 것 외에는 아무것도 하지 않았다. 심지어 나의 **과제**가 나에게 명령하면서 강요했을 때에야 비로소 진정한 역사 연구로 되돌아갔다. 내가 다음과 같은 것을 처음 알게 된 것도 바로 이때였다. 즉 본능에 반하여 선택된 활동, 다시 말해 소명을 받았다고 할 수 없는 이른바 '직업'이, **마취제** 같은 예술,[254] 예를 들면 바그너의 예술에 의해서 황량함과 굶주림의 느낌을 **마취**시키려고 하는 욕구와 어떤 관련이 있는가를 처음으로 깨닫게 된 것이다. 내 주위를 조심스럽게 둘러보면서 나는 대단히 많은 젊은이가 동일한 곤경에 처해 있다는 사실을 발견했다. 하나의 반(反)자연은 실로 두 번째 반(反)자연을 **강요**하는 법이다. 독일에서는, 보다 분명히 말하면 '독일제국'에서는 너무나 많은 사람이 너무 일찍 자신의 진로를 결정해야 하며, 그러고는 던져버릴 수 없게 된 짐에 짓눌려 **쇠약해져가도록 단죄되**

---

254) 니체에 따르면, 바그너의 음악은 연극적 효과와 신화적 요소 등을 끌어들여 청중을 열광적으로 도취시킴으로써 현실의 고통을 잊게 만드는 마취제의 역할을 한다.

어 있다. … 이들은 하나의 **아편**으로서 바그너를 찾는다. 그들은 [바그너의 음악을 통해서] 자기 자신을 잊으며 한순간 자신에게서 벗어나는 것이다. … 한순간이라니! 족히 대여섯 시간은 되리라!²⁵⁵⁾

4

그 당시에 나의 본능은 [잘못된 결정에] 더 이상 양보하지 않고 [바그너 같은 사람들과] 동행하지 않으며 나 자신을 [다른 것들과] 더 이상 혼동하지 않기로 가차 없이 결단을 내렸다. 어떤 종류의 삶이든 최고의 악조건이든 병이든 빈곤이든, 이 모든 것이 저 무가치한 '자기 상실'보다 더 나은 것 같았다. 내가 '자기 상실'에 빠지게 된 것은 무엇보다도 무지하고 젊기 때문이었으며, 나중에는 타성과 이른바 '의무감' 때문에 빠져나오지 못했다. 바로 이때, 그야말로 적시에, 내가 감탄을 금할 수 없는 방식으로 내 아버지의 **좋지 않**은 유산이 나를 도와주었다. 근본적으로 단명할 내 운명²⁵⁶⁾ 말이다.

---

255) 바그너의 음악은 보통 대여섯 시간에 걸쳐 연주된다.

256) 니체의 아버지는 35세의 나이로 뇌경색으로 죽었다. 니체는 자신도 아버지의 유전적 영향으로 단명할 것이라고 생각하면서 자신의 병도 아버지의 유전적 영향에 의한 것으로 보았던 것 같다. 니체는 자신의 병 덕분에 고전문헌학을 포기할 수 있었다는 점에서 아버지의 좋지 않은 유산이 자신을 도왔다고 말하고 있다.

병이 서서히 나를 해방시켜주었다. 병 때문에 나는 사람들과 결렬을 빚을 필요도 없었으며, 사람들의 불쾌감을 야기하는 난폭한 조치를 취할 필요도 없었다. 그 당시 나는 사람들의 호의를 잃지 않았고 오히려 더 많은 호의를 얻었다. 또한 병은 나에게 나의 모든 습관을 완전히 바꿀 수 있는 권리를 부여했다. 병은 나에게 망각을 허락하고 **명령했다**. 병은 나에게 조용히 누워 있고 한가롭게[257] 지내면서 기다리고 인내할 수밖에 없다는 선물을 선사했다. ··· 그러나 바로 이것이야말로 [진정으로] 사유하는 것이 아니겠는가! ··· 나의 눈은 책벌레로 지내는 삶을 끝장내었다.[258] 보다 분명히 말하자면 문헌학과 작별을 고한 것이다. 나는 '책'에서 해방되었으며 몇 년 동안은 더 이상 아무것도 읽지 않았다. 이것이 지금까지 내가 나 자신에게 베푼 **최고의** 은혜였다! 다른 자아들에게 끊임없이 **귀를 기울여야만 했기**(바로 이것이 독서라는 것이다!) 때문에 [다른 자아들 밑에] 파묻혀 침묵하고 있었던 저 가장 밑바닥의 자아가 서서히 수줍어하고 미심쩍어하면서 깨어났다. 그리고 마침내 **다시 말하기 시**

---

257) 『인간적인 너무나 인간적인』의 여러 곳에서 니체는 한가함(Müßiggang)과 여가(Muße)를 높이 평가하고 있다. 대표적으로 I의 284번과 288번 단편을 들 수 있는데, 특히 288번 단편에서 이러한 여가를 가능하게 해주는 '병의 가치'에 대해서 말하고 있다.

258) 니체는 책을 읽을 수 없을 정도로 극심한 안질에 시달렸다. 여기서 니체는 이로 인해 책벌레로 지내던 삶에서 해방되었다고 말하고 있다.

작했다. 나는 나의 삶에서 가장 병들어 있었고 가장 고통스러웠던 그 시절에 느꼈던 행복보다 더 큰 행복을 결코 느끼지 못했다. 이러한 '나 자신으로의 귀환'이 무엇이었는지를 알려면 『아침놀』이나 「방랑자와 그의 그림자」를 읽어보면 된다. '나 자신으로의 귀환'은 최고의 회복 그 자체다! … 다른 것들은 이것에서 파생될 뿐이다.

5

『인간적인 너무나 인간적인』이라는 엄격한 자기 도야의 기념비에 의해서 나는 내가 그동안 감염되어 있었던 모든 '고등 사기', '이상주의', '아름다운 감정'[259] 및 그 밖의 여성적인 것들에 대해서 일거에 종지부를 찍었다. 그 책의 주요 부분은 소렌토에서 집필되었다. 이 책이 완결되고 최종적인 형태를 얻은 것은 바젤에서 겨울을 보낼 때였지만, 바젤에서의 상황은 소렌토에서의 상황보다 훨씬 더 나빴다. 당시 바젤 대학에서 수학하면서 나에게 크게 경도되어 있었던 **페터 가스트** 군에게 이 책은 큰 빚을 지고 있다. 내가 [두통 때문에] 머리를 붕대로 동여맨 채 구술하면 그가 받아 적고 교정도 했다. 근본적으로 그가 명실공히 필자였고, 나는 저자에 불과했다. 중병을 앓고 있던 나에게는 심히 놀라운 일이었지만 그 책이 마침내 완성되어 내

---

259) 동정이나 이웃사랑과 같은 것들을 가리킨다.

손에 들어왔을 때, 나는 특별히 바이로이트로 두 권을 보냈다. 그와 동시에 기적처럼 의미심장한 우연으로 「파르지팔」의 아름다운 대본 한 부가 도착했다. 거기에는 "친애하는 친구 프리드리히 니체에게, 교회 장로 리하르트 바그너"라는 헌사가 적혀 있었다. 이 두 책의 교차에서 마치 불길한 소리가 들리는 것처럼 느껴졌다. 마치 두 개의 칼이 맞부딪치는 듯한 소리가 울리지 않았던가? … 어떻든 우리 둘은 그렇게 느꼈다. 왜냐하면 우리 둘 다 침묵했기 때문이다. 그즈음 바그너는 《바이로이트 신문(Bayreuther Blätter)》을 창간했다. 나는 **무엇을 위한 최적의 시기인지**를 알아차렸다. 믿을 수 없는 일이다! 바그너가 경건하게 되었다니.[260] …

6

그 당시(1876) 내가 나에 대해 어떻게 생각하고 있었는지, 내가 얼마나 엄청난 확신을 가지고 내 과제와 내 과제가 세계사에서 갖는 의의에 대해 파악하고 있었는지는 이 책 전체가, 그러나 무엇보다도 매우 명확한 한 부분이 증언하고 있다. 다만 나는 나의 본능적인 책략에 의해 여기서도 '나'라는 단어를 피했다. 이번에는 쇼펜하우어나 바그너라는 이름이 아니라 내 친구 중 하나인 탁월한 파

---

260) 바그너가 그리스도교 신앙을 다시 받아들이게 되었다는 것을 의미한다.

울 레 박사[261]의 이름을 세계사적인 영광으로 빛나게 했다. 다행히
도 그는 너무나도 섬세한 동물이었다. … 다른 사람들은 그렇게 섬
세하지는 않았다. 내 독자 중에는 구제 불능의 인간들이 있다. 예
를 들면 전형적인 독일 교수들이 그렇다. 이러한 사실을 나는, 이
들이 앞에서 언급한 '매우 명확한 한 부분'에 입각하여 이 책 전체
를 더 높은 레알리즘(Réealismus)으로[262] 이해해야 한다고 믿는 데
서 알 수 있었다. 사실상 내 책은 내 친구 레의 대여섯 명제에 대한
반론을 포함하고 있다. 이에 대해서는『도덕의 계보』서문을 읽어
보기 바란다. 위에서 언급한 명확한 부분은 다음과 같다.[263] 가장
대담하고 가장 냉정한 사상가 중 하나인『도덕 감정의 기원에 관하
여』라는 책의[264] 저자(최초의 비도덕주의자인 니체라고 바꿔 읽으라)가

---

261) 레(Paul Rée, 1849~1901)는 니체의 친구였던 철학자이며, 도덕의 기원에 관
한 문제 등에 대해서 니체와 많은 대화를 나누었다.

262) 니체는 '레(Rée)-주의'라는 의미의 Réealismus라는 단어를 만들어내었다. 니
체는 도덕의 기원에 대한 자신의 견해가 레의 견해와 혼동되는 것을 매우 불
쾌하게 생각했다.

263) 『인간적인 너무나 인간적인』I, 37절.

264) 『도덕 감정의 기원(Ursprung der moralischen Empfindungen)』은 파울 레
가 1877년에 출간한 책이다. 니체는『도덕의 계보』서문에서 이 책에 대해 이
렇게 쓰고 있다.
"그 책만큼 명제 하나하나, 추론 하나하나에 대해서 부정하고 싶은 마음을
일으킨 책을 나는 읽어본 적이 없는 것 같다. 그렇다고 해서 내가 불쾌했거
나 견딜 수 없었던 것은 전혀 아니다."

인간의 행위를 종횡무진으로 예리하게 분석함으로써 도달하게 된 주요 명제는 무엇인가? "도덕적 인간이 자연적 인간보다 예지계에 더 가까운 것은 아니다. **왜냐하면** 예지계란 존재하지 않기 때문이다." 이 명제가 역사적인 인식의 망치질(모든 가치의 **전환**이라고 읽으라)에 의해 단단해지고 날카로워지면, 아마도 가까운 장래 — 1890년! — 에는 인류의 '형이상학적 욕구'[265]의 뿌리를 내리칠 도끼가 될 것이다. 이것이 인류에게 축복이 될 것인지 아니면 저주가 될 것인지 누가 말할 수 있겠는가? 그러나 어쨌든 그 명제는 가장 중대한 결과를 초래할 것이다. 그것은 많은 결실을 맺으면서도 동시에 가공할 명제이며, 모든 위대한 인식이 갖는 저 **이중의 시선**으로 세계를 들여다보는 명제다. …

---

265) 신이나 피안의 존재나 영혼의 불멸 같은 것을 믿고 정당화하고 싶어 하는 욕구를 가리킨다.

아침놀

편견으로서의 도덕에 대한 사유

1

    도덕[266]에 대한 나의 전쟁은 이 책과 함께 시작된다. 화약 냄새는 전혀 나지 않는 전쟁이. 상당히 예민한 후각을 가진 자라면 화약 냄새와는 전혀 다르면서도 훨씬 더 유쾌한 냄새를 맡을 수 있으리라. 이 책은 대포도 아니지만 소총조차도 아니다. 이 책의 목적은 [기존의 도덕관념을] 부정하는 것이지만, 이 책이 사용하는 수단은 그럴수록 덜 부정적이다. 그러한 수단은 포격이 아니라 추론이기 때문이다. 사람들이 이 책을 다 읽고 이 책에 작별을 고할 때에는, 이제껏 도덕이라는 이름 아래 존경받고 숭배되어왔던 모든 것

---

266) 노예도덕을 가리킨다.

에 대해 조심스러운 경계심을 갖게 될 것이다. 그러나 이러한 사실은 이 책 전체에 걸쳐서 어떤 부정적인 말도 나타나지 않으며 공격도 악의도 전혀 나타나지 않는다는 사실과 모순되지 않는다. 그리고 이 책이 오히려 바위들 사이에서 햇볕을 쬐는 바다 동물처럼 태양 아래에 평안하고 행복하게 누워 있다는 사실과도 모순되지 않는다. 결국 나 자신이 이 바다 동물이었다. 이 책의 거의 모든 문장은 제노바 근처에 어지럽게 흩어져 있는 바위들 사이를 거닐면서 생각해내고 부화(孵化)시킨 것들이다. 제노바에서 나는 혼자였고 바다와 비밀스러운 대화를 나누었다. 지금도 우연히 이 책을 들추면, 거의 모든 문장이 저 깊은 곳으로부터 비교할 수 없는 무언가를 다시 끌어올리는 낚싯바늘이 된다. 이 책의 피부 전체가 정겨운 추억으로 전율하듯 떨고 있다. 이 책이 구사하는 기술(技術)은 그렇게 하찮은 것은 아니다. 그 기술은 가볍게 소리 없이 스쳐 가는 것들과 내가 신적인 도마뱀이라고[267] 부르는 순간들을 어느 정도 고정시켜놓는 기술이다. 저 젊은 그리스 신[아폴론]이 불쌍한 어린 도

---

267) 니체는 성벽에 엎드려 햇볕 쬐기를 좋아하는 도마뱀을 치유되고 있는 자유 정신에 대한 비유로 즐겨 사용했다. 이 경우 니체는 인간이 갖지 못한 도마뱀의 재생능력을 염두에 두고 있는 것 같다. 니체는 『선악의 저편』 275절에서 "도마뱀의 경우에 손가락이 잘려 나가도 다시 자라지만 인간의 경우에는 그렇지 않다"고 말하고 있다. 니체는 또한 소리 없이 가볍게 움직이는 도마뱀을 행복의 순간을 가리키는 비유로도 사용한다.

마뱀을 간단히 창으로 꽂아버리는 것처럼 잔혹하게는 아니지만,[268] 어떻든 무엇인가 날카로운 것으로, 즉 펜으로 고정시키는 것이다. … "아직 비추지 않은 많은 아침놀이 존재한다."[269] 이 **인도**의 격언이 이 책의 입구[속표지]에 쓰여 있다. 이 책의 저자는 어디에서 새로운 아침을 **찾는가**? 어디에서 또 다른 날을 — 아아, 새로운 날들과 새로운 날들의 세계 전체를 — 여는, 이제까지 발견되지 않았던 부드러운 붉은빛을 찾는가? **모든 가치의 전환**에서다. 모든 도덕적 가치로부터의 해방에서, 즉 이제까지 금지되고 멸시받고 저주받아 왔던 그 모든 것에 대한 긍정과 신뢰에서다. 이 **긍정하는** 책은 자신의 빛과 사랑과 배려를 [전통 도덕이 부정해온] 나쁜 것들에 쏟아 붓고 있으며, 그것들에게 '영혼'과 떳떳한 양심과 생존에 대한 높은 권리와 **특권**을 다시 되돌려주고 있다. 도덕은 공격의 대상이 되지 않는다. 그것은 더 이상 고려의 대상이 되지 않을 뿐이다. … 이 책은 '그렇지 않으면[또는]'이라는 말로 끝난다. '그렇지 않으면[또는]' 이란 말로 끝나는 유일한 책이다.[270]

---

268) 아폴론은 도마뱀 사냥꾼이라고도 불린다. 예언의 신인 아폴론은 도마뱀을 화살로 찔러 나무에 고정시켜놓고 그것으로부터 미래를 읽는다고 한다.

269) 『리그베다』에 실려 있는 말이다.

270) 이 부분의 내용은 다음과 같다.
"우리, 정신의 비행사들! — 멀리, 가장 먼 곳까지 날아가는 이 모든 대담한 새들. 분명히 그것들은 더 이상 날아갈 수 없게 되어 돛이나 황량한 절벽에 내려앉을 것이다! 그뿐 아니라 이 비참한 숙소에 지극히 감사하면서! 그러

2

나의 과제는 인류가 최고의 자기 성찰을 행하는 순간인 **위대한 정오**를 준비하는 것이다. 이 순간 인류는 과거를 돌아보고 미래를 내다보면서 우연과 성직자들의 지배에서 벗어나 '왜?', '무슨 목적으로?'라는 질문을 처음으로 **총체적으로** 제기할 것이다. 이러한 과제는 인류가 지금 올바른 길을 걷고 있지 않다는 사실에 대한 통찰에서, 즉 인류는 결코 신에게 지배되고 있는 것이 **아니며** 오히려 가장 신성한 가치 개념들 아래에서 부정과 부패의 본능, 다시 말해 데카당스의 본능이 인류를 현혹하면서 지배해왔다는 사실에 대한 통찰에서 필연적으로 도출된다. 도덕적 가치들이 인류의 미래를 결정하기 때문에 도덕적 가치들의 기원이라는 문제는 나에게 **가장 중요한** 문제다. 모든 것이 최상의 손[신] 안에서 보호받고 있다

나 이러한 사실로부터 그들 앞에는 [그들이 날 수 있는] 어떠한 거대한 길도 더 이상 남아 있지 않으며 그들은 그들이 날 수 있는 최대한을 다 날았다고 추론해서는 안 된다. […] 그러면 우리는 도대체 어디로 날아가려고 하는가? 왜 우리는 도대체 바다를 넘어서 날아가려고 하는가? 어떠한 욕망보다도 우리에게 더 중요한 이 강력한 욕망은 우리를 어디로 데려가는가? 그것도 왜 하필이면 바로 이 방향으로, 즉 이제까지 인류의 모든 태양이 침몰했던 곳을 향해서? 아마도 언젠가 사람들은 이렇게 말하지 않을까? 우리조차도 서쪽으로 향하면서 인도에 도달하려고 했다고, 그러나 무한에 좌초해서 난파하는 것이 우리의 운명이었다고. 또는 나의 형제들이여? 또는?"

는 것을 우리가 **믿어야** 한다는 요구, 또한 성서라는 책이 인간의 운
명에서 신의 인도와 지혜가 작용하고 있음을 궁극적으로 보증하고
있다는 사실을 **믿어야** 한다는 요구는 — 그 실상을 따져보면 — 그
러한 요구가 주장하는 것과는 정반대되는 비참한 진실을 억누르려
는 의지일 뿐이다. 그러한 진실이란 인류가 이제까지 **가장 나쁜** 손
안에 붙잡혀 있었으며, 인류는 영락한 자들, 교활하고 복수심에 불
타는 자들, 이른바 '성자들', 즉 세계를 비방하고 인류를 모욕하는
자들에게 지배되어왔다는 것이다. 성직자(위장한 성직자인 철학자들
을[271] 포함하여)가 특정한 종교집단 내부에서뿐 아니라 모든 곳에서

---

271) 니체는 『안티크리스트』 10절에서 이렇게 말하고 있다.
"철학이 신학자의 피 때문에 부패되었다고 내가 말할 경우 독일 사람이라면
바로 그 말을 납득할 것이다. 개신교 목사는 독일 철학의 조부요, 개신교 자
체가 독일 철학의 원죄(peccatum originale)인 것이다. [⋯] 그것[독일 철학]
은 일종의 음험(陰險)한 신학인 것이다. ⋯ 칸트가 출현했을 때 4분의 3이 목
사와 교사의 자녀로 이루어진 독일 학계는 왜 환호했는가? 칸트와 함께 **보다
나은 상태로의** 전환이 시작되었다는 확신, 오늘날까지도 여전히 그 반향이
남아 있는 독일적인 확신은 어디서 비롯되는 것인가? 독일 학자에게 스며들
어 있는 신학자 본능은 이후로 무엇이 또다시 가능하게 되었는지를 알아챘
던 것이다. ⋯ 옛 이상에 이르는 샛길이 열리게 되었으며, 다시금 '참된 세계'
라는 개념과 세계의 **본질**로서의 도덕이란 개념이(세상에서 가장 사악한 두
가지 오류가) 영리하고 교활한 회의 덕분에 증명될 수는 없더라도 **논박될** 수
는 **없는** 것이 되어버렸다. ⋯ 이성과 이성의 **권리**는 그렇게 멀리까지 미칠 수
없다는 것이다. ⋯ 사람들은 실재하는 현실을 '가상'으로 만들어버렸으며 완
전히 **날조된** 세계를 실재로 만들어버렸다. ⋯ 칸트의 성공은 단지 신학자의
성공에 지나지 않는다. 칸트는 루터나 라이프니츠와 마찬가지로, 원래 강하

174

지배자가 되었다는 것, 그리고 데카당스 도덕, 종말에의 의지가 도덕 **자체**로서 간주되고 있다는 사실을 보여주는 결정적인 징표는 어디서든 비이기적인 자에게는 무조건적인 가치를 인정하는 반면에 이기적인 자에게는 적대감을 표출하고 있다는 것이다. 이 점에 대해 나와 생각을 달리하는 자를 나는 **감염되어 있다**고 간주한다. … 그러나 온 세상이 나와 생각을 달리하고 있다. … 생리학자에게는 그러한 가치 대립은 전혀 의심할 여지가 없다.[272] 유기체 내부의 가장 사소한 기관이라도 그것이 자기보존에, 즉 자신의 힘을 보충하는 것에, 자신의 '이기주의'를 완벽하리만치 확실하게 관철하는

지 못한 독일적인 정직성에 제동을 거는 또 하나의 브레이크다."

칸트는 신, 자유, 영혼이라는 개념은 이론이성을 통해서는, 곧 과학적 이성을 통해서는 증명될 수 없지만 실천이성, 곧 도덕적인 이성을 통해서는 해명될 수 있다고 보았다. 즉 신, 자유, 영혼과 같은 개념들은 도덕적인 행위가 가능하기 위해서 우리가 필연적으로 요청할 수밖에 없는 이념들이라는 것이다. 칸트는 과학적으로 증명될 수 있는 감각적인 세계를 현상계로 보면서 그러한 세계의 이면에 이른바 물 자체로서의 예지계를 상정했다. 그리고 신, 자유, 영혼을 물 자체의 영역에 속하는 것으로 보면서 그것들은 과학적 인식의 대상은 될 수 없지만 신앙의 대상이 될 수는 있다고 보았다. 이와 관련하여 칸트는 '신앙에 자리를 마련해주기 위해서 인식의 영역을 제한한다'고 말했다. 이 점에서 니체는 칸트에서 신, 자유, 영혼이라는 초감성적인 세계는 이론적으로는 증명될 수 없을지라도 논박될 수 없는 것이 되어버렸다고 말하고 있는 것이다.

272) 이기심과 이타심, 개체와 전체의 대립은 생리학자가 보기에는 의심할 여지 없이 잘못된 것이라는 말이다.

것에 조금이라도 실패한다면 그 유기체 전체가 퇴화하게 된다. 생리학자는 퇴화된 부분을 잘라낼 것을 요구한다. 그는 퇴화된 부분과의 어떠한 연대도 부정하며, 퇴화된 부분에 대해 아무런 동정도하지 않는다. 이에 반해 성직자는 전체의 퇴화, 인류의 퇴화를 원한다. 그 때문에 그는 퇴화하는 것을 보존하며 이 대가로 인류를 지배한다. … '영혼', '정신', '자유의지', '신'이라는 저 거짓 개념들, 도덕의 보조 개념들은 인류를 생리학적으로 파괴한다는 의미 외에 어떤 의미를 갖겠는가? … 자기보존과 신체의 힘, 즉 삶의 힘을 고양하기 위해서 진지하게 노력하지 않는 것, 그리고 빈혈증으로부터하나의 이상을, 신체에 대한 경멸로부터 '영혼의 구원'을 만들어내는 것이야말로 데카당스를 조장하려는 처방이 아니고 무엇이겠는가? 중심의 상실, 자연적 본능에 대한 저항, 한마디로 말해서 '사심없음(Selbstlosigkeit[자기 상실])'이 이제까지 도덕이라고 불렸던 것이다. … 『아침놀』과 함께 나는 처음으로 탈아(脫我, Entselbstung)의도덕에 대한 전투를 개시했다.

즐거운 학문

('la gaya scienza')

『아침놀』은 긍정을 말하는 책이며 심오하지만 밝고 호의로 가득
차 있다. 똑같은 말을 『즐거운 학문』에 대해서도 다시 한번 그리고
최고의 정도로 할 수 있다. 이 책의 거의 모든 문장에서 심오함과
장난기 어린[즐거운] 정신이 다정하게 손을 잡고 있다. 내가 체험했
던 가장 경이로운 달인 저 1월에 대한 감사를 표현하고 있는 시구
가 있다. 이 책 전체가 1월의 선물이다. 이 시구는 '학문'이 어떤 심
오함으로부터 즐거운 것이 되었는지를 잘 알려주고 있다.

그대가 불꽃 창으로
내 영혼의 얼음을 부수니,
내 영혼은 이제 질풍처럼
서둘러 나아간다,

내 영혼의 최고의 희망인 바다를 향해.

더욱더 밝고 더욱더 건강하게,

사랑으로 가득 찬 필연 속에서 자유롭게.

내 영혼은 그대의 기적을 찬미하노니,

아름답기 그지없는 1월이여!

여기서 '최고의 희망'이 무엇을 의미하는지에 대해서는 『즐거운 학문』 제4부 말미[342절]에 실려 있는, 다이아몬드처럼 아름답게 반짝이는 차라투스트라의 첫 번째 말을 읽어본 사람이라면 아무런 의심도 품지 않을 것이다. 이 책 제3부의 말미에 있는 화강암처럼 견고한 말들을 읽어본 사람 역시 마찬가지다. 여기에서는 하나의 운명이 **모든 시대**를 통틀어 처음으로 정식화되고 있다. 대부분 시칠리아에서 쓰인 「포겔프라이(Vogelfrei[새처럼 자유로운]) 왕자의 노래」는 '즐거운 학문(gaya scienza)'이라는[273] 프로방스적 개념을, 즉 시인과 기사와 자유정신의 저 통일을 극히 분명하게 상기시키고 있다. 이러한 통일이야말로 프로방스의 경이로운 초기 문화를 모든 애매한 문화와 구별 짓는 것이다. 특히 「미스트랄에게 부침」이라는 마지막 시는 — 실례를 무릅쓰고 말하자면 — 춤추면서 도덕을 초월하여 나아가는 자유분방한 춤곡으로서 완벽한 프로방스주의다.

---

273) gaya scienza는 원래 중세 음유시인들의 시를 지칭했다.

차라투스트라는 이렇게 말했다
모든 사람을 위한 책이면서도 어느 누구를 위한 것도 아닌 책

1

이제 『차라투스트라는 이렇게 말했다』의 역사를 이야기하겠다. 이 작품의 근본 개념인 **영원회귀 사상**, 즉 우리가 도달할 수 있는 이 최고의 긍정 형식은 1881년 8월에 생겨난 것이다. 그것은 '인간과 시간을 초월한 6천 피트'라는 서명(署名)과 함께 한 장의 종이에 기록되었다. 그날 나는 숲들을 지나 실바플라나호수 가를 거닐다가, 수를레이에서 멀지 않은 피라미드처럼 솟아 있는 거대한 바위 옆에 멈추었다. 바로 그때 이 사상이 나에게 엄습해 왔다. 이날로부터 두어 달을 거슬러 올라가면, 하나의 징후가 있었음을, 즉 나의 취향, 특히 음악적 취향이 갑자기 가장 깊은 곳에서부터 결정적으로 변화했다는 것을 깨닫게 된다. 『차라투스트라는 이렇게 말했

다』의 전체는 음악이라고 생각할 수 있다. 듣는 예술이 다시 태어났다는 것이야말로 확실히 이 사상을 위한 전제조건이었다. 나는 비첸차에서 멀지 않은 레코아로라는 작은 산중 온천에서 1881년 봄을 지냈다. 거기서 나는 나의 마에스트로[명작곡가]이자 친구인 페터 가스트와 함께 — 그 또한 '다시 태어난 자'였는데 — 음악이라는 불사조가 자신이 이제까지 보여준 것보다 더 가볍고 찬란한 깃털로 날갯짓을 하면서 우리 곁을 스쳐 비상하는 것을 보았다. 이제 반대로 그날 이후로 돌아가 1883년 2월에 일어났던 출산, 즉 도저히 [출산이] 가능할 것 같지 않은 상황에서 갑작스럽게 일어났던 출산에 이르기까지의 시간을 계산해보면, 이 저작의 잉태 기간은 18개월에 달하는 셈이다. 내가 **서문**[274]에서도 몇 문장을 인용했던 이 책의 종결 부분은 리하르트 바그너가 베네치아에서 숨을 거두었던 신성한 시간과 정확히 일치하는 시간에 완성되었다. 바로 이 18개월이라는 숫자는 적어도 불교도들에게는 내가 본래 암코끼리라는 생각이 들게 할 수도 있다.[275] 『즐거운 학문』은 그사이에 집필되

---

274) 이 책, 즉 『이 사람을 보라』의 서문을 가리킨다.
275) 니체는 암코끼리의 임신 기간을 18개월로 알고 있었지만, 이는 전적으로 올바른 정보라고는 할 수 없다고 한다. 불교에는 부처가 하얀 코끼리를 타고 어머니 마야부인의 배 속에 들어와 잉태되었다는 설화가 있다. 여기서 니체는 자신이 18개월의 잉태 기간 끝에 부처와 대등한 가치를 갖는 것을 산출했다고 말하고 싶어 하는 것 같다.

었는데,[276] 그것은 그 어떤 것에도 비교할 수 없는 것[『차라투스트라는 이렇게 말했다』]이 다가오고 있다는 수백 개의 징후를 보여주고 있다. 거기에는 『차라투스트라는 이렇게 말했다』의 시작 부분이 그대로 나와 있을 정도다.[277] 이 책 제4부의 마지막에서 두 번째 절[278]

---

276) 니체는 브라네스에게 보낸 편지에서 『즐거운 학문』이 1882년 1월에 완성되었다고 썼다.

277) 『즐거운 학문』에는 'Incipit tragoedia(비극이 시작된다)'라는 제목을 갖는 단편이 실려 있는데, 이것은 큰 변화 없이 『차라투스트라는 이렇게 말했다』의 「서문」에 사용되었다.

278) 341번 단편을 말하는 것으로, 이 단편에는 '최대의 무게'라는 제목으로 영원회귀 사상이 설파되고 있다.

"최대의 무게 — 어느 날 혹은 어느 밤, 한 악마가 가장 적적한 고독 속에 잠겨 있는 너의 뒤로 슬그머니 다가와 이렇게 말한다면 너는 어떻게 말할 것인가? '네가 현재 살고 있고 지금까지 살아왔던 생을 다시 한번, 나아가 수없이 몇 번이고 되살아야 한다. 거기에는 무엇 하나 새로운 것은 없을 것이다. 일체의 고통과 기쁨, 일체의 사념과 탄식, 너의 생애의 크고 작은 모든 일이 다시 되풀이되어야만 한다. 모든 것이 동일한 순서로 말이다. 이 거미도 나무들 사이로 비치는 달빛도, 지금의 이 순간까지도 그리고 나 자신도. 존재의 영원한 모래시계는 언제까지나 다시 회전하며 그와 함께 미세한 모래알에 불과한 너 자신 역시 같이 회전할 것이다.' 너는 땅에 엎드려 이를 악물고서 그렇게 말한 그 악마를 저주하지 않을 것인가? 아니면 너는 그 악마에게 '너는 신이다. 나는 이보다 더 신적인 말을 들은 적이 없다!'라고 대답할 그런 엄청난 순간을 체험한 적이 있었던가? 이러한 사상이 너를 지배하게 된다면 그것은 현재의 너를 변화시킬 것이고 아마 분쇄해버릴 것이다. 그리고 모든 일 하나하나가 행해지는 '너는 이것이 다시 한번, 또는 수없이 계속 반복되기를 원하느냐?'라는 질문은 가장 무거운 무게로 너의 행위 위에 놓이게 될 것이다. 아니면 이 최종적이요 영원한 인증(認證)과 봉인(封印) 그 이상의 어느 것도 원하

에는 『차라투스트라는 이렇게 말했다』의 근본 사상[영원회귀 사상]
이 이미 나타나 있다. 그사이에[『차라투스트라』를 잉태하고 있던 시기
에] 나는 또한 (혼성합창과 관현악을 위한) 「삶의 찬가」[1882년에 작곡]
도 썼다. 그 악보는 라이프치히에 있는 E. W. 프리치 출판사에서
2년 전에[279] 간행되었다. 그 찬가는 작곡 당시의 내 상태를 알려주
는, 결코 가볍게 볼 수 없는 하나의 징후다. 그해[1882년]에는 내가
비극적 파토스라고 부르는 저 진정한 의미에서의 **긍정의 파토스**가
내 안에서 최고도로 생동하고 있었다. 훗날 언젠가 사람들은 나를
기억하면서 이 찬가를 부를 것이다. 한 가지 오해가 유포되고 있기
에 분명히 밝혀두지만, 그 노래의 가사는 내가 쓴 것이 아니다. 당
시 나의 친구였던 루 살로메[280]라는 젊은 러시아 여성의 경이로운
영감에 의한 것이다. 이 시의 마지막 구절들에 담겨 있는 의미를
간파할 줄 아는 사람이라면 누구나, 내가 왜 그 시를 좋아하고 찬
미하는지를 알아차릴 것이다. 그 구절들은 위대함을 간직하고 있
다. [여기에서] 고통은 삶을 부정할 이유로 간주되고 있지 **않다**. "그

지 않기 위해서 너는 너 자신과 인생을 사랑해야만 할 것인가?"

279) 니체의 착오로, 실제로는 1년 전인 1887년에 출간되었다.
280) 살로메(Lou Andreas Salomé, 1861~1937)는 러시아 태생의 작가이자 정신
   분석학자다. 특히 니체, 릴케, 프로이트 등 당대 유럽 최고의 지성인들과 우
   정과 사랑을 나누면서 이들에게 창조적 영감을 준 여인으로 유명하다. 니체
   는 그녀에게 청혼했지만 거절당했다.

대[삶]는 내게 줄 행복을 더 이상 갖고 있지 않은가? 좋다! 그대는 아직 [나에게 줄] 그대의 **고통을 가지고 있다.** …" 아마 이 대목에서 내 음악도 위대함을 얻으리라. (오보에의 마지막 음표는 올림다(cis)이다. 다(c)는 오자다.) 「삶의 찬가」를 작곡한 후의 겨울은 제노바에서 그리 멀지 않은 라팔로의 우아하고 조용한 만에서 지냈다. 이 만은 포르토피노곶(串)과 키아바리 사이에 있다. 나의 건강은 최상은 아니었다. 겨울은 추웠고 비가 너무 자주 내렸다. 내가 투숙했던 작은 여관은 바다에 바로 인접해 있어서 거친 파도 소리가 밤잠을 방해했다. 그 여관은 거의 모든 점에서 마음에 들지 않았다. 그럼에도 불구하고 — 모든 결정적인 것은 '그럼에도 불구하고' 일어난다는 나의 명제를 입증이라도 하듯 — 나의 『차라투스트라는 이렇게 말했다』는 바로 그 겨울에 그런 악조건에서 완성되었다. 아침이면 나는 소나무 숲을 지나 바다를 멀리 내려다보면서 초알리로 가는 멋진 남쪽 길을 따라서 고지대에 오르곤 했다. 오후에는 건강이 허락할 때마다 산타마르게리타에서 포르토피노의 뒤쪽에 이르기까지 만 전체를 둘러보곤 했다. 이 장소와 이 풍광은, 잊을 수 없는 독일 황제 프리드리히 3세가 큰 사랑을 느꼈던 곳이었기에 내 마음에 더욱 친근하게 다가왔다. 잊혀 있던 이 작은 행복의 세계를 프리드리히 3세가 마지막으로 방문했던 1886년 가을날 우연하게도 나는 다시 이 해변가에 있었다. 『차라투스트라는 이렇게 말했다』 1권 전체가, 무엇보다도 차라투스트라 자신이 하나의 전형으로서 나에게 떠올랐던 것은 오전과 오후의 이 두 산책길에서였다. 더 정확히 말하자면, 그가 나를 엄습했다. …

2

차라투스트라라는 전형을 이해하려면 무엇보다도 먼저 그의 생리학적 전제를 명확히 알아야만 한다. 그 전제는 내가 위대한 건강이라고 부르는 것이다. 나는 이 개념을 『즐거운 학문』 제5부 마지막 절 중 한 절에서 그 이상 훌륭하고 친절하게 설명할 수 없을 정도로 설명하고 있다. "새로운 자, 이름 없는 자, 제대로 이해될 수 없는 자인 우리는 — 거기에 그렇게 쓰여 있다 —, 아직 입증되지 않은 미래의 조산아인 우리는, 새로운 목적을 위하여 새로운 수단, 즉 새로운 건강을 필요로 한다. 그러한 새로운 건강은 기존의 그 어떤 건강보다 더 강하고 더 기민하고 더 강인하고 더 대담하고 더 쾌활한 건강이다. 기존의 가치들과 소망들 전체를 체험하고 이 이상적인 '지중해'의 모든 해안을 항해하기를 갈구하는 영혼을 가진 자, 가장 독자적인 경험이라는 모험을 통해 이상(理想)의 정복자와 발견자, 예술가, 성자, 입법자, 현자, 학자, 경건한 자, 옛날 방식으로 신들린 자가 어떤 기분인지를 알고 싶어 하는 자는 이를 위해 무엇보다도 한 가지, 즉 위대한 건강을 필요로 한다. 이것이야말로 사람들이 단순히 소유하는 것일 뿐 아니라 지속적으로 획득하고 또한 획득해야만 하는 것이다. 이는 사람들이 위대한 건강을 거듭해서 포기하며 또한 포기할 수밖에 없기 때문이다. 그런데 오랫동안 그렇게 항해를 한 후에도 이상을 좇는 아르고호의 선원인[281] 우리는 영리하기보다는 아마도 더 용감했으며 수시로 난파당하고 파손을 당하기는 했지만, ─ 이미 말했다시피 ─ 사람들이 우리에게 허락할 수 있는 수준보다 훨씬 더 건강했고[282] 위험하리만큼 건강했으며 거듭해서 건강을 회복했다. 이에 대한 보상으로 우리는 어느 누구도 아직 경계조차 가늠하지 못하는 미지의 땅을 마주하고 있는 것 같다. 그곳은 이제까지의 이상(理想)이 지배하던 모든 땅과 구석의 저편에 있다. 그것은 아름다운 것·낯선 것·의문스러운 것·두려운 것·신성한 것으로 충만한 세계이기에 우리의 호기심과 그것을 소유하려는 우리의 갈망은 감당할 수 없을 정도다. 아, [그것 이외의] 그 어떤 것도 이제는 우리를 만족시킬 수 없다! 그러한 전망을 하고 난 뒤인데, 그리고 지식과 양심에서 그토록 격렬한 허기를 지니고 있는데, 우리가 어떻게 **현재의 인간**에 만족할 수 있겠는가? 이제 우리가 현재의 인간이 갖고 있는 가장 존귀한 목표들

---

281) 그리스 신화에 나오는 영웅 이아손이 금빛 양의 모피를 찾으러 모험 여행을 떠났는데, 그가 탄 배의 이름이 아르고호였으며, 이 배를 타고 모험을 함께 했던 50명의 용사를 아르고나우타이(아르고호의 선원들)라 불렸다.
282) '사람들이 허락하는 수준보다 훨씬 더 건강했다'는 것은 '사람들이 숭상하는 기존의 가치들을 파괴할 정도로 건강했다'는 의미다.

과 희망들을 더 이상 진지하게 바라보지 않을 것이며 아마도 앞으로는 더 이상 쳐다보지 않게 되리라는 것은 참으로 애석하지만 불가피한 일이다. 다른 이상이 우리 앞으로 달려오고 있다. 경이롭고 유혹적이고 위험천만한 이상이. 우리는 아무에게나 그 이상을 권유하고 싶지 않다. 이는 우리가 아무에게나 **이것에 대한 권리**를 쉽사리 인정할 수 없기 때문이다. 그러한 이상이란 이제까지 '성스럽다', '선하다', '불가침의 것이다', '신성하다'고 불렸던 모든 것과 순진하게, 즉 아무런 의도도 없이 자연히 흘러넘치는 풍요와 힘으로부터 유희하는 정신이 갖는 이상이다. 이러한 정신에게는 민중이 자신들의 가치 척도로 당연히 받아들이고 있는 최고의 것이란 단순히 위험, 쇠퇴, 저하, 기껏해야 휴식, 맹목, 일시적인 자기 망각으로 보일 뿐이다. 인간적이고 초인간적인 행복과 선의라는 이상은 때로는 **비인간적으로** 보일 수도 있다. 예를 들어 그러한 이상이 지상의 모든 진지한 것과 이제까지의 모든 장엄한 몸짓, 말, 소리, 시선, 도덕, 사명 곁에서 이것들을 의도치 않게 가장 생생하게 패러디하는 방식으로 제시될 때가 그렇다. 이 모든 것에도 불구하고 그러한 이상과 함께 아마도 **위대한 진지함**이 비로소 시작되고, 본래의 물음이 비로소 제기되며, 영혼의 운명이 바뀌고, 시곗바늘이 움직이기 시작하며, 비극이 **시작된다.**

3

19세기 말[오늘날]의 어느 누가, '강한 시대의 시인들이 **영감**(Inspiration)이라 불렀던 것'에 대한 명확한 개념을 가지고 있는가? 그렇지 않다면, 내가 그것을 묘사하겠다. 자신 안에 미신의 잔재를 조금이라도 가지고 있는 사람이라면 자신이 압도적인 힘들의 단순한 화신이자 단순한 입 그리고 매개체에 지나지 않는다는 생각을 뿌리칠 수 없을 것이다. 그런데 이루 말할 수 없을 정도로 확실하고 정교하게 갑자기 무엇인가가, 즉 누군가를 가장 깊은 곳에서 뒤흔들고 뒤집어엎는 무엇인가가 **보이고** 들리게 된다는 의미에서의 계시라는 개념은 [미신적인 상상에 의한 것이 아니라] 실제 상태(Tatbestand)를 기술하고 있을 따름이다. 사람들은 들을 뿐, 찾지 않는다. 사람들은 받을 뿐, 누가 주는지를 묻지 않는다. 하나의 사상이 흡사 번갯불처럼 번쩍인다. 아무런 망설임도 없이 필연적으로. 나에게는 선택의 여지가 없었다. 하나의 황홀경, 즉 그 속에서는 거대한 긴장이 풀려서 눈물의 강을 이루고 나도 모르게 발걸음이 때로는 빨라지고 때로는 느려지기도 하는 그러한 황홀경. 발가락에까지 이르는 무수한 섬세한 전율과 흘러넘침을 아주 뚜렷하게 의식하는 완전한 무아경. 가장 고통스럽고 가장 암담한 것이 대립적인 것으로서 작용하는 것이 아니라, 오히려 전제되는 것으로서, 요청되는 것으로서, 넘쳐흐르는 빛 안에서 **필연적인** 하나의 빛깔로서 작용하는 깊은 행복. 드넓은 공간들을 차지하는 형태들을 포괄하면서 리드미컬한 관계들(rhythmische Verhältnisse)을 감지하는 본능, 길이(Länge), 즉 넓게 펼쳐진 리듬에 대한 욕구는 영감의 힘을 측정하는 잣대이며, 영감의 압박과 긴장에 대항하여 조정하는 역할을 한다. 모든 것이 최고도로 비자발적으로 일어나지만, 자유의 느낌, 무조건적인 존재, 힘 그리고 신성의 폭풍 속에 있는 것처럼 일어난다. 상징의 비의도성, 비유의 비의도성이야말로 가장 진기한 일이다. 사람들은 상징이 무엇인지, 비유가 무엇인지를 더 이상 알지 못한다. 모든 것이 가장 가깝고 가장 적합하고 가장 단순한 표현으로 자신을 보여준다. 차라투스트라가 한 말을 상기시키자면, 실제로 사물들 자체가 다가와 스스로 비유가 되는 것 같다. (여기서 모든 사물은 애교를 떨면서 너의 말(Rede)에 다가와 그대에게 아첨한다. 왜냐하면 그것들은 그대의 등에 타고 싶어 하기 때문이다. 그대는 비유의 등을 타고 진리를 향해 달린다. 여기서 모든 존재의 말과 말의 상자가 그대에게 활짝 열린다. 여기에서 모든 존재는 말이 되기를 원한다. 모든 생성은 그대에게서 말하는 법을 배우고 싶어 한다.)[283] 이것이 영감에 관한 나의 경험이다. '내 경험도 역시 그렇다'고 말할 수 있는 사람을 발견하려면 수천 년을 거슬러 올라가야 한다는 것은 의심할 여지가 없다.

---

283) 『차라투스트라는 이렇게 말했다』 3권, 「귀향」 참조.

4

그 후 몇 주간 나는 제노바에서 병석에 누워 있었다. 그다음에는 로마에서 우울한 봄을 지냈다. 로마에서 나는 삶을 견뎌냈다. 그것은 쉽지 않았다. 로마는 차라투스트라의 시인에게 지상에서 가장 무례한 곳이다. 근본적으로 이곳은 나를 심히 불쾌하게 했다.[284] 내가 자발적으로 선택한 곳이 아니었다. 나는 로마에서 벗어나려고 했다. 나는 로마에 대한 대립개념이자 로마에 대한 적대감에서 건립된 **아퀼라**로 가고 싶었다. 나도 언젠가는 그런 곳을 건립할 것이다. 그곳은 대표적인 무신론자이자 교회의 적이며 나와 가장 동류의 인간인 저 위대한 호엔슈타우펜가의 황제 프리드리히 2세[285]를 기념하기 위해 세운 곳이다. 그러나 그 모든 것에도 불구하고 내가 다시 로마로 돌아갈 수밖에 없었던 것은 숙명이었다. **반그리스도적인** 지역을 찾느라 지쳐버린 나머지, 결국에는 바르베리니 광장에 머무는 것으로 만족했다. [그리스도교의] 고약한 냄새가 날까 걱정하면서 나는 그 냄새를 가급적 피하기 위해 심지어는 퀴리날

---

284) 니체에게 로마가 불쾌한 것은 로마에 로마 가톨릭의 본거지인 바티칸 교황청이 있기 때문이다.

285) 신성로마제국 황제 프리드리히 2세(1194~1250)를 가리킨다. 교황과 싸우면서 여러 번 파문당했다. 학문과 예술에 관심이 많아서 주로 이탈리아에서 지냈다.

레궁에 철학자를 위한 조용한 방이 있는지를 한번 물은 적도 있었다. 바르베리니 광장 위 높은 곳에 있는 로지아[286]에서 로마를 내려다보면서 밑에 있는 분수대[287]의 물소리를 들으며, 이제까지 쓰였던 시 중 가장 고독한 노래인 「밤의 노래」를 썼다. 그 당시 내 주위를 이루 말할 수 없는 우울한 선율이 맴돌고 있었다. 나는 그 선율의 후렴구를 '불멸을 위해서 죽는'이란 말에서 다시 발견했다. 여름에는 차라투스트라 사상의 첫 번째 섬광이 나에게 번쩍였던 성스러운 곳으로[288] 되돌아가 그곳에서 『차라투스트라』 2권을 발견했다.[289] 열흘로 충분했다. 1권과 3권 그리고 4권의 경우에도 각각 열흘 이상 걸리지 않았다. 그해 겨울, 당시 내 삶에 처음으로 햇빛을 비추어주었던 니스의 평온한 하늘 아래에서 『차라투스트라』 3권을 발견했다. 그러고는 이 책을 마무리 지었다. 그 전체를 계산해보면, 1년도 걸리지 않았다. 니스의 풍광을 이루고 있는 수많은 눈에 띄지 않는 장소들과 언덕들은 잊을 수 없는 순간들과 함께 내 기억에 신성한 것으로 남아 있다. 「옛 서판과 새로운 서판에 관하여」

---

286) 건물 내부에 낸 베란다.

287) 로마 바르베리니 광장의 트리토네 분수를 가리킨다.

288) 니체가 영원회귀 사상의 영감을 얻었던 실바플라나호수가 있는 실스마리아를 가리킨다.

289) 2권을 집필했다는 의미이지만 니체가 굳이 발견했다(fand)는 표현을 쓴 것은, 바로 앞의 3절에서 보았듯이 2권도 영감에 의해 쓰였다는 사실을 시사하기 위한 것이다.

라는 제목을 갖는 저 결정적인 부분은 니스의 기차역에서 출발하여 무어인들이 바위 위에 높이 세운 경이로운 성채인 에즈까지 아주 힘겹게 올라가는 동안에 지었다. 나의 근육이 가장 민첩하게 움직일 때는 언제나 창조적인 힘이 가장 풍요롭게 흐를 때다. 이때는 나의 **육체**가 영감으로 고무되어 있기 때문이다. 이러한 유희에 '영혼'은 끌어들이지 말자. 사람들은 내가 자주 춤추는 것을 볼 수 있었다. 나는 당시 피로라는 말을 모르는 사람처럼 일고여덟 시간이나 계속 산을 돌아다닐 수 있었다. 나는 잘 잤고 많이 웃었다. 나는 완벽한 활력과 인내심을 유지하고 있었던 것이다.

5

그 네 번의 열흘을 제외하면 『차라투스트라는 이렇게 말했다』를 쓰던 해들과 다 쓰고 난 **後**의 해들은 유례가 없을 정도로 힘든 나날이었다. 불멸을 위해서는 비싼 대가를 치러야 하는 법이다. 불멸을 위해서는 평생 동안 몇 번을 죽어야 하는 것이다. 내가 위대한 것의 '한(恨, rancune)'이라고 부르는 것이 있다. 작품이든 행위든 모든 위대한 것은 일단 성취되면, 그것을 성취한 자에게 즉시 **보복을 가한다**. 그는 그것을 성취하게 되는 것과 함께 이제 **약해지는 것이**다. 그는 자신의 업적을 더 이상 감당하지 못하며, 더 이상 그것의 얼굴을 똑바로 볼 수 없다. 그는 사람들이 결코 원하지 말아야 하는 어떤 것, 그 안에서 인류의 운명이 매듭지어져 있는 어떤 것을 자신의 배후에 두고 있는 것이다. 이제 그는 그것을 자신 위에 두게 된다! 그것은 그를 거의 압사시킨다. 그것이 바로 위대한 것의 '한'이다! 다른 하나는 자신의 주위에서 들리는 소름 끼치는 정적이다. 고독은 일곱 겹의 껍질을 가지고 있다. 그 어떤 것도 그것을 뚫을 수 없다. 사람들에게 다가가고 벗들에게 인사하지만, 새로운 적막이 나를 맞을 뿐 그 어떤 시선도 인사를 보내지 않는다. 기껏해야 일종의 반감이 있을 뿐이다. 정도 차는 있지만 그러한 반감을 나는 나에게 가까운 거의 모든 사람에게서 경험했다. 갑자기 거리를 느끼게 하는 것보다 더 심하게 사람을 모욕하는 것은 없는 것 같다. [위대한 것을] 존경하지 않고서는 살아갈 수 없는 고귀한 본성의 소유자들은 드물다. 세 번째는 작은 상처에도 피부가 터무니없이 민감하게 된다는 것이다. 즉 온갖 사소한 것에 속수무책이 된다. 내가 보기에 이러한 상태는 모든 방어 능력을 지나치게 소모해버린 데서 비롯되는 것 같다. 모든 창조적인 행위, 즉 가장 고유하고 가장 내적이고 가장 깊은 곳에서부터 비롯되는 행위는 방어 능력의 소모를 전제로 한다. 이 때문에 우리의 작은 방어 능력들은 빠져나가버리고, 그것들에는 어떠한 힘도 더 이상 흘러들지 않는다. 여기서 감히 부언해두고 싶은 것은 그렇게 되면 소화 능력이 감퇴하고, 움직이기 싫어하게 되며, 너무 자주 한기를 느끼고 또한 너무 자주 불신감을 품게 된다는 것이다. 이 경우 불신감이란 대체로 단지 병

원학(病原學)상의 착오에 불과한 것이다. 그러한 상태에 있을 때 더 온화하고 더 인간 친화적인 사상이 나에게 다시 떠올랐고, 이로 인해 나는 한 무리의 암소 떼를 보기도 전에 암소 떼가 가까이 있음을 느꼈다. 그것들은 온기를 품고 있었기 때문이다.[290]

---

290) 여기서 더 온화하고 인간 친화적인 사상이란 민주주의나 사회주의처럼 약한 자들에 대한 동정과 사랑을 설파하는 사상을 가리킨다. 여기서 니체는 『차라투스트라는 이렇게 말했다』라는 위대한 업적을 이루고 난 후 힘이 소진된 상태에서 한기와 불신감에 사로잡혀, 자신도 모르게 동정을 찬양하는 사상에 끌리게 되었다고 말하고 있다. 여기서 암소 떼는 서로를 동정하면서 위로하는 연약한 인간이나 말세인들을 가리킨다고 볼 수 있다. 말세인들은 소시민적인 안락을 탐하는 자들이다. 니체는 『차라투스트라는 이렇게 말했다』, 「차라투스트라의 서설」 5절에서 이렇게 말한다.

"그들은 살기 힘든 지역을 떠났다. 사람들에게는 온기가 필요하기 때문이다. 사람들은 여전히 이웃을 사랑하고 이웃과 몸을 비빈다. 온기가 필요하기 때문이다.

병에 걸리고 불신을 품는 것을 그들은 죄악으로 여긴다. 이 때문에 사람들은 조심스럽게 걸어 다닌다. 아직도 돌부리나 사람에게 걸려서 비틀거리는 자는 바보다."

니체는 『선악의 저편』 260절에서는 이렇게 말하고 있다.

"[노예적인 인간들, 즉 연약한 자들 사이에서는] 고통받는 자들의 생존을 조금이라도 편하게 해주는 특성들이 부각되고 각광을 받게 된다. 따라서 여기서 존중되는 것은 연민, 호의적이고 도움을 주는 손길, 온정, 인내심, 근면성, 겸손, 친절함이다. 왜냐하면 이런 것들은 생존의 압박을 견뎌나가는 데 유용한 특성이자 거의 유일한 수단이기 때문이다."

6

이 작품은 단연 독보적이다. 시인들에 대해서는 언급하지 말자. 아마도 이 작품만큼 넘쳐흐르는 힘으로 쓰인 것은 결코 없었을 것이다. '디오니소스적'이라는 나의 개념은 여기에서 **최고의 행위**가 되었다. 이 행위에 비하면 여타의 인간 행위 모두는 빈약하고 제약된 것으로 나타난다. 괴테나 셰익스피어와 같은 사람도 이러한 엄청난 정열과 높이에서는 한순간도 숨 쉬지 못하리라. 단테도 차라투스트라에 비하면 한갓 한 명의 신봉자[291]에 불과할 뿐, 진리를 처음으로 **창조한** 자도 아니고, **세계를 지배하는** 정신도 아니며, 하나의 운명도 아니다. 베다의 시인들은 사제들에 불과할 뿐이며,[292] 차라투스트라의 신발 끈을 풀 자격조차도 없는 자들이다. 그러나 이 모든 말도 이 작품이 갖는 독보적인 성격의 최소한만을 전해줄 수 있을 뿐이며, 이 작품이 다른 작품들에 대해서 갖고 있는 거리와 저 **푸른 하늘색** 고독에 대해서는 — 이 작품은 그러한 고독 속에서 살고 있다 — 아무것도 말해주지 못한다. 차라투스트라는 다음과 같이 말할 영원한 권리가 있다. "나는 내 주위에 원을 긋고 신성

---

291) 그리스도교를 신봉하는 자라는 의미이다.
292) 베다의 시인들도 브라만교를 신봉하는 사제에 불과할 뿐 새로운 가치를 창조하는 자가 아니라는 것이다.

한 경계를 만든다. 내가 더 높은 산을 오를수록 나와 함께 오르는 자는 점점 더 적어진다. 점점 더 성스러워지는 산들로 나는 하나의 산맥을 만든다."[293] 모든 위대한 영혼의 정신과 미덕을 하나로 다 모아도 차라투스트라의 말 한마디도 만들어내지 못하리라. 차라투스트라가 오르내리는 사다리는 어마어마하게 크다. 그는 그 어떤 인간보다도 더 멀리 보았으며, 더 먼 것을 의욕했고, 더 먼 곳에 도달할 수 있었다. 모든 정신 중에서 가장 긍정하는 정신인 차라투스트라는 자신의 모든 말로 [기존의 가치를] 부정한다. 그의 정신에서는 대립하는 모든 것이 결합되어 하나의 새로운 통일을 이룬다. 인간 본성의 가장 높은 힘들과 가장 낮은 힘들이, 가장 감미롭고 가장 경쾌하고 가장 무서운 것이 불멸의 확실성과 함께 하나의 샘에서 솟구쳐 흐른다. 그때까지는 사람들은 높이가 무엇이고 깊이가 무엇인지를 알지 못하며, 진리가 무엇인지는 더더욱 알지 못한다. 진리가 이렇게 계시되는 순간은, 가장 위대한 자 중의 어느 '한 사람'도 사전에 간파하거나 예측할 수도 있었을 순간이 아니다. 『차라투스트라』이전에는 지혜도, 영혼에 대한 탐구도, 말하는 기법도 존재하지 않았다. 『차라투스트라』에서는 가장 가까운 것, 가장 일상적인 것이 전대미문의 것들에 대하여 말한다. 잠언은 열정으로 떨고, 웅변은 음악이 되며, 번개는 앞으로 뻗어 나가 이제까지

---

293) 『차라투스트라는 이렇게 말했다』3권, 「옛 서판과 새로운 서판에 관하여」19절.

알려지지 않은 미래를 향해 내리친다. 『차라투스트라』에서는 언어가 구상성(具象性, Bildlichkeit)의 본성으로 복귀하고 있다. 이러한 복귀에 비하면 이제까지 존재했던 가장 강력한 비유 능력도 빈약하며 장난에 불과하다. 차라투스트라가 산에서 내려와 모든 사람에게 가장 호의적인 말을 하는 모습을 보라! 그가 자신의 적대자인 성직자들을 부드러운 손으로 잡고서 그들과 함께 그들로 인해 괴로워하는 모습은 어떤가! 여기에서 매 순간 인간이 극복되고 있으며 초인이라는 개념이 최고의 현실이 되고 있다. 이제까지 인간에게 있어서 가장 위대하다고 일컬어졌던 모든 것이 그의 발아래 까마득하게 멀리 놓여 있다. 평온함, 가벼운 발걸음, 악의와 오만불손함의 편재(遍在) 그리고 그 외에 차라투스트라라는 유형에 전형적인 모든 특성이 위대함의 본질이라고는 어느 누구도 꿈에도 생각하지 못했을 것이다. 이렇게 그가 포괄하는 범위가 넓다는 점에서, 그리고 그에게 대립하는 것에도 이렇게 접근할 수 있다는 점에서 차라투스트라는 자신을 **존재하는 모든 것 중에서 최고의 유형으로** 느낀다. 그리고 그가 이러한 유형을 어떻게 정의하는지를 듣는다면, 사람들은 그것에 대한 비유를 찾는 것을 포기하게 될 것이다.

"— 가장 기다란 사다리를[294] 갖고 있기에 가장 깊은 곳에까지 내려갈

---

294) 앞에서 니체는 "차라투스트라가 오르내리는 사다리는 어마어마하게 크다"고

수 있는 영혼,

자기 자신 속에서 가장 멀리 달리고 방황하며 배회할 수 있는 더없이 폭넓은 영혼,

쾌활하게 우연 속으로 뛰어드는 더없이 필연적인 영혼,

생성 속으로 뛰어드는 존재의 영혼, 소유하고 있지만 의욕과 갈망 속으로 뛰어드는 영혼 ―

자신에게서 도망치면서 더없이 큰 원환들 속에서 자기 자신을 되찾는 영혼,

어리석음이 가장 감미롭게 말을 거는 더없이 지혜로운 영혼,

자기 자신을 더없이 사랑하는 영혼, 그 영혼 속에서 만물은 흘러가고 역류하며 썰물처럼 물러가고 밀물처럼 들어온다. ―"[295]

그런데 바로 이것이야말로 디오니소스라는 개념 자체인 것이다. [아래에 이어지는] 또 하나의 숙고가 바로 거기로[디오니소스란 개념으로] 이끈다. 차라투스트라라는 유형이 갖는 심리학적인 문제는 다음과 같은 것이다. 즉 그것은 지금까지 사람들이 긍정해왔던 모든 것에 대하여 전대미문의 정도로 부정을 말하고 부정을 行하는 자가 그럼에도 불구하고 어떻게 부정하는 정신의 정반대일 수 있는가라

말하고 있다.

295) 『차라투스트라는 이렇게 말했다』 3권, 「옛 서판과 새로운 서판에 관하여」 19절.

는 문제다. 그리고 그것은 가장 힘든 운명, 어떤 숙명적인 과제를 짊어지고 있는 정신인 그가 그럼에도 불구하고 어떻게 가장 가볍고도 가장 초월적인(jenseitigst) 정신일 수 있는가라는 문제다 — 차라투스트라는 춤추는 자다 —. 그리고 그것은 현실에 대해서 가장 가혹하면서도 가장 가공할 통찰을 가지고 있으면서 '가장 심연적인 사상'을 사유했던 자가 그럼에도 불구하고 어떻게 그 '심연적인' 사상을 삶에 대한 이의 제기라고 생각하지 않으며, 심지어 삶의 영원한 회귀에 대한 이의 제기라고도 생각하지 않는가라는 문제다. 아니 오히려 그것은 그가 어떻게 그 '심연적인' 사상에서 모든 것에 대한 영원한 긍정 자체일 수 있는 근거, 즉 '웅대하고 한없는 긍정과 아멘'을 말할 수 있는 근거를 발견하는 자일 수 있는가라는 문제다. … "모든 심연 속으로 나는 나의 축복하는 긍정을 보낸다."[296] … 그런데 또 한 번 반복해서 말하자면, 이것 또한 디오니소스라는 개념이다.

7

이러한 정신이 자신과 이야기를 나눌 때는 어떤 언어로 말할까? 바로 **디오니소스 찬가**(Dithyrambus)의 언어다. 나는 디오니소스 찬

---

296) 『차라투스트라는 이렇게 말했다』 3권, 「일출 전에」.

가를 창시한 사람이다. 차라투스트라가 해 뜨기 전에(『차라투스트라는 이렇게 말했다』 3권, 18장) 어떤 식으로 자기 자신과 이야기를 나누는지를 들어보라. 그런 에메랄드빛 행복, 그런 신적인 부드러움은 나 이전의 어느 누구의 혀에도 오른 적이 없었다. 디오니소스의 가장 깊은 우수조차도 찬가가 된다. 이에 대한 예로서 여기 「밤의 노래」가 있다. 이 노래는 빛과 힘이 흘러넘치기 때문에, 즉 태양과 같은 자신의 본성 때문에 사랑할 수 없는 불운을 타고났다는 것에 대한 불멸의 탄식이다.

"밤이다. 솟아오르는 모든 샘이 이제 더욱 소리 높여 말한다. 내 영혼 또한 솟아오르는 샘이다.

밤이다. 사랑하는 자들의 모든 노래가 이제야 비로소 깨어난다. 내 영혼 또한 사랑하는 자의 노래다.

진정되지 않고 진정될 수 없는 어떤 것이 내 안에 있다. 그것이 이제 소리를 내려고 한다. 사랑에 대한 갈망이 내 안에 있다. 그것이 저 스스로 사랑의 언어를 말한다.

나는 빛이다. 아아, 내가 밤이라면! 그러나 내가 빛에 둘러싸여 있다는 것, 이것이 나의 고독이다.

아아, 내가 어둠이요 밤이라면! 내 얼마나 빛의 젖가슴을 빨고 싶었던가! 그대들 저 위에서 반짝이는 작은 별들이여 그리고 반딧불들이여, 나는 그대들도 축복하고 싶었다! 그리고 그대들이 선사하는 빛의 선물로 행복하게 되고 싶었다.

그러나 나는 나 자신의 빛 속에서 살고 있다. 나는 나에게서 터져 나오는 불꽃을 내 안으로 다시 들이마신다.

나는 받는 자의 행복을 알지 못한다. 나는 종종 생각하곤 했다. 받는 것보다 훔치는 것이 훨씬 더 행복할 것임이 틀림없을 것이라고.

나의 손이 한시도 쉬지 않고 선사한다는 것,[297] 이것이 나의 가난이다. 기대에 차 있는 눈을 보고 동경으로 밝혀진 밤들을 보는 것, 이것이 내가 선망하는 것이다.

오, 선사하는 모든 자의 불행이여! 오, 내 태양의 우울이여! 오, 갈망에 대한 갈망이여![298] 오, 포만 속의 지독한 허기여!

그들은 내게서 받는다. 그러나 내가 그들의 영혼에 닿기라도 하는 걸까? 받는 것과 주는 것 사이에는 틈새가 존재한다. 그리고 가장 작은 틈새 사이에 다리를 놓는 것이 가장 어렵다.

나의 아름다움에서 하나의 굶주림이 자라고 있다. 그리하여 나는 내가

---

297) 니체는 자신을 인류에게 선물을 주는 사람으로 본다.
"내 작품 중 『차라투스트라는 이렇게 말했다』는 독보적인 책이다. 이 책으로 나는 인류에게 이제까지 주어진 그 어떤 선물보다도 큰 선물을 주었다."

298) 밤과 같은 것들이 갖는 '빛에 대한 갈망'을 자신도 갖고 싶다는 것이다. 차라투스트라의 가르침을 받는 자들은 그 가르침으로부터 온기를 창조해내고 젖과 원기를 빨아들인다. 여기서 차라투스트라는 주기만 할 뿐 받지는 못하는 자의 고독과 우울을 말하면서, 자신의 가르침을 받는 자들에 대한 부러움을 표출하고 있다.

빛을 비춘 사람들에게 고통을 주고 싶고 내가 선사한 것들을 빼앗고 싶다. 그토록 나는 악의에 굶주려 있다.

내 손을 향해 손이 내밀어질 때, 나는 손을 거두어들인다. 쏟아져 내리면서도 머뭇거리는 폭포처럼 나는 머뭇거린다. 그토록 나는 악의에 굶주려 있다.

그런 복수를 나의 충만함이 생각해내고, 그런 술수가 나의 고독에서 솟아 나온다.

선사하면서 내가 누렸던 행복은 선사하면서 죽어버렸다. 나의 덕은 흘러넘침으로 인하여 자신에게 지겨워지고 말았다!

늘 선사하기만 하는 자의 위험은 그가 수치심을 상실하게 된다는 것이다. 늘 나눠주기만 하는 자의 손과 심장에는 나눠주는 일로 인해 굳은살이 생긴다.

내 눈은 애걸하는 자들의 수치심을 보고서도 더 이상 눈물이 흐르지 않는다. 가득 채워진 손들의 떨림을 느끼기에는 내 손은 너무 굳어 있다.

내 눈의 눈물은 어디로 갔으며 내 심장의 솜털은 어디로 사라져버렸는가? 오, 선사하는 모든 자의 고독이여! 오, 비추는 모든 자의 침묵이여!

많은 태양이 황량한 공간 속에서 돌고 있다. 어두운 모든 것에게 태양들은 자신의 빛으로 말하지만 내게는 침묵한다.

오, 이것이야말로 비추는 자에 대해서 빛이 갖는 적개심이다. 빛은 무자비하게 자신의 궤도를 돈다.

비추는 자에 대하여 마음속 깊은 곳에서 심술궂게, 다른 태양들에게 냉혹하게 — 그렇게 각각의 태양은 돌고 있다.

폭풍이 그렇듯이 태양들은 자신의 궤도를 운행한다. 태양들은 자신의 가혹한 의지를 따른다. 이것이 그들의 냉혹함이다.

오, 그대들 어두운 자들이여, 밤과 같은 자들이여, 그대들이야말로 비추는 자로부터 처음으로 온기를 창조하는 자들이다![299] 오, 그대들이야말로 처음으로 빛의 젖가슴에서 젖과 원기를 빨아들인다!

아아, 얼음이 나를 둘러싸고 있다. 내 손이 얼음에 화상을 입는다! 아아, 내 안의 갈증이 그대들의 갈증을 애타게 구하고 있다!

밤이다. 아아, 내가 빛이어야만 한다니! 밤과 같은 것이 되고 싶다! 그리고 고독이여!

밤이다. 이제 나의 열망이 내게서 샘물처럼 솟구쳐 오른다. 나는 말하기를 열망한다.

밤이다. 솟아오르는 모든 샘이 이제 더욱 소리 높여 말한다. 내 영혼 또한 솟아오르는 샘이다.

밤이다. 사랑하는 자들의 모든 노래가 이제 깨어난다. 내 영혼 또한 사랑하는 자의 노래다."[300]

---

299) 태양의 빛을 받아들이는 자들이 없으면 온기도 없을 것이다.
300) 『차라투스트라는 이렇게 말했다』 2권, 「밤의 노래」.

8

이와 같은 것은 한 번도 시로 지어진 적이 없었고, 느껴진 적도 없으며, 고뇌의 대상이 된 적도 없었다. 그렇게 고뇌하고 있는 것은 하나의 신, 디오니소스다. 빛 속에서 태양이 고독하게 존재한다고 노래한 그 찬가에 답하는 자는 아리아드네[301]일 것이다. … 나 이외의 누가 아리아드네가 무엇인지 알겠는가! … 그러한 모든 수수께끼에 관하여 어느 누구도 이제까지 해답을 찾지 못했다. 아니 해답은커녕 여기에서 그 누가 수수께끼를 보기라도 했을지 의심스럽다. 차라투스트라는 일찍이 자신의 사명을 ─ 그것은 또한 나의 사명이기도 하다 ─ 엄격하게 규정했기에 이제는 그 누구도 그것의 의미를 오해할 수 없다. 그는 과거의 모든 것을 시인하고 구원하기에 이르기까지 **긍정한다**.

"나는 사람들 사이를 거닐지만, 이 경우 사람들은 미래의 파편들이다. 내가 바라보고 있는 저 미래의.

---

301) 아리아드네(Ariadne)는 그리스 신화에 나오는 크레타의 왕 미노스의 딸이다. 테세우스가 미노타우로스라는 괴물을 죽이는 데 도움을 주었다. 그녀는 테세우스를 사랑했지만 테세우스에게 버림받고, 디오니소스의 아내가 된다. 니체는 자신을 디오니소스에, 바그너를 테세우스에, 그리고 코지마 바그너를 아리아드네에 비유한 적이 있다.

그리고 파편이요 수수께끼요 끔찍한 우연인 것을 하나로 모으고 응축하는 것이야말로 나의 시작(詩作)과 노력의 모든 것이다.

그리고 인간이 시인도 아니고 수수께끼를 푸는 자도 아니며 우연의 구원자도 아니라면, 내가 인간이라는 사실을 어떻게 감당하겠는가?

과거의 것들을 구원하고 일체의 '그러했다'를 '나는 그러길 원했다!'로 변형시키는 것 — 이것만이 내가 구원이라고 부르는 것이다."[302]

차라투스트라는 또 다른 곳에서 그에게 '인간'이라는 존재가 무엇일 수 있는지에 대해서 가능한 한 엄격하게 규정하고 있다. 인간은 사랑의 대상이 아니고 더군다나 동정의 대상일 수는 없다. 또한 차라투스트라는 인간에 대한 **격렬한 혐오**도 극복했다. 그에게 인간은 기형이요 재료이며, 조각가를 필요로 하는 흉한 돌이다.

---

302) 『차라투스트라는 이렇게 말했다』 2권, 「구원에 대하여」.
우리는 많은 경우 자신의 과거를 긍정하기보다는 저주하고 한탄한다. 자신이 부잣집에서 태어나지 못한 것을 한탄하며, 왜 좋은 운이 따르지 않았는지 한탄하는 것이다. 이 경우 우리는 과거의 '그러했다'를 '나는 그러길 원했다'고 긍정하기는커녕, '나는 그러길 전혀 원하지 않았는데 운이 나빠서 그렇게 되었다'고 생각한다. 니체가 말하는 운명애란 과거에 내가 처했던 불운이나 불행도 '나는 그러길 원했다'고 긍정하는 것이다. 이렇게 자신의 과거를 긍정하는 자만이 현재 자신의 삶도 긍정할 수 있다. 과거를 이렇게 긍정하는 것을 여기서 니체는 '과거의 구원'이라고 부르고 있다.

"더 이상 **의욕하지** 못하고, 더 이상 **평가하지** 못하며, 더 이상 **창조하지** 못한다는 것. 오, 이런 커다란 피로가 항상 내게서 멀리 떨어져 있기를! 인식할 때에도 나는 오직 생식하고 생성하고 싶어 하는 내 의지의 욕망만을 느낀다. 그리고 내 인식에 무구함이 있다면 이는 **생식을 향한 의지**가 그 속에 있기 때문이다.

이 의지가 신과 신들에게서 떠나도록 나를 유혹했다. 만일 신들이 존재한다면 내가 무엇을 창조할 수 있겠는가?

그러나 내 불타는 창조 의지는 나를 끊임없이 인간에게로 내몬다. 이것은 망치가 돌을 향해서 내몰리는 것과 유사하다.

아, 그대들 인간들이여, 돌 속에는 하나의 형상이 잠들어 있다. 형상 중의 형상이! 아, 그 형상이 더없이 단단하고 더없이 흉한 돌 속에 잠들어 있어야만 하다니!

이제 나의 망치가 그 형상을 가둬두고 있는 그 감옥을 사정없이 내리친다. 돌에서 파편이 흩날린다. [그러나] 그것은 아무래도 좋다!

나는 이 형상을 완성하고 싶다. 이는 나에게 하나의 그림자가 찾아왔기 때문이다. 만물 중에서 더없이 고요하고 더없이 가벼운 것이 언젠가 나에게 찾아왔던 것이다!

초인의 아름다움이 그림자가 되어 나를 찾아왔던 것이다. 아, 형제들이여! 그러니 신들이 나에게 무슨 상관이 있겠는가! …"[303]

303) 『차라투스트라는 이렇게 말했다』 2권, 「지복의 섬에서」.

나는 마지막 관점을 강조하고자 한다. 위의 강조된 구절[번역문에서 고딕체로 쓰인 부분]이 그에 대한 단서를 제공하고 있다. 망치의 단단함, **파괴할 때 느끼는 쾌감 자체**가 디오니소스적 과제를 위한 결정적인 전제조건에 속한다. '가혹해지라!'는 명령, 그리고 마음속 가장 밑바닥에서 **모든 창조자는 가혹하다**는 확신을 갖는 것이야말로 디오니소스적인 본성을 갖는 자의 가장 특징적인 표지다.

선악의 저편

미래 철학의 서곡

1

[『차라투스트라는 이렇게 말했다』의 완성] 이후 수년에 걸쳐 내가 해야 할 과제는 극히 엄격하게 정해져 있었다. [『차라투스트라는 이렇게 말했다』를 통해] 내 과제에서 긍정을 말하는 부분을 수행한 후, 이제 내가 수행해야 하는 것은 **부정을 말하고 실행하는** 부분이다. 즉 이제까지의 가치들 자체를 전환한다는 위대한 전쟁을 벌이는 것이며, 결단의 날을 불러내는 것이다. 이러한 과제에는, 나와 유사한 자들, 즉 강하기 때문에 [이제까지의 가치들의] **파괴를 위해서** 나에게 손을 빌려줄 자들을 서서히 찾아보는 것도 포함되어 있다. 이때부터 나의 모든 작품은 낚싯바늘이다. 아마도 나는 어느 누구보다도 낚시하는 법을 잘 알고 있는 것 아닐까. … 아무것도 **잡히지**

않는다 하더라도 그것은 내 책임은 아니다. 고기들이 없었던 것이다. …

2

이 책(1886)은 본질적으로 현대에 대한 비판이다. 그 비판의 대상에는 현대 학문, 현대 예술, 심지어 현대 정치까지 포함되어 있다. 이러한 비판과 아울러 이 책에는 현대적이지 않은 반대 유형, 즉 고귀하고 긍정하는 유형에 대한 시사가 포함되어 있다. 후자의 의미에서 이 책은 고귀한 자들(gentilhomme)을 위한 학교다. 이 경우 고귀한 자라는 개념은 이제까지 이 개념이 의미했던 것보다도 더 정신적이면서 근본적인 의미로 쓰이고 있다. 이러한 개념을 견뎌내기 위해서만이라도 용기가 필요하다. 두려워할 필요는 없는 것이다. … 이 시대가 자랑스러워하는 모든 것은 이러한 유형에 대립되는 것으로, 즉 저열한 것에 가까운 것으로 느껴진다. 저 유명한 '객관성', '고통받는 모든 자에 대한 동정', 낯선 취미에 굴복하고 사소한 사실들 앞에서 엎드리는 '역사적 감각', '과학성'과 같은 것들이 그 예다. 이 책이 『차라투스트라는 이렇게 말했다』에 이어서 쓰였다는 사실을 고려하면, 어떤 섭생법 덕분에 이 책이 쓰였는지도 알아차릴 수 있을 것이다. 멀리 바라볼 것을 심하게 강요당해서 습관이 잘못 들어버린 우리의 눈은 — 차라투스트라는 러시아의 차르보다도 더 멀리 본다 ― 여기에서는 가장 가까이에 있는 것, 우리 시대, **우리 주변**을 날카롭게 파악하라는 강요를 받는다. 이 책의 모든 부분에서, 특히 그 형식에서, 『차라투스트라』를 가능하게 했던 저 본능들로부터 한결같이 **의도적으로** 등을 돌리는 태도를 발견할 수 있을 것이다. 형식과 의도와 침묵하는 기술에서의 세련됨이 전면에 드러나 있으며, 심리학적 분석이 극히 가혹하고 잔인하게 적용되고 있다. 이 책에서는 호의적인 말은 찾아볼 수 없다. … 이 모든 것이 [원기 회복을 위한] 하나의 휴식이다. 『차라투스트라』가 그랬던 것처럼 호의를 낭비한 후에 **어떤 종류의 휴식**이 필요한지에 대해서 누가 알겠는가?[304] … 신학적으로 말하자면 ― 내가 신학자로서 말하는 것은 드문 일이니 잘 들어보라 ― 일과(日課)가 끝나고 뱀이 되어 지혜의 나무[305] 아래 누워 있었던 것은 신 자신이었다. 그런 식으로 신은 신으로 존재한다는 것으로부터 휴식을 취했던 것이다. … 신은 모든 것을 너무나 아름답게 만들었다. … 악마란 [6일 동안 세계를 창조한 후] 7일째에 신이 취한

---

304) 차라투스트라는 산에서 10년 동안 은거하며 체득한 진리를 사람들에게 나눠 줄 의도로 사람들에게로 내려갔다. 니체는 이렇게 호의를 베푼 후에는 휴식이 필요하다고 말하고 있다. 이런 맥락에서 니체는 호의로 가득한 『차라투스트라』를 집필한 후 『선악의 저편』에서는 더 이상 호의를 베풀고 있지 않다고 말하고 있다. 『선악의 저편』은 호의를 베풀기보다는 자신의 원기를 회복하는 휴식이란 성격을 갖는 책이다.
305) 「창세기」에 나오는 '선악과가 자라는 나무'.

휴식에 불과한 것이다.[306] …

---

306) 여기에서 니체는 신이 세계 창조라는 호의를 베푸는 일을 마친 후 휴식을 취
할 때는 더 이상 호의를 베풀지 않았다는 의미에서, 신이 7일째에는 악마가
되었다고 말한다.

도덕의 계보

하나의 논박서

이 『도덕의 계보』를 구성하고 있는 세 편의 논문은 그 표현과 의도 그리고 경악하게 만드는 기법 면에서 지금까지 쓰인 것 중에서 가장 섬뜩한 것이리라. 잘 알려져 있듯이 디오니소스는 암흑의 신이기도 하다. 각 논문의 서두는 독자들을 나쁜 길로 이끌려는 의도로 쓰였다. 즉 그것은 냉정하고 학적이며, 심지어는 반어적이고, 일부러 과시하기도 하며, 일부러 질질 끌기도 한다. 점점 더 동요를 일으키고 간헐적으로 번개가 치면서, 극히 기분 나쁜 진리들이 멀리서부터 으르렁거리며 다가오는 소리가 점차 커져간다. 마침내는 맹렬한 속도로 모든 것이 엄청난 긴장과 함께 앞으로 돌진한다. 각 논문의 종결 부분에서는 매번 가공할 폭발 소리와 함께 **새로운** 진리가 두꺼운 구름들 사이로 보이게 된다. **첫 번째** 논문은 그리스도교를 규정하는 심리의 진실을 폭로한다. 그리스도교는 일반적으로 믿어지고 있는 것처럼 '성령'이 아니라 원한의 정신에서 탄생했다.[307] 그것은 본질적으로 하나의 반동이며, 고귀한 가치의 지배에 맞선 거대한 봉기다. 두 번째 논문은 양심의 심리학을 제시한다. 양심은 일반적으로 믿어지고 있는 것처럼 '인간의 마음속에 깃들어 있는 신의 소리'가 아니다. 그것은 잔인함의 본능이 자신을 외부로 방출할 수 없게 되자 자기를 향하게 된 것이다. 잔인함이라는 것이 가장 오래되고 결코 무시될 수 없는 문화의 토대라는 사실이 이 논문에서 처음으로 밝혀지고 있다.[308] 세 번째 논문은 금욕주의적 이

---

307) 그리스도교는 로마 시대에 노예들이 지배계급에게 가졌던 원한에서 생겼다는 것이다. 노예들은 비겁하고 연약하여 실력으로는 복수하지 못하기 때문에 상상 속에서 복수를 한다. 지배자들을 악한으로, 자신은 선인으로 규정하면서 자신의 자존심과 우월의식을 확보한다. 동시에 노예들은 지배자들은 지옥에 떨어질 것이지만 선한 자신들은 천국에 가서 그들이 지옥에서 고통을 당하는 것을 볼 수 있을 것이라고 상상한다. 이런 의미에서 니체는, 신 앞에서 모든 인간이 평등하다고 주장하고 천국과 지옥을 이야기하는 그리스도교는 노예들이 지배자들에게 품었던 원한에서 비롯되었다고 말하고 있다.

308) 니체는 양심의 가책이 인간이 국가와 국가가 제공하는 보호와 평화의 벽 속에 갇히게 됨으로써 생겨난 병이라고 본다. 인간은 원래 공격적이고 전쟁, 방랑, 모험에 잘 적응했던 동물인데, 국가의 탄생과 함께 갑자기 사회적 질서를 따르도록 강제되는 상황에 처하게 된다. 이에 따라 적의, 잔인함, 박해, 공격, 변혁과 파괴의 쾌락 같은 옛날의 본능은 의식의 지하세계로 내몰려 자기 자신에게로 향하게 된다. 본능의 발산을 억누르는 법과 질서의 족쇄에 갇혀 자신의 공격적인 본능을 외부로 발산할 수 없게 된 인간은 자기 자신을 찢고 책망하고 물어뜯고 괴롭히고 학대하게 된다. 따라서 양심의 가책이란 인간이 자신의 동물적인 과거로부터 억지로 분리되면서 자신의 본능을 억압

상, 즉 성직자의 이상이[309) 극히 **해로운** 이상이고 종말을 향하는 의지이며 데카당한 이상임에도 불구하고 그것이 갖는 엄청난 **힘이** 어디에서 유래하는가라는 물음에 대한 답변을 제시하고 있다. 그에 대한 답은, 일반적으로 믿어지고 있는 것처럼 신이 성직자들의 배후에서 활동하고 있기 때문이 아니라 별다른 도리가 없었기 때문이라는 것이다. 즉 그것은 이제까지 유일한 이상이었으며 그것과 경쟁할 상대가 없었기 때문이다. "왜냐하면 인간은 **아무것도** 의욕하지 **않기**보다는 차라리 무를 의욕하기 때문이다."[310) 무엇보다

하게 된 결과다.

309) 금욕주의란 욕망을 억압하고 욕망의 충족을 금지하는 것을 의미한다. 더 나아가 금욕주의는 욕망을 억압하는 삶을 이상적인 삶으로, 욕망을 분출하는 삶을 타락한 삶으로 본다. 금욕적인 삶을 이상적인 삶으로 생각할 수 있는 동물은 오직 인간뿐이다. 금욕주의자들은 바로 이 때문에 금욕주의적 삶이야말로 가장 인간다운 삶으로 보면서, 금욕하지 않는 삶은 동물적인 삶으로 본다. 니체는 이러한 금욕주의에서 병적인 냄새를 맡는다.

니체는 금욕주의에서는 삶 자체에 대한 원한이 지배하고 있다고 본다. 금욕주의자는 삶의 즐거움과 아름다움을 만끽하는 것을 천박하고 타락한 것으로 비난하기 때문이다. 니체는 이러한 금욕주의는 플라톤 이래의 서양 형이상학과 그리스도교를 규정해온 이원론과 밀접한 연관이 있다고 본다. 금욕주의는 육체적인 것을 거짓되고 불순한 것으로 간주하면서 육체적인 것에서 벗어난 순수한 영혼이 되려고 한다. 그것은 육체와 아울러 지상의 삶을 경멸하면서, 지상의 삶을 천상으로 가기 위한 다리 정도로밖에 생각하지 않는다.

310) 금욕주의는 천국과 같은 허구, 즉 실제로는 존재하지 않는 무를 삶의 이상으로 내세운다. 니체는 금욕주의가 이렇게 무를 삶의 이상으로 내세우는 것은 아무것도 의욕하지 않기보다는 무라도 추구하는 것이 낫기 때문이라고 말하

도 그것에 대항하는 이상이 없었기 때문이다. 차라투스트라가 나타나기 전까지는. 사람들은 내가 한 말을 이해했을 것이다. 이 세 논문은 모든 가치의 전환을 위해서 어느 심리학자[니체]가 준비한 결정적인 작업이다. 이 책은 성직자에 대한 최초의 심리학을 담고 있다.

고 있다. 인간은 어떠한 고통이라도 그 고통을 견디는 것이 의미가 있으면 견딜 수 있지만, 그렇지 않으면 그 고통을 견딜 수 없기 때문이다. 따라서 인간은 허구적인 의미라도 만들어서 자신이 삶에서 겪는 고통을 견디려고 한다. 이원론은 우리가 삶에서 겪는 고통이 천국을 가기 위해 필요하다고 보는 방식으로 고통에 의미를 부여한다.

우상의 황혼

어떻게 망치로 철학하는가

1

150쪽이 채 안 되는 이 책은 쾌활하면서도 치명적인 어조를 띠고 있고, 웃고 있는 악마다. 이 책은 너무나 짧은 시일 동안에 완성되어서 며칠이 걸렸는지를 말하기는 어렵다. 그럼에도 이 책은 책 중에서도 단연 예외적이다. 이 책보다 알차고 독립적이며 파괴적이고 더 악의가 서려 있는 책은 없다. 나 이전에 모든 것이 어떤 식으로 거꾸로 서 있었는지를 빨리 파악하고 싶다면 이 책에서부터 시작하라. 이 책의 표지에 씌어 있는 우상이 의미하는 바는 단순하다. 그것은 이제까지 진리라고 불려왔던 것이다. **우상의 황혼**이란 풀어 말하자면 옛 진리가 종말을 고하고 있다는 것이다.

2

이 책에서 건드리지 않은('건드린다'는 말은 얼마나 조심스러운 완곡 어법인가! …) 실재라든가[311] '이상'은 없다. **영원한 우상들뿐** 아니라, 최근의 우상들, 따라서 가장 노쇠한 우상들도[312] 건드려진다. 이 최근의 우상들은 예를 들면 '현대의 이념들'이다. 세찬 바람이 나무들 사이로 불어 여기저기에서 열매들이 — 진리들이 — 떨어진다. 여기에서는 너무나 풍성한 가을이 낭비되고 있다.[313] 진리들은 사람들의 발에 차이고 몇몇 진리는 짓밟히기도 한다. 진리가 너무 많은 것이다. 그러나 사람들이 손에 넣은 것은 더 이상 의심스럽지 않다. 손에 넣은 것은 결단을 통해서 선택된 것이다. 나야말로 '진리'의 척도를 손에 넣은 최초의 사람이다. 나는 진리가 무엇인지를 결정할 수 있는 최초의 사람인 것이다. 마치 내 안에서 **제2의** 의식이 자라났던 것처럼, 마치 내 안에서 '의지'가 이제까지 아래로 향해 달렸던

---

311) 여기서 실재는 플라톤이 말하는 이데아나 그리스도교의 천국처럼 초감성적인 세계를 가리킨다.

312) 최근의 우상을 가장 노쇠한 우상이라고 부르는 것은 니체가 현대를 가장 노쇠한 시대라고 보기 때문이다.

313) 가을이 되어 너무 많은 열매가 열렸지만, 다 땅에 떨어져 쓸모없는 것이 되고 말았다는 의미이다. 그동안 서양에서는 너무 많은 우상이 생겨났지만, 『우상의 황혼』에서 그것들이 다 망상에 불과한 것들로 드러나면서 몰락하게 되었다는 것이다.

경사진 궤도를 볼 수 있게끔 빛을 밝힌 것처럼. [아래로 향하는] 경사진 궤도 — 이것을 사람들은 '진리'로 향하는 길이라고 불렀던 것이다. ⋯ '어두운 충동'은 이제 모두 끝났다. 선량한 인간이야말로 올바른 길에 대해서 가장 무지했던 자였다.[314] ⋯ 심히 진지하게 하는 이야기지만, 나 이전의 어느 누구도 올바른 길을, 즉 위로 향하는 길을 알지 못했다. 내가 나타나는 것과 함께 비로소 문화의 희망들과 과제들, 문화의 규범이 될 만한 길들이 존재하게 되었다. 나는 이러한 복음을 전하는 자다. 바로 이 때문에 나는 운명이기도 하다.

3

이 작품을 마치자마자 나는 단 하루도 허비하지 않고 가치의 전환이라는 엄청난 과제를 수행하는 데 착수했다.[315] 이때 나는 비할 바 없는 지고의 긍지와 함께 [인류의 역사에서의] 나의 불멸성을 한순간도 의심하지 않았으며, 운명과 같은 확신과 함께 글자 하나하나를 청동판에 새겨나갔다. 서문[316]을 쓴 것은 1888년 9월 3일이었

---

314) 괴테의 『파우스트』의 "'선량한 인간'은 어두운 충동 속에 있지만, 올바른 길을 잃지 않는다"는 말을 변용한 것이다.

315) 니체는 원래 『모든 가치의 전환』이라는 제목으로 네 권의 책을 쓰려고 했었다. 그러나 첫째 권만 『안티크리스트』라는 제목으로 완성했다.

316) 애초에 『모든 가치의 전환』이라는 제목으로 계획된 책을 위한 서문이지만,

다. 아침에 이것을 쓴 후 문밖에 나섰을 때, 오버엥가딘이 지금까지 보여준 적이 없었던 더없이 아름다운 날이 내 눈앞에 펼쳐져 있었다. 이날은 청명하고, 다채로운 색채들이 눈부시게 빛나고 있었으며, 차가운 얼음과 따뜻한 남국 사이에 놓여 있는 모든 대립과 그 사이에 있는 모든 것을 자신 안에 품고 있었다. 홍수 때문에 지체되어서 9월 20일이 되어서야 나는 실스마리아를 떠났다. 결국에는[이곳을 떠나기 직전에는] 나는 이 경이로운 곳의 유일한 손님으로 남았다. 나는 이곳에 감사를 표함으로써 그것에 영원히 기억될 이름이라는 선물을[317] 선사하고 싶다. 한밤중에야 도착한 코모에서 홍수가 나서 생명의 위험을 겪기까지 하는 등 예기치 못한 여러 사건을 겪으면서 여정을 마친 후, 나는 21일 오후에 토리노에 도착했다. 이곳은 내게는 [살기에 적합한 장소로] **입증된** 장소였으며 이때부터 나는 거기에서 살았다. 그곳은 카를로알베르토가(街) 6번지의 4층이었다. 비토리오 에마누엘레가 태어난 거대한 카리냐노 궁전과 마주 보고 있었고, 카를로알베르토 광장과 그 너머의 구릉지대를 볼 수 있었다. 아무런 지체 없이 그리고 한순간도 주의를 분산시키지 않고 나는 다시 일에 착수했다. 그때는 이 작품의 마지막 4분의

결국은 첫째 권인 『안티크리스트』만 쓰였기 때문에 『안티크리스트』의 서문을 가리킨다.

317) 니체가 머물렀던 곳으로서 영원히 기억될 것이라는 의미다.

1만이 아직 미완성인 채로 있었다. 9월 30일은 위대한 승리의 날이었다. 가치의 전환을 끝낸 것이다.[318] 나는 포(Po)강을 따라서 신의 한가함을 누렸다.[319] 이날 나는 『우상의 황혼』을 위한 서문도 마저 썼다. 『우상의 황혼』의 출판 원고를 교정하면서 나는 9월 내내 원기를 회복할 수 있었다. 나는 그런 가을을 체험한 적이 없었고 지상에서 그런 것이 가능하리라고 생각하지도 못했다. 클로드 로랭[320]이 그린 것 같은 풍경이 무한히 펼쳐져 있는 것 같았다. 하루하루가 그지없이 완벽했다.

---

318) 니체는 원래 『모든 가치의 전환』을 네 권의 책으로 쓸 계획이었지만, 이 구절로 미루어볼 때 첫 번째 권인 『안티크리스트』의 집필을 끝냈을 때 이 계획을 완성했다고 믿었다는 사실을 알 수 있다.
319) 「창세기」에 따르면 신은 6일 동안 천지를 창조하고 일곱째 날 하루를 쉬었다. 여기서 니체는 『안티크리스트』를 집필한 후 취한 휴식을 신의 휴식에 비유하고 있다.
320) 로랭(Claude Lorrain, 1600~1682)은 프랑스의 화가이다.

바그너의 경우
한 악사의 문제

1

이 책을 제대로 이해하려면 벌어진 상처 때문에 괴로워하듯이 음악의 운명 때문에 괴로워해야 한다. 내가 음악의 운명 때문에 괴로워할 때, 나는 도대체 무엇 때문에 괴로워하는 것인가? 나는 음악에서 세계를 찬란하게 변용하고 긍정하는 성격이 사라져버렸다는 점, 음악이 데카당스의 음악이 되었고 더 이상 디오니소스의 피리가[321] 아니라는 점 때문에 괴로워한다. … 그러나 이런 식으로 음

---

321) 그리스 신화에서 아폴론의 악기는 칠현금(七絃琴, kithara)인 반면에, 디오니소스의 악기는 피리다. 그리스인들은 피리가 동양적인 도취적 소리를 낸다고 보았다.

악의 문제를 자기 자신의 문제로 또한 자기 자신의 수난사로 느끼는 사람은 이 책을 [그러한 수난사에도 불구하고] 배려로 가득 차 있고 너무나 온화한 것으로 느낄 것이다. 그러한 경우들에서 쾌활하다는 것, 그러면서 동시에 자기 자신을 호의적으로 조소한다는 것 — 진리를 말할 때는 아무리 신랄하게 말해도 좋다 할지라도, 웃으면서 준엄한 사실을 말한다는 것[322] —, 이것이야말로 인간성[323] 자체다. 늙은 포병인 내가 바그너를 향해 내 **중포(重砲)**의 포문을 여는 것은 쉬운 일이라는 것을 누가 의심하겠는가? 나는 이 문제[바그너]에 관해 결정적인 것[바그너를 혹독하게 비판하는 내용]은 전부 그냥 쓰지 않고 두었다. 나는 바그너를 사랑했던 것이다. 바그너보다 교묘한 '미지의 사람'이 누구인지는 다른 사람은 쉽게 알아챌 수 없을 것이지만, 결국 그러한 '미지의 사람'[그리스도교의 신이나 데카당스의 정신과 같은 것]을 공격하는 것이 내 과제의 의미요, 내 과제의 방법인 것이다. 오, 나는 [바그너와 같은] 음악의 칼리오스트로[324]와는 전혀 다른 '미지의 사람들'을 폭로해야만 한다. 물론 이들 이상으로

---

322) "웃으면서 준엄한 사실을 말한다(ridendo dicere severu)"는 "웃으면서 진실을 말한다"는 호라티우스의 말을 변용한 말이다.

323) 니체는 고통 속에서도 명랑함을 잃지 않는 것에 인간성, 즉 건강하고 고귀한 인간성이 있다고 본다.

324) 칼리오스트로(A. Cagliostro, 1743~1795)는 백작을 사칭했던 사기꾼으로 이탈리아의 유명한 마술사이자 연금술사였다. 니체는 『바그너의 경우』에서 바그너를 '근대정신의 사기꾼'이라고 부르고 있다.

공격하지 않으면 안 되는 상대는 정신적인 문제들에서 점점 더 나태해지고 본능은 점점 더 빈약해지며 **점점 더 정직해져가는** 독일 국민이다. 독일 국민은 부러워할 만한 식욕으로 서로 대립하는 것들에서 끊임없이 영양을 취하고 있으며, 학문적 태도만큼이나 '신앙'을, 반유대주의만큼이나 '그리스도교적 사랑'을, 가난한 자들의 복음만큼이나 권력에의('제국'에의) 의지를 소화불량에도 걸리지 않고 게걸스럽게 집어삼키고 있다. … 서로 대립하는 것들 사이에서 어느 쪽 편도 들지 않는 것! 위장(胃腸)의 이러한 중립성과 '사심 없음(Selbstlosigkeit)'! 모든 것에게 동일한 권리를 부여하는 독일적인 미각의 이러한 공정한 감각, 그것은 모든 것을 맛있다고 느낀다. … 의심할 여지 없이 독일인들은 이상주의자이다. … 마지막으로 독일을 방문했을 때 나는 독일적인 취미가 바그너와 『제킹겐의 나팔수』[325]에게 동등한 권리를 인정하려고 애쓰는 것을 보았다. 가장 진정한 독일 음악가 중의 한 사람, 즉 한갓 독일제국이라는 의미에서가 아니라 예전 의미에서의 '독일적' 거장인 하인리히 쉬츠를 기린다고 하면서 라이프치히에서 사실은 **교활한**(listig)[326] 교회음악을 장

---

325) 『제킹겐의 나팔수(*Der Trompeter von Säckingen*)』는 셰펠(Joseph Victor von Scheffel, 1826~1886)이 쓴 풍자시이다. 이 풍자시를 붕게(R. Bunge)가 오페라식으로 개작했고, 네슬러(Victor Neßler, 1841~1890)가 오페라로 작곡했다. 이 풍자시는 1886년에 140쇄를 돌파했다. 니체는 이 풍자시의 성공을 독일 문화가 몰락하는 징후로 파악했다.

려하고 보급할 목적으로 리스트협회가 설립되는 것을 나 자신이 직접 목격했다. … 의심할 여지 없이 독일인들은 이상주의자이다. …

2

그러나 여기에서 내가 무례하게 독일인들에게 몇 가지 가혹한 진리를 말한다고 해도 아무도 그것을 막아서는 안 된다. 나 아니면 누가 그것을 하겠는가? 나는 역사학에서 독일인들의 난잡함에 대해 말하고 싶다. 독일의 역사가들은 문화의 진행 과정과 가치에 대한 위대한 시각을 상실했다. 그들 모두는 정치(또는 교회)의 어릿광대일 뿐이다. 그들 자신이 이러한 위대한 시각을 추방해버렸다. [그들에 따르면] 먼저 '독일적'으로 존재해야만, 먼저 '순수한 독일 인종'으로 존재해야만 역사적인 문제에서 모든 가치와 무가치에 대한 판단을 내릴 수 있다는 것이다. 그리고 사람들은 [그러한 기준에 입각하여] 가치와 무가치를 확정한다. … '독일적'이라는 것이 하나의 논거이고, '독일, 모든 것 위에 있는 독일(Deutschland, Deutschland über Alles)'[327]이 하나의 원리다. 게르만 민족은 역사에 있어서 '인륜적 세계질서'이며,[328] 로마제국과의 관계에서는 자유의 수호자

---

326) listig는 음악가 리스트(Liszt)를 비꼰 말이다.
327) 독일 국가(國歌)의 첫째 행이자 후렴구.

요, 18세기와의 관계에서는 도덕과 '정언명법'의 재건자다. … 이제는 독일제국적인 역사 서술이라는 것이 존재한다. 심지어는 반유대주의적인 역사 서술이 존재하게 되지 않을까 우려된다. 궁정(宮廷)을 변호하는 역사 서술이라는 것도 있으며, 폰 트라이치케 씨는 이것을 부끄럽게 여기지 않는다. … 최근에는 역사적 사건에 대한 바보 천치 같은 판단, 즉 다행히도 이제는 고인이 된 슈바벤의 미학자 피셔[329]의 명제가 모든 독일인이 긍정해야만 하는 하나의 진리로서 모든 독일 신문에 게재되었다. "르네상스와 종교개혁, 이 두 가지가 합해져서 비로소 하나의 전체를 이룬다. 미적인 부활과 도덕적인 부활." 이런 문장을 읽게 되면 나의 인내심은 한계에 이르게 되고,[330] 독일인들에게 책임이 있는 모든 것에 대해서 말해주고 싶어지며, 심지어는 그렇게 말하는 것이 내 의무라고까지 느끼게 된다. 네 세기 동안 문화에 자행된 모든 큰 범죄에 대한 책임이 독일인

---

328) 예를 들어 헤겔은 당시의 프로이센 국가가 인륜적 세계질서를 구현했다고 보았다. 피히테나 헤겔의 사상적 영향을 받아서 독일인들은 자신들이야말로 도덕적 소명 의식을 가진 민족인 반면에, 영국인들은 상업 정신에 의해서, 프랑스인들은 쾌락주의적인 정신에 의해서 지배된다고 생각했다.

329) 피셔(F. T. Vischer, 1807~1887)는 헤겔 철학을 추종했던 미학자이다.

330) 니체는 르네상스는 높게 평가하지만 종교개혁은 부정적으로 평가하고 있기 때문에, 르네상스와 종교개혁을 동일한 정신에 의해서 규정되는 것으로 보는 것을 참을 수 없는 일로 보고 있다. 니체에 따르면, 르네상스는 고대적인 고귀한 정신이 부활한 사건인 반면에, 종교개혁은 원한으로 가득 찬 천민들의 운동에 불과했다.

들에게 있는 것이다! 그리고 그 이유는 언제나 한결같다. 즉 독일인들을 마음 밑바닥에서부터 지배하고 있는 현실에 대한 **비겁함** 때문이며 — 이러한 비겁함은 진리에 대한 비겁함이기도 하다 —, 그들에게 본능이 되어버린 비진실성 때문이며 '이상주의' 때문이다. 독일인들은 최후의 위대한 시대였던 르네상스 시대의 성취와 의미를 유럽에서 제거해버렸다. … 르네상스 시대는 보다 높은 가치질서와 삶을 긍정하고 미래를 보증하는 고귀한 가치가 그것들과 대립되는 **하강의 가치**의 본거지[바티칸이 있는 로마를 비롯한 이탈리아]에서 승리를 거둔 순간이었으며, 거기에 앉아 있던 자들[가톨릭 성직자들]의 본능에까지 침투하던 순간이었다! 루터, 이 재앙이라고 할 만한 수도사가 [가톨릭]교회와 이것보다 천배나 나쁜 그리스도교를 재건했던 것이다. 그것도 **그리스도교가 붕괴하던** 그 순간에. … 그리스도교, **삶에의 의지에 대한 부정**이 하나의 종교가 되어버린 저 그리스도교! … 루터, 이 불가능한 수도사는[331] 자신의 '불가능성'을 이유로 하여 교회를 공격했고 — 결과적으로는! — 교회를 재건했다. 가톨릭교도들이 루터 축제를 벌이고 루터 극을 쓸 만한 충분한 이유가 있는 것이다. … 루터여! '도덕적 부활'이여! 심리학 같은 것은

---

331) 루터가 '불가능한' 수도사였다는 것은 그가 진정한 수도사가 될 수 없었다는 의미다. 나중에 결혼을 한 루터는 진정한 수도사가 될 수 없었기 때문에, 가톨릭교회에 대한 원한에 차서 가톨릭교회를 공격했다는 의미다.

모두 악마가 물어 가버려라! 의심할 여지 없이, 독일인들은 이상주의자다. 독일인들은 엄청난 용기와 극기심에 의해서 정직하고 명료하며 완전히 학문적인 사고방식을 갖게 되었을 때, 두 번씩이나 옛 '이상'으로의 샛길들을, 즉 진리와 '이상'의 화해를, 그리고 근본적으로는 학문을 거부할 권리와 거짓을 말할 **권리**에 대한 정식들을 발견해냈던 것이다. 라이프니츠와 칸트, 이 두 사람이 유럽의 지적인 정직성에 제동을 거는 최대의 브레이크였다. 세계를 지배할 목적으로 유럽을 하나의 통일체로, **정치적 · 경제적** 통일체로 만들기에 충분할 정도로 강력한 천재와 의지[332]가 데카당스의 두 세기[18, 19세기] 사이에 걸려 있는 다리 위에 출현했을 때도 독일인들은 결국 그들의 '해방전쟁'[333]에 의해 유럽에서 의미를, 즉 나폴레옹의 존재가 갖는 기적 같은 의미를 없애버리고 말았다. 이와 함께 독일인들은 그다음에 일어난 모든 것, 오늘날의 모든 것에 대해서 책임이 있다. 즉 이 **가장 반(反)문화적인** 병과 비이성, 유럽이 앓고 있는 이 **민족적 신경증**인 민족주의, 유럽적인 소국 분립과 **작은** 정치의 영구화에 책임이 있는 것이다. 독일인들은 유럽의 의미를 없애버리고 그것의 **이성**조차 없애버렸다. 독일인들은 유럽을 막다른 골목

---

332) 나폴레옹을 가리킨다. 니체는 나폴레옹이 유럽의 통일을 이루지 못한 것을 아쉬워했다.

333) 나폴레옹의 독일 정복에 대항하여 독일인들이 벌였던 민족해방전쟁을 가리킨다.

으로 몰아넣었다. 나 이외의 어느 누가 이 막다른 골목에서 빠져나
가는 길을 알고 있는가? … 민족들을 **재통합한다**는 위대한 과제를
나 이외의 누가 알고 있는가? …

3

그리고 마지막으로, 내가 왜 나의 의심을 입 밖에 내지 말아야
한다는 말인가? 독일인들은 하나의 거대한 운명으로부터 쥐새끼
한 마리를 낳게 하려고 온갖 수단을 다 동원하는데, 그들은 나도
그렇게 만들려고 할 것이다. 이제까지 그들은 나에 대해서 공동전
선을 펼쳤다. 이러한 사정이 장래에 개선될 것이라고는 생각되지
않는다. 아아, 이 점에 관해서는 나의 예언이 빗나가기를 바랄 뿐
이다! … 지금 나에 대해서 편견을 갖지 않는 나의 독자와 청취자
는 러시아인들, 스칸디나비아인들 그리고 프랑스인들이다. 갈수
록 더 그렇게 될 것인가? 인식의 역사에 등록된 독일인들은 모두
애매모호한 이름뿐이다. 그들은 항상 '무의식적인' 위조범만을 낳
았다(피히테, 셸링, 쇼펜하우어, 헤겔, 슐라이어마허는 칸트와 라이프니
츠와 마찬가지로 이러한 위조범에 해당한다. 그들은 모두 베일을 만드는
자(Schleiermacher)[334]에 불과하다). 나는 정신의 역사에서 최초의 정

---

334) 독일어로 Schleier는 베일을, Macher는 제작자를 의미한다.

직한 정신이다. 이 정신에서 4천 년에 걸친 위조를 심판하는 진리가 출현했지만, 이러한 정신이 독일 정신과 하나로 취급되는 영예를 독일인들이 누려서는 안 된다. '독일 정신'은 내게는 나쁜 공기다. 독일인의 말 한마디 한마디마다, 모든 표정마다 그들의 심리에서 본능이 되어버린 불결함이 스며 나온다. 나는 이 불결함 곁에 있으면 숨쉬기가 힘들다. 독일인들은 프랑스인들처럼 자신들을 엄격하게 음미했던 것과 같은 17세기를 한 번도 경험하지 못했다. 정직성이란 면에서 라로슈푸코나 데카르트와 같은 사람들은 가장 뛰어나다고 하는 독일인들보다 백배는 뛰어나다. 독일인들은 오늘날에 이르기까지 한 명의 심리학자도 갖지 못했다. 그러나 심리학은 한 민족의 **청결함**과 **불결함**을 재는 척도라고 할 수 있다. … 청결하지 못한 자가 어떻게 깊이를 가질 수 있겠는가? 여자와 마찬가지로 독일인의 경우에도 우리는 결코 그들의 깊은 곳에 도달하지 못한다. **이는 독일인은 도대체가 아무런 깊이를 갖지 못하기 때문이다.** 이것이 전부다. 그렇다고 해서 그는 얄지도 않다. 독일에서 '깊다'고 불리는 것은 내가 방금 말한 자신에 대한 본능적인 불결함일 뿐이다. 즉 독일인들은 자신들을 명료하게 보고 싶어 하지 않는 것이다. 내가 '독일적'이라는 말을 이런 심리학적 타락을 나타내는 국제 통화로 만들 것을 제안하면 안 될까? 예를 들어 바로 이 순간에 독일의 황제는 아프리카의 노예들을 해방시키는 것을 자신의 '그리스도교적 의무'라고 부르고 있다. 그러나 우리들, 즉 **다른** 유럽인들에게 그것은 단순히 '독일적'이라고 불릴 것이다. … 독일인들이 깊이를 갖는 책을 단 한 권이라도 쓴 적이 있는가? 책이 깊이를 갖는다는 것이 무엇을 의미하는지조차도 독일인들은 이해하지 못한다. 나는 칸트가 깊이가 있다고 생각하는 학자들을 만난 적이 있다. 프로이센의 궁전에서 사람들은 트라이치케가 깊이가 있다고 생각하는데 이것은 우려할 만한 일이다. 내가 어쩌다가 만난 독일 교수들에게 스탕달을 깊이 있는 심리학자라고 칭찬하면, 그들은 그의 이름 철자가 어떻게 되느냐고 물을 지경인 것이다. …

4

그리고 내가 끝까지 말하지 못할 이유가 있겠는가? 나는 모든 일을 깨끗이 처리하기를 좋아한다. 독일인에 대한 탁월한 경멸자로 간주되는 것이 나의 야심이기도 하다. 독일적인 성격에 대한 불신을 나는 이미 26세 때 표명한 바 있다(『반시대적 고찰』제3편 71쪽[제3편 6절]). 독일인들은 나에게는 있을 수 없는 존재인 것이다. 내가 나의 모든 본능에 거슬리는 인간 유형을 상상해보면 그것은 항상 독일인으로 나타난다. 내가 어떤 인간의 "콩팥까지 살필 때"[335] 가장 중시하는 것은 그가 거리의 감정을 체화하고 있는지, 그가 어디

---

335) 「시편」7편 9절. "신은 사람의 마음과 콩팥을 살펴서 알아낸다."

서든 인간들 사이의 등급과 단계와 서열을 보는지, **구별**을 하고 있
는지다. 이러한 기준을 충족시키는 자가 고귀한 인간(gentilhomme)
이다. 그렇지 않은 자는 마음이 넓은, 아아, 선량한 천성을 지닌 천
민이라는 개념에 여지없이 해당하게 된다. 그러나 독일인들은 천
민이다. 아아! 그들은 너무나 선량하다. … 독일인들과 교제하는
자는 저급해진다. 독일인은 모든 사람을 **동등한 자들로 간주한다.**
… 몇몇 예술가, 특히 리하르트 바그너와의 교제를 제외하고는 나
는 독일인들과 한순간도 즐거운 시간을 가져본 적이 없다. … 수천
년 동안에 나타날 수 있는 가장 깊이 있는 정신이 독일인들에게서
나타난다고 해도, 저 카피톨리누스를 구한 거위도 자신의 아름답
지 않은 영혼이 적어도 그 독일인과 동등한 정도로 깊이가 있다고
생각할 것이다.[336] … 독일인이라는 이 종족은 함께 있으면 항상 불
쾌한 종족이다. 나는 이 종족을 견딜 수 없다. 그들은 뉘앙스를 감
지하는 손가락을 갖고 있지 않다. 아아! 그런데 나는 뉘앙스 자체
인 것이다. 그들의 발에는 에스프리가 없으며 그들은 걷는 법조차
모른다. … 독일인들에게는 결국 발이라는 것이 없다. 그들은 다만
다리만 가지고 있을 뿐이다. … 독일인들은 자신들이 얼마나 비천

---

336) 독일인 중에서 수천 년 만에나 나올 수 있는 깊은 정신이라도 바보나 다름없
다는 의미. 옛날에 켈트족이 로마의 카피톨리누스 언덕 위에 있는 주피터
신전을 습격했을 때, 신전에 있던 거위가 소란을 피워서 로마인들에게 위급함
을 알렸다는 고사가 있다. 거위를 의미하는 독일어 Gans는 바보도 의미한다.

한지를 알지 못한다. 그러나 그것[자신들의 비천함을 모른다는 것]이야말로 가장 비천한 것이다. 그들은 자신들이 한갓 독일인에 불과하다는 것조차 **부끄러워하지 않는다.** … 그들은 모든 것에 참견하며 자신들이 결정권을 갖는다고 생각한다. 그들이 나에 대해서도 결정을 내려버리지 않았는지 우려스럽다. … 나의 생애 전체가 이러한 명제들에 대한 엄격한 증명이다. 나는 내 인생에서 독일인들 중 누군가가 나를 배려나 섬세한 태도로 대한 흔적을 찾아보았지만 허사였다. 유대인 중에서는 그런 사람이 있었지만, 독일인 중에는 아직 아무도 없었다. 모든 사람에게 온화하고 호의적이라는 것은 나의 특징에 속한다. 나는 차별하지 않을 **권리**를 갖고 있다. 그렇다고 해서 이 점이 내가 눈을 뜨고 있는 것을 방해하지는 않는다. 나는 누구도 예외로 하지 않는다. 특히 내 친구들은 더욱 예외로 하지 않는다. 이런 것이 결국에는 그들에게 내가 인간미 없는 사람이라는 인상을 주지 않았기를 바란다! 내가 항상 나의 명예가 걸려 있는 문제라고 생각하여 말을 조심하는 대여섯 가지 일이 있다. 그럼에도 불구하고 내가 몇 년 동안 친구들이 보내온 거의 모든 편지에서 나에 대한 냉소를 느낀 것은 사실이다. 나에 대한 어떤 증오보다도 나에 대한 호의 속에 냉소가 더 많이 깃들어 있다. … 나는 내 친구 누구에게나 그 면전에 대고 말한다. 그들은 내 작품 중 어떤 것도 **연구**할 만한 가치가 있다고 생각하지 않는다고. 극히 미소한 징후로부터도 나는 그들이 내 책들에 무엇이 쓰여 있는지를 전혀 알지 못한다는 사실을 알아낸다. 특히 내 『차라투스트라』에 대해서는, 내 친구 중 어느 누가 그것에서 다행히 전혀 중요하지 않지만 허용할 수 없는 오만 이상의 것을 보았겠는가? … 『차라투스트라는 이렇게 말했다』를 저술한 지] 10년이라는 세월이 흘렀다. 내 이름은 부당한 침묵 속에 묻혀 있었지만, 그 침묵을 깨고 내 이름을 변호해야겠다는 양심의 가책을 느낀 자는 독일에서는 한 사람도 없었다. 이를 위해 필요한 섬세한 본능과 **용기**를 제일 먼저 가졌던 사람은 외국인, 즉 덴마크인이었다. 그는 자칭 내 친구라는 자들에 대해서 격분했다. … 올해 봄에 브라네스 박사에 의해 코펜하겐에서 내 철학에 대한 강의가 열렸다. 이 강의와 함께 브라네스 박사는 다시 한번 자신을 심리학자로 입증했다. 그런데 이러한 강의가 오늘날 어떤 독일 대학에서 열릴 수 있겠는가? 나는 이 모든 것에 대해서 고통을 느낀 적이 없다. **필연적인 것**은 나에게 상처를 주지 않는다. 운명애가 나의 가장 내적인 본성이다. 그러나 이것이 아이러니, 심지어 세계사적인 아이러니를 사랑하는 것을 방해하지는 않는다. [337) 그래서 나는 천지를 진동시킬 **가치 전환**이라는, 모든

---

337) 여기서 '아이러니'란 가장 큰 존경을 받아 마땅한 위대한 인물이 동시대인들에게서는 전혀 이해받지도 인정받지도 못하는 상황을 뜻한다. 니체는 자신의 운명애에 이러한 아이러니한 처지에 대한 사랑마저도 포함되어 있다고 말하고 있는 것이다.

것을 파괴하는 섬광[338]이 치기 약 2년 전에 『바그너의 경우』를 세상에 내보냈다. 독일인들로 하여금 다시 한번 [인류의 역사에] 영원히 남을 방식으로 나를 모독하게 하고, [나를 모독한 자들이라는] 독일인의 명예를 **영구히** 보존하도록 하기 위해서! 그리고 그들은 그렇게 할 만한 충분한 시간을 갖고 있다! 정녕 그대로 되었는가? 감격할 정도로 그러했다. 친애하는 게르만인들이여! 그대들에게 경의를 표한다. 얼마 전에, 오래 알고 지냈던 여자 친구가[339] 내게 친구들이 없지 않다는 것을 알려주기 위해서 쓴 편지를 받았다. 그녀는 나를 **비웃고 있었다.** … 그것도 내가 인류의 운명을 어깨에 지고 있기에 말로 표현할 수 없는 책임을 짊어지고 있는 바로 이 순간에, 즉 나에 대한 어떤 말도 더 부드러울 수 없고 나를 향한 어떤 시선도 더 경외심으로 가득 찰 수 없는 이 순간에 말이다.

---

338) '모든 가치의 전환'이라는 부제가 붙어 있는 『안티크리스트』를 가리킨다.

339) 니체의 친구였던 말비다 폰 마이젠부크(Malwida von Meysenbug)를 염두에 두고 있는 것 같다. 바그너를 높이 평가했던 폰 마이젠부크는 니체의 『바그너의 경우』를 혹평했다.

나는 왜 하나의 운명인가

1

나는 내 운명을 안다. 언젠가 내 이름은 어떤 엄청난 것에 대한 기억과 접목될 것이다. 즉 지상에서 일찍이 존재하지 않았던 위기에 대한 기억, 양심의 가장 깊은 충돌에 대한 기억, 지금까지 믿어져왔고 요구되어왔으며 신성시되어왔던 모든 것을 거부하는 결단에 대한 기억과 접목될 것이다. 나는 인간이 아니다. 나는 다이너마이트다. 이 모든 점에도 불구하고 내 안에는 종교의 창시자가 갖는 요소와 같은 것은 전혀 존재하지 않는다. 종교는 천민들이나 신봉하는 것이다. 나는 종교적인 인간들과 접촉한 후에는 손을 씻지 않고서는 견딜 수 없다. ⋯ 나는 '신자'를 원치 않는다. 나는 나 자신을 신앙하기에는 너무나 악의가 많은 것 같다. 나는 결코 대중을 상대로 말하지 않는다. … 나는 언젠가 사람들이 나를 **신성시할까 봐** 두렵기 그지없다. 이제 사람들은 내가 왜 이 책을 **먼저**[340) 출간하는지를 알아차릴 수 있을 것이다. 나는 사람들이 나에 대해 헛소리를 하는 것을 막고 싶은 것이다. … 나는 성자가 되고 싶지 않다. 차라리 어릿광대가 되고 싶다. … 아마도 나는 어릿광대일지도[341) 모른다. 그럼에도 불구하고, 아니 오히려 그럼에도 불구하고가 **아니라** [아주 당연히] — 왜냐하면 지금까지 성자들보다 더한 거짓말쟁이는 없었기 때문이다 — 내 입에서 나오는 것은 진리다. 하지만 내 진리는 **무서운 것이다.** 왜냐하면 지금까지는 거짓이 진리라고 불려왔기 때문이다. **모든 가치의 전환,** 이것이 인류가 수행하는 최고의 자기 성찰 행위에 대한 나의 정식(定式)이다. 이러한 행위가 내 안에서 살과 정신이 되었다.[342) 내 운명은 내가 최초의 **진실된** 인간이 되기를 원하며, 내가 수천 년 동안 지배해온 거짓과 싸우고 있다는 사실을 스스로 자각하기를 원한다. 나는 허위를 허위로서 처음으로 감지한 — **냄새를 맡은** — 사람이기에 진리를 발견한 최초의 인물이다. 나의 천재성은 내 콧구멍 속에 있다. … 나는 일찍이 그 누구도 하지 않았던 부정(否定)을 행하는 사람이지만,

---

340) '니체를 신성시하는 일이 일어나기 전에'를 가리킨다.
341) 여기서 '어릿광대'는 어리숙하게 보이지만 진실을 알고 있는 자라는 의미이다.
342) 니체가 이러한 행위를 체화했다는 의미이다.

그럼에도 불구하고 부정만 하는 정신과는 정반대다. 나는 일찍이 전혀 존재하지 않았던 **복음을 전하는** 자다. 나는 고귀한 과제들, 즉 아직까지도 그것들을 표현할 만한 개념이 없을 정도로 고귀한 과제들을 알고 있다. 나와 함께 비로소 희망이 다시 존재하게 되었다. 그럼에도 불구하고 나는 필연적으로 재앙의 인간이기도 하다. 이는 진리가 수천 년 동안 인류를 지배해온 거짓과의 투쟁에 돌입하게 되면, 우리는 꿈도 꿔보지 못했던 동요와 지진의 경련 그리고 산과 골짜기의 이동을 경험하게 될 것이기 때문이다. 그렇게 되면 정치라는 개념은 정신들의 투쟁이 될 것이며, 옛 사회의 권력 구조들은 공중분해되고 말 것이다. 그것들 모두는 거짓에 기초하고 있다. 지상에는 이제껏 없었던 전쟁이 있게 될 것이다. 나의 출현과 함께 비로소 지상에 **위대한 정치**가 존재하게 될 것이다.

2

이러한 운명이 인간이 되어 등장한다. 이러한 운명을 표현하는 정식을 원하는가? 그것은 나의 『차라투스트라』에 적혀 있다.

"그리고 선악에 있어서 창조자가 되려는 자는 누구나 먼저 파괴자가 되어야 하며 가치들을 파괴해야만 한다.

따라서 최고의 악은 최고의 선에 속한다. 하지만 바로 이러한 선[최고의 악을 자신 안에 포함하고 있는 최고의 선]이야말로 창조적인 선이다."[343]

나는 전대미문의 가장 무서운 인간이다. 그러나 이러한 사실이 내가 또한 가장 은혜를 베푸는 인간이라는 사실을 배제하지는 않는다. 나는 나의 파괴 능력에 상응하는 정도로 파괴의 즐거움을 알고 있다. 이 두 가지 면[344]에서 나는 긍정을 말하는 것과 부정을 수행하는 것을 구분할 줄 모르는 디오니소스적인 본성에 따르고 있다. 나는 최초의 비도덕주의자다. 따라서 나는 탁월한 파괴자다.

3

다른 사람이 아닌 내 입에서, 즉 최초의 비도덕주의자인 나의 입에서 나온 차라투스트라라는 이름이 무엇을 의미하는가라고 사람들은 당연히 내게 물었어야 했다. 그러나 아무도 물은 적이 없었다. 내가 이렇게 말하는 것은 저 페르시아인을 역사상 유일무이한 존재로 만드는 것은 정녕, 비도덕주의자인 내가 말하려고 하는 것과는 정반대의 것이기 때문이다.[345] 차라투스트라는 선과 악의 투쟁

---

343) 『차라투스트라는 이렇게 말했다』 2권, 「자기 초극에 대하여」.
344) '파괴하는 능력을 갖고 있는 것'과 '파괴를 즐기는 것'을 가리킨다.
345) 기원전 6세기 무렵에 페르시아에서 조로아스터교를 창시한 조로아스터는 유럽에서는 차라투스트라라고 불린다. 차라투스트라는 이원론을 주창했다. 그

을 모든 사물의 운행을 가능하게 하는 근본적인 바퀴로 본 최초의
인간이었다. 도덕을 힘, 원인, 목적 자체와 같은 형이상학적인 것

에 따르면 이 세계에서는 선한 신과 악한 신이 투쟁하고 있으며 결국 선한
신이 승리한다. 이러한 신들의 투쟁에서 인간의 과제는 선한 신이 승리하도
록 돕는 데 있다.

이 경우 악한 신은 인간이 가지고 있는 성욕이나 소유욕, 정복욕 등을 상징
한다. 이원론적인 그리스도교처럼 차라투스트라도 이러한 욕망들을 악으로
간주하면서 금욕을 설파하는 동시에 정직과 진실됨을 최고의 덕으로 간주하
고 있다. 따라서 니체는 "차라투스트라는 가장 불행한 오류인 도덕을 창조했
다"고 말한다. 여기서 도덕은 선과 악을 완전히 대립적인 입장으로 보는 노
예도덕을 가리킨다. 니체는 자신을 노예도덕을 부정하는 자라는 의미에서
비도덕주의자라고 부르고 있다.

니체는 차라투스트라가 악으로 여긴 욕망이 오히려 위대한 문화의 원천이
될 수 있다고 보았다. 예를 들어 이성(異性)에게 인정받으려는 성적인 욕망
이 훌륭한 예술작품을 낳는 원천이 될 수 있다고 보았다. 이런 의미에서 니
체는 전통적인 이원론에서 악으로 간주되었던 것이 오히려 선의 원천이 될
수 있다고 보며 선악을 넘어설 것을 주창하고 있다.

니체는 이러한 사실은 정직하고 진실되게 사고하는 사람이라면 인정하지 않
을 수 없는 것이라고 본다. 니체는 차라투스트라야말로 참으로 정직하고 진
실된 사람이었다고 본다. 실로 차라투스트라는 처음에는 선과 악을 대립적
인 것으로 보는 이원론의 입장에 섰다. 그러나 정직과 진실됨을 최고의 덕으
로 내세웠던 차라투스트라는 나중에는 정직하고 진실된 반성을 통해서 그러
한 이원론이 인간을 병적으로 만든다는 사실을 깨닫고 선악을 넘어서는 입
장을 취하게 되었다고 니체는 본다. 물론 이것은 니체의 상상이다. 니체 자
신도 어렸을 때는 그리스도교적인 이원론에 빠져 있었지만, 정직이란 가치
를 궁극에까지 추구하면서 그것에서 벗어났다. 니체가 차라투스트라를 자신
의 분신으로 삼은 것은 니체가 상상하는 차라투스트라의 인생행로가 자신의
인생행로와 유사하다고 보았기 때문이라고 할 수 있다.

으로 번역한 것이 차라투스트라의 업적이었다. 그러나 이러한 물음이 근본적으로 이미 답이 된다. 차라투스트라는 가장 치명적인 오류인 도덕을 **창조했다**. 따라서 그는 이러한 오류를 **인식하는** 점에서도 최초의 인물임에 틀림없다. 그는 이 도덕의 문제에 대해 그 어떤 사상가보다 더 오래 그리고 더 많이 경험을 쌓았다. 역사 전체가 사실상 이른바 '도덕적 세계질서'라는 명제에 대한 실험적인 반박인 것이다. 보다 중요한 것은 차라투스트라는 다른 어떤 사상가보다도 진실하다는 것이다. 그의 가르침은, 그리고 오직 그의 가르침만이 진실(Wahrhaftigkeit)을, 즉 현실에서 도망치는 이상주의자의 특성인 비겁(Feigkeit)과 정반대되는 것을 최고의 덕으로 삼고 있다. 차라투스트라는 모든 사상가의 용기를 다 모아놓은 것보다도 더 많은 용기를 갖고 있다. 진리를 말하고, **화살을 잘 쏜다는 것**, 그것이 페르시아의 덕이다. 내가 말하는 것을 아는가? … 진실성에서 비롯되는 도덕의 자기 초극, 도덕주의자가 자신과 정반대되는 것으로 — 즉 **나에게로** — **자신을 초극하는 것**, 이것이 내 입에서 나온 차라투스트라라는 이름이 의미하는 것이다.

4

비도덕주의자라는 나의 말에는 근본적으로 두 가지 부정이 포함되어 있다. 첫째로 나는 지금까지 최고의 인간 유형으로 간주되어왔던 인간들, 즉 선량한 인간, 자애로운 인간, 선행을 하는 인간을 부정한다. 다른 한편으로 나는 도덕 자체로서 통용되고 지배해왔던 종류의 도덕, 즉 데카당스의 도덕, 보다 구체적으로 말하면 그리스도교적인 도덕을 부정한다. 이 두 번째 부정을 보다 결정적인 것으로 보아도 좋다. 이는 자애로움과 선의라는 것은 나에게는 대체로 타락의 결과로, 쇠퇴의 징후로 그리고 상승하고 긍정하는 삶과는 화합될 수 없는 것으로 보이기 때문이다. 부정과 파괴는 긍정의 조건인 것이다. 우선 선한 인간의 심리를 살펴보자. 어떤 유형의 인간이 얼마나 가치를 갖고 있는지를 평가하기 위해서는 그 인간의 생존을 유지하는 데 드는 비용을 계산해보아야 한다. 즉 그 인간의 존재 조건들을 알 필요가 있다. 선한 인간의 존재 조건은 거짓이다. 달리 말하자면 현실이 실제로 어떠한지를 절대로 보고 싶어 하지 않는다는 것이다. 현실은 언제나 선의의 본능을 불러일으키는 것은 아니며, 근시안적인 선한 사람들의 개입을 항상 달가워하는 것은 더욱더 아니다. [선한 인간은 이러한 현실을 직시하려고 하지 않는다.] 모든 종류의 곤경을 부정적인 것으로 또는 제거해야 하는 것으로 생각하는 것은 어리석기 그지없는 것이며, 결과적으로는 큰 재앙을 초래할 치명적인 어리석음이다. 그것은 가난한 사람들에 대한 동정 때문에 나쁜 날씨를 제거하려고 하는 것과 거의 동일한 정도로 어리석은 짓이다. … 전체를 보는 거시경제학에서는 현실에서의 (정동(情動)과 욕망과 힘에의 의지에서의) 무시무시함이 선의라고 불리는 하찮은 형태의 행복보다도 헤아릴 수 없을 정도로 더 절실하게 필요한 것이다. 선의라고 하는 것은 본능적인 거짓을 전제로 갖기 때문에, 선의에게 전체 속에서 하나의 자리를 인정하기 위해서는 상당히 관대하지 않으면 안 된다. 가장 선량한 인간들에게서 비롯된 **낙천주의**가 역사 전체에 초래했던 결과들이 얼마나 측량할 수 없을 정도로 무시무시한 것이었는지를 입증할 큰 기회를 갖게 될 것이다. 낙천주의자는 염세주의자만큼이나 데카당하며 아마도 더 해로운 자라는 사실을 간파한 최초의 인간인 차라투스트라는 이렇게 말했다. 선한 자들은 결코 진리를 말하지 않는다. 거짓 해안과 거짓 안전을 그대들에게 가르친 자는 선한 인간들이었다. 그들의 거짓말 속에서 그대들은 태어나고 보호받았다. 모든 것이 선한 인간들에 의해서 밑바닥에 이르기까지 기만되고 왜곡되었다.[346] 다행스럽게도 이 세상은 선량한 무리 동물이 자신들의 작은 행복을 발견할 수 있는 그러한 본능들에 기초하여 세워진 것이 아니다. 만인에게 '선한 인간'이 되어야 한다든지, 무리 동물이 되어야 한다든지, 푸른 눈을 가져야 한다든지,[347] 선의로 가득 찬 인간이 되어야 한다든지, '아름다운 영혼'이 되어야 한다든지, 혹은 허버트 스펜서가 말한 것

---

346) 『차라투스트라는 이렇게 말했다』 3권, 「옛 서판과 새로운 서판에 관하여」 28절.
347) '푸른 눈을 갖고 있는(blauäugig)'이라는 말은 '순진한'이라는 의미이다.

처럼 이타적이 되어야 한다고 요구하는 것은 사람들에게서 그들이 갖는 위대한 성격을 빼앗고 인류를 거세하며 가련한 환관의 상태로 끌어내리는 것을 의미한다. 이것이 이제까지 인간이 추구해왔던 것이다! … 그리고 바로 그런 것이 도덕이라 불려왔던 것이다. … 이런 의미에서 차라투스트라는 선한 인간을 어떤 때는 '말세인', 어떤 때는 '종말의 시작'이라고 불렀다. 무엇보다도 그는 선한 인간을 가장 해로운 인간 유형으로 여긴다. 이는 이들이 진리와 미래를 희생으로 하여 자신들의 생존을 관철해왔기 때문이다.

"선한 인간들 ─ 이들은 창조할 수 없다. 이들은 항상 종말의 시작이다.
─ 이들은 새로운 가치들을 새로운 서판에 쓰는 자를 십자가에 못 박는다. 이들은 자신을 위해 미래를 희생시킨다. 이들은 인간의 미래 전체를 십자가에 못 박는다!
선한 인간들 ─ 이들은 항상 종말의 시작이었다. …
세상을 비방하는 자들의 해악이 아무리 크더라도 선한 인간들의 그것에 비할 정도는 아니다."[348]

5

선한 인간들에 대한 최초의 심리학자인 차라투스트라는 — 따라서 — 악한 자들의 친구다. 데카당한 유형의 인간이 최고 유형의 인간이란 지위에까지 오르게 된 것은 오직 정반대의 인간 유형, 즉 강하며 삶에 대한 확신으로 차 있는 인간 유형을 희생시키는 것에 의해서만 가능했다. 무리 동물이 가장 순수한 덕의 광휘 속에서 찬양을 받게 되는 경우에는 예외적인 인간은 악한 인간으로 폄하될 수밖에 없는 것이다. 만약 거짓이 어떠한 대가를 치르더라도 자신의 관점이 '진리'의 관점이라고 주장할 경우에는, 참으로 진실한 인간은 최악의 이름으로 불리게 될 수밖에 없다. 차라투스트라는 이 점과 관련하여 일말의 의심조차 허용하지 않는다. 그는 이렇게 말한다. 그가 인간에 대해서 공포의 전율을 느끼게 됐던 것은 선한 인간들, 최고의 선한 자들의 정체를 간파했기 때문이라고. 그리고 '먼 미래를 향해 높이 날아갈 수 있는' 날개를 키우게 된 것도 이러한 혐오감에서라고. 차라투스트라는 자신의 인간 유형, 즉 상대적으로 초인적인 유형이[349] 선한 인간들과 비교할 때는 분명히 초인

---

349) 여기에서 니체가 차라투스트라를 '초인의 유형'이 아니라 '상대적으로 초인적인 유형'이라고 말하는 것은, 차라투스트라가 선한 인간들에 비해서는 초인이라고 볼 수 있지만 초인 자체는 아니기 때문이다.

적인 유형이며, 선하고 정의로운 인간들이 그의 초인을 악마라고
부르게 될 것이라는 사실을 숨기지 않는다. …

"내가 보아왔던 인간 중 최고의 인간들이여! 그대들에 대한 나의 의심과
비밀스러운 조소는, 추측건대 그대들이 나의 초인을 악마라고 부를 것
이라는 점이다!
위대한 존재는 그대들의 영혼에게는 너무나 낯설기에, 초인이 선의를
갖고 있을 때에도 그대들에게는 그가 두려울 것이다. …"[350]

다른 어떤 것이 아니라 바로 이것을 차라투스트라가 무엇을 원하
는지를 파악하기 위한 실마리로 삼아야 한다. 차라투스트라가 구상
하고 있는 유형의 인간은 현실을 있는 그대로 생각한다. 이 인간은
그럴 수 있을 정도로 강하다. 그는 현실에서 소외되어 있지 않으며
멀리 떨어져 있지도 않다. 그는 현실 자체이며 현실의 무시무시하
고 의심스러운 모든 것을 자신 안에도 가지고 있다. 이럴 경우에만
인간은 위대해질 수 있다. …

---

350) 『차라투스트라는 이렇게 말했다』 2권, 「처세에 대하여」 26절.

6

그러나 나는 다른 의미로도, 즉 나 자신에 대한 표지이자 명예로운 칭호로서 비도덕주의자라는 말을 선택했다. 즉 나는 전체 인류에 대해서 나를 확연히 구분 지을 수 있는 이러한 말을 내가 가지고 있다는 것을 자랑스럽게 생각한다. 이제까지 **그리스도교** 도덕을 자기 아래 있다고 느꼈던 자는 아무도 없었다. 그렇게 느끼기 위해서는 [정신의] 높음과 멀리까지 바라보는 시야 그리고 전대미문의 심리학적 깊이와 심원함이 필요하다. 그리스도교적 도덕은 지금까지 모든 사상가에게는 키르케[351]와 같은 존재였다. 그들은 그녀를 섬겼다. 나 이전에 누가 이런 종류의 이상(理想)의 독기 — **세상을 비방하는 독기!** — 가 뿜어져 나오는 동굴 속으로 들어갔는가? 누가 감히 그것이 동굴이라는 것을 감지라도 하려고 했던가? 나 이전의 철학자 중 누가 과연 **심리학자**였는가? 그들은 오히려 심리학자와는 정반대되는 '고등 사기꾼'이나 '이상주의자'가 아니었던가? 나 이전에는 심리학도 전혀 존재하지 않았다. 최초의 심리학자가 된다는 것은 저주일지도 모른다. 어찌 됐건 이것은 하나의 운명이다. **왜냐하면 최초의 인간은 또한 경멸하기도 하는 인간이기 때문이다.** … 인간에 대해서 구토를 느끼는 것, 이것이 바로 나의 위험이다. …

---

351) 키르케에 대해서는 각주 185번을 참조할 것.

7

　나를 이해했는가? 나를 나머지 전체 인류와 확연히 구분 짓고 나머지 인류 전체와 대립시키는 점은 내가 그리스도교적 도덕의 정체를 파헤쳤다는 점이다. 이것이 내가 만인을 도발하는 의미를 갖는 하나의 말[비도덕주의자라는 말]을 필요로 했던 이유다. 그리스도교적 도덕의 정체에 대해서 인류가 좀 더 일찍이 눈을 뜨지 못했다는 것은 내가 보기에는 인류가 자신의 양심에 비춰 부끄러워할 만한 불결함이고, 본능이 되어버린 자기기만이며, 모든 사건, 모든 인과관계, 모든 현실을 보지 않으려는 철저한 의지이고, 범죄라고 할 수 있을 정도로 심리적인 사태를 위조하는 행위다. 그리스도교에 대한 맹목은 가장 큰 범죄다. 즉 삶에 대한 범죄인 것이다. … 수천 년의 세월, 민족들, 최초의 인간들과 최후의 인간들, 철학자들과 늙은 여인들 — 역사상 대여섯 번의 순간을 제외한다면, 그리고 일곱 번째 순간으로서의 나를 제외한다면 — 이들 모두는 그리스도교를 맹목적으로 믿고 있다는 점에서는 모두 동일하다. 그리스도교는 이제까지 '도덕적 존재' 자체였으며 비할 바 없이 신기한 골동품이었다. 그리고 '도덕적 존재'로서 그리스도교는 인류를 극도로 경멸하는 자라도 꿈도 꾸지 못할 정도로 터무니없고, 기만적이며, 허영심이 강하고, 경솔하며, 자기 자신에 대해서도 유해했다. 그리스도교적 도덕은 거짓을 범하려는 의지 중에서 가장 악의적인 것이며, 인류에 대한 진정한 마녀 키르케였으며, 인류를 타락시킨 장본인이다. 그리스도교를 볼 때 나를 공포에 사로잡히게 하는 것은 그리스도교 도덕 자체가 오류 자체라는 점이 아니다. 또한 [그리스도교라는] 오류가 승리했다는 사실에서 드러나는 것처럼 수천 년 동안 정신적인 문제에서 '선한 의지', 도야, 예의, 용기가 결여되어 있었다는 점도 아니다. 나를 공포에 사로잡히게 만드는 것은 자연의 결여다. 그것은 반(反)자연 자체가 도덕으로서 최고의 영예를 누리면서 법칙이자 정언명령으로서 인류의 머리 위에 걸려 있었다는 모골이 송연한 사실이다. … 개인이나 민족이 **아니라** 인류 전체가 이렇게 큰 실수를 하다니! … 즉 인간에게 삶의 최고의 본능들을 경멸하도록 가르쳤다는 것, 신체를 모욕하기 위해서 '영혼'과 '정신'을 **날조해냈다**는 것, 삶의 전제인 성을[352] 불결한 것으로 느끼도록 가르쳤다는 것, 성장을 위해서 가장 필수 불가결한 것, 즉 **엄격한 이기심**(이기심이라는 이 말 자체에 이미 그것을 비방하는 의미가 포함되어 있다)에서 악의 원리를 찾는 것, 거꾸로 쇠퇴와 반(反)본능의 전형적인 징후인 '사심 없음', 중심의 상실, '탈개인화'와 '이웃사랑'(―이웃에 대한 **집착**!)을[353] **보다 높은 가치**, 아니 **가치 자체**로 보는 것.

---

352) 남녀 간의 성행위는 새로운 생명이 탄생하기 위한 전제다.

353) 니체에 따르면 이웃사랑은 자신의 삶에서 가치와 의미를 느끼지 못하는 사람들이 자신의 공허함과 무력함을 채우기 위해 하는 위선적인 행동이다. 이들은 이웃에게서 친절하고 동정심 많은 인간이라는 칭찬을 얻는 방식으로

… 무엇이라고? 인류 자체가 데카당스에 빠져 있다는 말인가? 인류는 항상 데카당이었다는 말인가? 확실한 것은 인류는 데카당스의 가치만을 최고의 가치로서 **배워왔다**는 것이다. 탈아(脫我)를 가르치는 도덕은 전형적인 하강의 도덕이다. 그것은 '나는 몰락한다'는 사실을 '그대들 모두는 몰락해야 한다'는 명령으로 번역하는 도덕이다. 그리고 명령으로 번역하는 것만으로 **끝나지 않는다.** … 지금까지 사람들이 배워온 유일한 도덕인 탈아의 도덕은 종말을 향한 의지를 노출하고 있으며 가장 깊은 근저에 이르기까지 삶을 부정한다. 그러나 여기에는 아직, 퇴화하고 있는 것은 인류가 아니라 저 기생충 같은 인간인 **성직자뿐**이라는 가능성이 남아 있다. 이들은 도덕이라는 수단을 이용하여 인류를 기만하면서 자신들을 인류의 가치를 규정하는 자로 격상시켰으며, 그리스도교적인 도덕에서 **권력**을 잡기 위한 수단을 찾아냈다. … 진실로 내가 통찰한 것은 바로 다음과 같은 것이다. 즉 인류의 교사들, 인류의 지도자들, 신학자들 모두가 데카당이기도 했다는 것이다. **따라서** 모든 가치를 삶에 적대적인 것으로 전환했던 것이며, **이로부터** 도덕이라는 것이 생긴 것이다. … **도덕의 정의:** 도덕이란 삶에 대해 복수하려는 저의

자신의 가치를 확인하려고 한다. 이웃의 이러한 칭찬과 인정이 없으면 살아갈 수 없는 자들이라는 점에서 니체는 그들을 이웃에 중독된 자들이라고 부른다.

를 가지고 있는, **아울러** 복수에 성공한 데카당들의 특이체질이다. 나는 이러한 정의에 많은 가치를 부여하고 싶다.

8

내 말을 이해했는가? 나는 5년 전에 차라투스트라의 입을 통해 이미 말하지 않았을 것 같은 말은 여기서 한마디도 하지 않았다. 그리스도교적 도덕의 정체를 **발견하는 것**, 이것은 유례가 없는 사건이며 진정으로 하나의 파국을 초래하는 일이다. 그리스도교적 도덕의 본질을 분명히 밝히는 자는 하나의 불가항력이자 하나의 운명이다. 그는 인류의 역사를 둘로 분할한다. 즉 그의 존재 **이전**과 그의 존재 **이후**로. … 진리의 섬광이 이제까지 최고의 자리에 있었던 바로 그것에 내리쳤다. 이때 무엇이 파괴되었는지를 파악하는 자는 자신의 손에 남은 것이 있는지 없는지를 살펴보는 것이 좋다. 이제까지 진리라고 불려온 것은 가장 유해하고 가장 음험하며 가장 지하적인 형식의 거짓으로서 드러난다. 인류를 '개선한다'는 저 신성한 구실은 생 자체의 피를 빨아서 삶을 빈혈로 만드는 책략으로서 드러난다. **흡혈귀**로서의 도덕. … 도덕을 폭로하는 자는 사람들이 신봉하고 있거나 신봉해온 모든 가치가 무가치하다는 사실도 함께 폭로했다. 그는 이제 가장 존경받았던 자들, **성스럽다**고 칭송되었던 유형의 인간들에게서 더 이상 존경할 만한 구석을 조금도 보지 못한다. 그는 그들에게서 가장 치명적인 불구들을 본다. 그들이 치명적인 자들인 것은 그들이 인간을 현혹해왔기 때문이다. … 삶의 반대개념으로서 고안된 '신'이라는 개념 속에는 유해하고 유독하며 삶을 비방하는 모든 것이, 삶에 대한 불구대천의 적개심 전체가 종합되어 하나의 무시무시한 통일체를 이루고 있다! '피안'과 '참된 세계'라는 개념은 존재하고 있는 유일한 이 세계를 무가치한 것으로 만들기 위해서, 즉 우리 지상의 현실을 위한 어떠한 목적도 어떠한 이성도 어떠한 과제도 남기지 않기 위해 고안된 것이다! '영혼', '정신', 궁극적으로는 '불멸의 영혼'이란 개념조차 신체를 경멸하고 병들게 — '성스럽게' — 만들기 위해 고안되었으며, 삶에서 소중한 모든 것, 즉 영양, 주거, 정신적인 섭생, 질병의 치료, 청결, 기후의 문제들을 섬뜩할 정도로 경솔하게 다루도록 만들기 위해서 고안되었다! 건강 대신에 '영혼의 구원'! 그러나 영혼의 구원이란 바로 참회의 경련과 구원의 히스테리 사이에서 오락가락하는 조울증적인 광기다. '죄'라는 개념은 그것에 속하는 고문 도구인 '자유의지'라는 개념과 함께 본능을 교란하기 위해 고안된 것이며, 본능에 대한 불신을 제2의 본성으로 만들기 위해 고안된 것이다! '사심이 없는 자'나 '자기를 부정하는 자'라는 개념에서는 데카당스의 분명한 징후들, 즉 유해한 것에 의해서 유혹되는 것, 자신에게 이로운 것을 더 이상 발견할 수 없는 무능력, 자기 파괴와 같은 것들이 가치의 표시가 되었으며, '의무', '성스러움', 인간에 존재하는 '신적인 것'이 되었다! 마지막으로 — 이것이 사실 가장 소름 끼치는 것인데 — **선한** 인간이라는 개념에서는 약한 자, 병든 자, 실패한 자, 자기 자신으로 인해 고통받는 자 — 즉 **몰락해야만 하는** 모든 자가 지지를 받고 있다. 선한 인간이란 개념에서는 **자연선택의** 법칙이 십자가에 못 박혀 있다. 그 개념에서는, 긍지에 차 있는 훌륭한 인간, [이 세계를] 긍정하는 인간, 미래를 확신하며 미래를 보증하는 인간에 대한 반대가 이상적인 것으로 간주되고 있는 것이다. 이런 인간은 이제 악인이라고 불린다. 그리고 이 모든 것이 도덕으로서 신봉되었던 것이다! 이 파렴치한 것을 분쇄하라!354)

9

내 말을 이해했는가? 디오니소스 대 십자가에 못 박힌 자. …

---

354) 볼테르의 말.

역자 해제

니체의 삶과 사상

1. 『이 사람을 보라』는 어떤 책인가?

『이 사람을 보라』는 니체가 자신의 가족과 삶 그리고 자신의 사상과 작품들에 대해서 이야기하는 자서전적인 책이다. 니체는 이 책을 1888년 마흔네 번째 생일을 맞아 쓰기 시작해서 11월 4일 초고의 형태로 완성했지만, 광기에 빠지기 직전인 1889년 1월 초까지 계속해서 수정, 보완했다.

크게 네 부분으로 이루어져 있는 이 책의 각 부분에는 '나는 왜 이렇게 현명한가', '나는 왜 이렇게 영리한가', '나는 왜 이렇게 좋은 책을 쓰는가', '나는 왜 하나의 운명인가'라는 도발적인 제목들이 붙어 있다. 일찍이 누구도 이렇게 자신의 책에서 낯 뜨거울 정도로 자화자찬한 적은 없었을 것이다. 혹자는 이러한 제목들에는 그동안 여러 책을 출간했지만 아무런 반향이 없었던 것에 힘들어했던 니체의 콤플렉스가 반영되어 있다고 볼 것이다. 또 혹자는 이러한 제목들을 과대망상에서 비롯된 것으로 보면서 그것들에서 얼마 후 니체를 엄습하게 되는 광기의 전조를 볼 것이다. 사실 니체 정도의 인물이 아닌 다른 사람이 이런 식으로 제목을 붙이면 누구든 그가 정상이 아니라고 생각할 것이다.

니체 역시 이러한 제목들이 도발적으로 들릴 것이라는 사실을 잘 알고 있었다. 니체가 이러한 사실을 모른 채 제목들을 그렇게 붙였다면 그것은 과대망상의 발로나 광기의 징후라고 볼 수 있을 것이다. 그러나 니체는 그러한 사실을 잘 알고 있었다. 따라서 니체가 그렇게 제목들을 붙인 것은 의도적인 것이었다. 니체는 『선악의 저편』에서 이렇게 말한 적이 있다.

"나는 나의 가치에 대해서 잘못 평가하고 있을지도 모른다. 그럼에도 불구하고 나는 나의 가치를 내가 평가한 대로 다른 사람들이 인정해주기를 요구한다. 그러나 이것은 결코 허영심이 아니다(오히려 자부심이거나 대개의 경우 '겸손'이나 '겸양'이라고도 불리는 것이다)."(『선악의 저편』 261절)

니체는 자신의 사상이 인류에게 새로운 방향을 제시하는 위대한 사상이라고 생각했고, 사람들에게 자신의 사상을 그렇게 인정해줄 것을 요구한다. 이러한 요구를 니체는 과대망상에서 비롯된 허영심으로 보지 않고 자부심의 표현으로 본다.

사람들은 흔히 겸손한 사람을 좋아한다. 이러한 심리에는 겸손한 사람은 자신들의 지위를 함부로 넘보면서 자기들을 위태롭게 하지 않을 것이라는 타산이 배어 있는 경우가 많다. 따라서 사람들은 다른 사람들이 자신에 대해서 가질 수 있는 경계심을 풀게 하기 위해서 겸손을 가장하기도 한다. 니체는 이렇게 남의 눈치를 보는 겸손을 천민적인 것으로 배격한다. 겸손을 가장하는 사람들은 겉으로는 겸손을 떨면서 속으로는 칼을 숨겨두고 있는 면종복배(面從腹背)의 사람일 수 있다. 니체는 자신의 격에 맞지 않는 인정을 기대하는 것은 허영심이라고 보지만, 자신의 격에 어울리는 인정을 요구하는 것은 오히려 진정한 의미의 겸손이라고 본다.

화가 장욱진은 "나는 심플하다. 때문에 나는 겸손보다는 교만이 좋고 격식보다는 소탈이 좋다"고 쓴 적이 있다. 니체가 붙인 제목들에서 니체의 교만을 엿볼 수도 있겠지만, 니체의 교만은 장욱진이 좋아하는 솔직하고 심플한 교만에 가까운 것이 아닌가 한다.

더 나아가 우리는 니체의 교만에서 당시의 유럽을 지배하고 있는 노예도덕 내지 무리도덕에 대한 노골적인 조소와 비아냥을 엿볼 수 있다. 니체는 『선악의 저편』에서 이렇게 쓰고 있다.

"다른 한편으로는 오늘날 유럽에서 무리인간은 자신만이 유일하게 허용된 종류의 인간인 것처럼 자처하며, 유순하고 협조적이며 무리에게 유용한 인간으로 존재하게 하는 자신의 특성들이야말로 진정한 인간적 미덕이라고 찬양한다. 이러한 미덕들은 공공심, 친절, 배려, 근면, 절제, **겸손**, 관용, 동정이다."(볼드 강조는 역자에 의한 것임)

니체 당시의 유럽뿐 아니라 대부분의 사회는 구성원들에게 사회에 겸허하게 순응하면서 다른 사람들과 마찰하지 않고 잘 어울릴 것을 요구한다. 그러나 니체는 이러한 겸허한 순응의 정신에서는 창조적이고 위대한 것이 나올 수 없다고 본다. 흔히 미덕으로 간주되는 겸손의 덕을 의심의 눈초리로 바라보는 니체의 시각은 겸손보다도 긍지를 더 높이 평가했던 아리스토텔레스의 시각과 흡사하다. 아리스토텔레스는 이렇게 말하고 있다.

"긍지에 찬 인간은 자신이 고귀하고 탁월한 가치를 갖는 인간이라고 생각하는 사람이며 실제로도 그렇게 고귀한 가치를 갖는 인간이다. 이에 반해 고귀한 가치도 없으면서 자신이 그러한 가치를 갖는다고 생각하는 사람은 교만한 사람이며, 자신이 실제로 갖는 가치보다 자신이 더 작은 가치를 갖는다고 생각하는 사람은 비굴한 사람이다. 그리고 별로 탁월하지 않은 사람이 자신을 탁월하지 않은 인간으로 인정하는 경우에 그는 겸손한 사람이지만 긍지가 있는 사람은 아니다. 왜냐하면 긍지에는 위대한 태도가 속하기 때문이다."

니체 역시 아리스토텔레스와 마찬가지로 고귀한 가치도 없는 자가 자신이 그런 가치를 갖고 있다고 착각하면서 으스대는 것은 볼썽사나운 교만이지만, 실제로 고귀한 가치를 갖는 인간이 자신을 그렇게 생각하는 것은 긍지와 자부심이라고 본다. 이런 시각에서 보면 장욱진이 이야기하는 교만도 사실은 긍지일 것이다.

이런 맥락을 고려해볼 때, 언뜻 보기에는 극히 과대망상적으로 보이는 『이 사람을 보라』의 소제목들에는 겸손과 순응을 미덕으로 간주하는 그리스도교와 당시의 유럽 사회를 조소하면서 그리스인들이 숭상했던 긍지의 덕을 다시 회복하려는 의도가 반영되어 있다고 할 수 있다. '이 사람을 보라(Ecce homo)'라는 이 책의 제목에도 그리스도교와 예수에 대한 대결의식이 엿보인다. '이 사람을 보라(Ecce homo)'는 주지하듯이 예수를 십자가형에 처할 것을 요구하는 당시의 유대 대중을 향해서 로마 총독 빌라도가 예수를 가리키며 한 말이다. 니체가 '이 사람을 보라'고 말할 때의 '이 사람'은 물론 예수가 아니라 니체 자신이다. 니체는 사람들이 보아야 할 것은 예수가 아니라 니체 자신이라고 말하면서 사람들에게 자신의 말에 귀를 기울일 것을 요구하고 있는 것이다.

그리스도교와 예수에 대한 이러한 대결의식은 니체가 『이 사람을 보라』를 "내 말을 이해했는가? 디오니소스 대 십자가에 못 박힌 자. …"라는 말로 마치고 있다는 사실에서도 분명히 드러난다. 여기서 니체는 자신을 디오니소스에게 빗대고 있다. 그리스도교의 교리에 따르면 그리스도교의 신은 인간의 죄를 대속(代贖)하기 위해서 예수라는 인간의 몸으로 지상에 내려와 십자가에 못 박혀 죽는 방식으로 자신을 희생했다. 그리스도교의 신은 인간을 자신의 죄를 벗어날 힘도 없는 무력하고 유한한 존재로 생각하면서 동정하는 신이다. 니체는 이러한 신은 인간을 사랑한다고 하지만 사실은 인간을 유약한 존재로 보면서 무시한다고 본다. 니체가 보기에 그리스도교는 사실은 인간 멸시의 종교인 것이다.

니체는 자신을 디오니소스 신의 화신으로 본다. 이 경우 디오니소스 신은 세계의 강인하고 충일한 생명력을 상징한다. 그리스도교는 이 세계를 고통과 빈곤에 시달리는 불완전한 세계로 보는 반면, 니체는 낭비적이라고 느껴질 정도로 풍요로운 세계로 본다. 이 세계에는 거대한 바다와 대지, 무수한 식물종과 동물종이 존재하며 또한 무수한 개체가 끊임없이 탄생과 소멸을 반복한다. 봄에는 모든 것이 일시에 꽃을 피우고 여름에는 무성하게 우거지고 가을에는 시들고 겨울에는 앙상한 가지만 남긴다. 그러다가 다시 봄이 오면 언 땅을 뚫고 새싹이 터 오른다.

이 세계에는 조화뿐 아니라 갈등도 존재하며, 탄생의 기쁨과 함께 산모의 진통도 존재한다. 탄생과 죽음, 파괴와 창조가 무수히 다양한 형태로 도처에서 일어난다. 니체는 이러한 세계에서 엄청나게 풍요롭고 충만한 힘을 본다. 이러한 힘은 아무런 이유도 목적도 없이 창조와 파괴를 거듭하면서 유희한다. 니체는 이러한 힘을 디오니소스 신이라고 불렀고, 세계란 디오니소스 신이 창조와 파괴를 즐기는 놀이터라고 보았다.

니체가 말하는 초인은 디오니소스 신과 같은 충일한 생명력으로 그 어떠한 고난과 고통에도 불구하고 삶을 흔쾌히 긍정하면서 유희하듯 살아가는 자다. 니체는 자신은 '춤출 줄 아는 신'을 믿겠다고 말한 적이 있는바, 초인은 '춤출 줄 아는 신'인 디오니소스 신처럼 어떠한 고난에도 춤추듯 경쾌하게 살아가는 존재인 것이다.

아래에서는 『이 사람을 보라』를 이해하기 위해서 독자들이 미리 알고 있어야 할 니체의 삶과 사상을 소개할 것이다.

2. 니체의 삶[1]

니체는 1844년 10월 15일 독일 라이프치히 근처의 뢰켄이란 작은 마을에서 태어났다. 아버지는 루터교 목사였고 어머니 역시 목사의 딸이었다. 이러한 가정환경에서 자라난 니체의 어린 시절 꿈은 목사가 되는 것이었다. 어릴 적의 그는 친구들에게 꼬마 목사라고 불렸을 정도로 신심 깊은 소년이었다. 니체가 네 살이었을 때

---

1) 이 부분은 역자의 책 『그대 자신이 되어라 ― 해체와 창조의 철학자 니체』(부북스, 2016) 중 「니체의 생애와 저작」을 수정, 보완하여 실은 것이다.

아버지가 뇌의 이상으로 죽었기 때문에, 니체는 할머니와 어머니를 비롯한 부인들의 보살핌 속에서 섬세하고 감수성이 예민한 소년으로 자라났다. 조숙했던 니체는 일찍부터 시와 음악 그리고 철학에 뛰어난 재능을 보였다.

니체는 1858년 열네 살이 되던 해에 명문으로 이름이 높았던 중등학교인 슐포르타에 입학했다. 중등학교 시절에 니체는 이미 그리스도교에 대한 신앙을 잃어버리게 된다. 1864년 20세의 니체는 슐포르타를 졸업하고 본 대학에 입학했다. 그는 원래 고전문헌학과 신학을 공부했지만 한 학기 후에는 신학은 중단하고 고전문헌학에만 전념하였다. 1865년에 니체의 고전문헌학 스승인 리츨이 라이프치히 대학으로 초빙을 받게 되면서 니체도 그곳으로 적을 옮기게 된다. 라이프치히 대학에서 수학하던 시절, 니체는 쇼펜하우어의 사상과 바그너의 음악에 접하고 깊이 매료된다.

니체는 라이프치히 대학에서 학업을 계속하던 중 1869년에 리츨 교수의 추천으로 스위스 바젤 대학의 교수가 되었다. 당시 니체가 25세에 불과했고 아직 박사학위도 취득하지 않은 상태였다는 사실을 고려해볼 때, 리츨이 니체를 얼마나 높이 평가했는지 알 수 있다.

1870년에 독일과 프랑스 사이에 전쟁이 일어났을 때 니체는 간호병으로 지원하였으나, 종군 중 이질과 디프테리아에 감염되어 4주 만에 바젤에 되돌아왔다. 니체는 이해 겨울에 요양을 하면서 첫 번째 작품 『비극의 탄생』을 썼다. 이 책에서 니체는 그리스 비극의 기원과 본질을 탐구하고 있다. 고대 그리스의 고전을 깊이 연구하면서 그리스 문화에 심취해 있던 니체는 당시 유럽의 병약하고 퇴폐적인 문화는 '비극적인 운명에서 도피하지 않고 그것과 의연하게 대결하는 고대 그리스의 숭고한 문화'를 회복하는 것을 통해서만 쇄신될 수 있다고 보았다. 또한 바그너의 음악에서 그리스인들의 비극정신, 즉 삶의 고통과 무상함에도 불구하고 삶을 흔쾌히 긍정하는 성신이 부활하고 있다고 보면서, 바그너의 음악이 향락과 안일을 탐닉하던 당시 사회에 청신하고 기품 있는 생명력을 불러일으키리라고 생각했다. 니체는 바그너와 마찬가지로 음악을 사람들이 단순히 듣고 즐기는 오락거리가 아니라 '인간과 세계의 변혁을 초래할 수 있는 힘'을 갖는 것으로 보았다.

니체는 1873년에서 1876년에 걸쳐 『반시대적 고찰』을 써서 당시의 퇴락한 문화적 풍토를 신랄하게 비판했다. 그는 당시의 역사학이 역사에 대한 객관적인 연구라는 미명하에 온갖 자질구레한 역사적 사실들을 탐구하는 데 몰입함으로써, 사실상 삶에서 도피하고 있으며 더 나아가 잡다한 역사적 지식으로 삶을 질식시키고 있다고 비판했다. 아울러 국가가 국민들을 국력의 신장을 위한 도구로 사용하는 한편, 사람들을 경제적 이익만을 탐하는 저열한 존재로 타락시키고 있다고 비판했다.

바그너에 열렬히 심취했던 니체는 바그너의 음악이 갈수록 그리스도교적인 성향을 띠게 되면서 바그너와 결별하게 된다. 1876년 극심한 두통과 계속되는 눈병으로 대학 강의를 쉬게 된 후, 니체는 『인간적인 너무나 인간적인』을 집필했다. 이 책을 계기로 니체의 사상은 초기의 낭만주의적인 경향을 넘어서 사태를 냉철하게 분석하는 경향을 띠게 된다. 니체는 이 책과 1881년의 『아침놀』 그리고 1882년의 『즐거운 학문』에서 그리스도교와 그리스도교적인 도덕의 기원과 병폐를 생리학적으로 냉정하게 분석한다.

니체는 병마에 끊임없이 시달렸기 때문에 1879년 5월 결국 교수직을 사퇴하게 된다. 이후 그는 스위스나 이탈리아에서 요양하면서 사색과 저술에 몰두한다. 1883년에서 1885년에 걸쳐 니체는 대표작 『차라투스트라는 이렇게 말했다』를 저술한다. 여기서 니체는 영원회귀 사상과 초인 사상을 설파한다.

1886년의 『선악의 저편』과 다음 해에 쓴 『도덕의 계보』에서 니체는 이른바 절대적이고 불변적인 도덕은 존재하지 않으며 모든 도덕은 역사적인 상황에 따라서 변화하는 상대적인 것이라는 사실을 드러내고 있다. 더 나아가 도덕을 크게 주인도덕과 노예도덕으로 분류하면서, 흔히 신의 계율이나 타고난 양심에서 비롯된 것으로 주장되는 보편적인 도덕은 사실은 힘이 연약한 노예들이 힘이 강한 자들을 순화하고 제어하기 위해서 만들어낸 노예도덕이라고 해석하고 있다.

1888년에 쓴 『바그너의 경우』와 『니체 대 바그너』에서 니체는 바그녀를 당시의 퇴폐적인 유럽 문화의 상징이라고 비판한다. 같은 해의 『우상의 황혼』에서는 사람들이 숭배하는 우상들, 즉 소크라테스, 그리스도교, 칸트 그리고 과거와 당시의 수많은 작가들을 공격하고 있다. 역시 1888년에 집필한 『안티크리스트』에서 니체는 예수의 진정한 복음과 바울에 의해서 제도화된 그리스도교를 구별하면서 제도화된 그리스도교에 통렬한 비판을 가하고 있다. 그해에 쓴 자서전적인 책 『이 사람을 보라』에서 니체는 자신의 삶과 작품들을 회고하고 있다.

1889년 니체는 미친 상태로 길거리에 쓰러진 후 더 이상 정상을 회복하지 못하게 된다. 저술가로서 그의 인생은 44세의 나이로 종말을 맞은 것이다. 그는 어머니와 누이동생의 간호를 받으면서 10여 년을 보냈고, 20세기가 시작되던 1900년의 여름날에 조용히 숨을 거두었다. 니체가 죽은 후 니체의 누이동생이 그의 문헌을 관리했고, 그녀는 니체의 유고 중 일부를 편찬하여 『힘에의 의지』라는 제목으로 출간했다. 반유대주의와 나치의 이념에 동조했던 그녀는 이 책에서 나치 이념에 부합되도록 잠언들의 일부를 위조했다. 조르조 콜리와 마치노 몬티나리는 15권으로 구성된 비판적 연구전집(흔히 *KSA*로 약칭된다)에서 이러한 위조를 바로잡았다.

3. 니체의 사상[2]

1) 니힐리즘의 시대로서의 근대

니체의 가장 근본적인 문제의식은 이른바 '신이 죽은' 시대에 근대인이 지향해야 할 삶의 새로운 방향과 목표를 모색하는 것이었다.

근대과학의 발달과 함께 사람들은 더 이상 초감각적인 이데아나 초월적인 인격신의 존재를 믿지 않게 되었다. 이데아나 신과 같은 초감각적인 존재는 근대에 들어와 사람들의 삶을 규정하는 힘을 더 이상 갖지 못하게 된 것이다. 서양의 중세시대만 해도 신은 인간의 모든 생각과 행동을 규정했다. 그러나 근대인은 더 이상 신을 믿지 않게 되면서 자신의 모든 생각과 행동의 준거점을 신에게서 찾지 않게 된다. 이러한 사태를 니체는 '신은 죽었다'는 말로 표현하고 있다. 따라서 '신은 죽었다'는 니체의 유명한 말은 신이 존재하지 않는다는 무신론적인 주장이 아니라 근대라는 시대가 갖는 성격에 대한 시대 진단이다.

니체에게 '신은 죽었다'는 사태는 하나의 위기이자 기회다. 그러한 사태는 그동안 인간의 삶에 방향과 의미를 제공했던 것이 사라

---

2) 이 부분은 역자가 쓴 책 『니체를 읽는다』(아카넷, 2015) 중 1~2장의 내용을 요약, 정리한 것이다.

지게 됨으로써 니힐리즘이 지배하게 된다는 점에서 위기이다. 이경우 니힐리즘은 인간이 추구해야 할 의미나 가치가 존재하지 않는다고 보는 삶의 태도를 가리킨다. 그러나 이렇게 니힐리즘이 지배하게 되는 상황은 다른 한편으로는 그것을 계기로 인간이 초감각적이고 영원한 존재와 같은 허구에서 벗어나 현실 자체에 입각한 새로운 삶의 방향과 의미를 건립할 수 있다는 점에서 기회이기도 하다. 니체에게 니힐리즘의 시대로서의 근대는 이렇게 위기와 기회라는 양면적인 성격을 갖는 시대다.

2) 이원론적인 전통 형이상학 및 전통 종교와의 대결

서양의 전통 형이상학과 종교는 생성소멸하는 세계를 가상으로 간주하면서 이데아나 신이 거주하는 초감각적이고 영원한 세계만을 참된 실재로 보는 이원론의 성격을 가지고 있다. 니체가 말하는 '신의 죽음'은 이러한 이원론의 붕괴를 의미한다고도 할 수 있다.

우리의 삶이 생성과 소멸, 질병과 노화, 인간들 사이의 끊임없는 갈등과 투쟁의 한가운데에 처해 있다는 것은 그 누구도 부인할 수 없는 사실이다. 이러한 현실을 있는 그대로 받아들이면서 견뎌낸다는 것은 힘든 일이다. 니체는 소크라테스 이래로 서양을 2천 년 넘게 지배해온 이데아나 인격신 같은 개념과 이러한 초월적인 존재들이 거주하는 피안의 세계 같은 것은 이렇게 고통스러운 현실을 견뎌낼 힘을 사람들에게 부여하기 위해서 고안한 허구라고 본다. 사람들은 끊임없이 생성소멸하는 현실에서 이러한 영원한 존재에 귀의하여 마음의 평안을 얻는 한편, 죽은 뒤에는 모든 고통이 사라진 피안의 세계에 갈 수 있다고 생각하면서 살아갈 힘을 얻었다는 것이다. 니체는 이원론이 이렇게 인간에게 살아갈 힘을 부여하지만 다른 한편으로는 인간을 병약하게 만든다고 보았다.

서양의 전통 형이상학과 종교를 규정하는 이원론의 핵심적인 내용과 그 성격을 니체는 다음과 같이 파악한다.

첫째, 서양 형이상학의 초석을 놓은 소크라테스와 플라톤은 세계를 이데아로 이루어진 세계와 그러한 이데아가 불완전하게 실현된 현상계로 나누고 있으며, 그리스도교는 피안(천국)과 차안(현세)으로 나누고 있다. 이데아의 세계와 피안은 영원불변하고 선하며 완전한 세계인 반면에, 현상계와 차안은 끊임없이 생성소멸하고 악하며 불완전한 세계다. 이 경우 선이란 존재하는 것들 사이에 아무런 갈등과 투쟁도 없는 상태를 가리키며, 악이란 존재하는 것들 사이에 갈등과 투쟁이 만연한 상태를 가리킨다.

둘째, 이원론은 세계를 이원적으로 나누는 것에 상응하여 하나의 인간도 생성, 변화하는 현실에 속하는 부분인 신체와 그렇지 않은 부분인 순수영혼으로 나눈다. 순수영혼은 보편적인 성격을 갖고 보편적 선을 지향하는 반면에, 신체는 개별적인 성격을 갖고 개

266

인의 욕망과 이익을 추구한다. 순수영혼이 선을 실현하기 위해서는 성욕처럼 신체와 결부된 욕망이나 명예욕과 같은 이기적인 욕망을 근절해야 한다. 신체적인 욕망이나 이기적인 욕망에서 벗어난 순수한 영혼만이 영원한 피안의 세계에 들어갈 수 있게 된다.

셋째, 이원론은 평등주의적인 사고방식을 조장한다. 그것은 인간의 본질을 순수영혼에서 찾으면서, 모든 사람이 동일한 정도로 순수영혼을 갖고 있다는 점에서 평등하다고 본다. 이러한 평등주의적인 사고방식은 모든 인간을 신 앞에서 평등한 존재로 보는 그리스도교에서 전형적으로 나타나고 있다.

니체는 위와 같은 내용을 핵심으로 하는 이원론이 2천 년 넘게 서양을 지배하면서 서양인들을 다음과 같은 방식으로 병약하게 만들었다고 본다.

첫째, 이원론적인 철학이나 종교를 신봉하는 인간은 자신이 부딪히는 역경을 자신의 힘으로 타개하려고 하기보다는 신에게 의존하려고 하며, 현세를 고통에 찬 세계로 비하하면서 피안의 세계를 희구하게 된다. 이와 함께 인간은 의존적이고 나약하게 되며 현실도피적이 된다.

둘째, 이원론적인 철학이나 종교를 신봉하는 인간은 자신의 신체와 아울러 성욕과 같이 신체와 결부된 욕망이나 소유욕, 명예욕과 같은 이기적인 욕망을 악한 것으로 간주하면서 억압하게 된다. 하지만 이러한 욕망들은 인간이 근절하기 힘든 자연스러운 욕망이기 때문에 그것들에서 벗어나는 것은 거의 불가능하다. 이와 함께 인간은 죄의식에 사로잡히면서 자신을 학대하게 된다.

셋째, 평등주의적 사고방식은 사람들이 단순히 순수영혼을 소유하고 있다는 점에서 평등하다고 주장하면서 사람들 사이의 건설적인 경쟁을 저해한다. 그에 따라 사람들에게 획일화된 사상과 문화를 강요하면서 예외적인 인간들이 탁월한 업적을 구현하는 것을 막는다. 이와 함께 문화는 정체 상태에 빠지게 된다.

넷째, 이원론적인 철학과 종교는 자신의 힘으로 현실과 대결하는 것을 두려워하는 허약하고 삶에 지친 인간들이 자신의 삶에 힘을 불어넣기 위해서 만들어낸 허구에 불과하다. 그럼에도 그것들은 자신을 절대적인 진리로 내세우면서 사람들에게 무조건적인 신앙을 강요한다. 따라서 이원론적인 철학과 종교를 신봉하는 사람들은 비판적이고 독립적으로 사고하는 능력을 상실하게 된다.

다섯째, 이원론적인 철학과 종교는 자신들이 주창하는 가치나 규범이 신이나 순수영혼에서 비롯된다고 주장하면서 그러한 가치와 규범에 대한 무조건적인 신봉과 복종을 요구한다. 이와 함께 사람들을 권위에 맹목적으로 굴종하는 인간으로 만든다.

3) 세계와 인간의 실상

그러면 니체는 세계와 인간의 실상을 어떻게 파악하고 있는가?

첫째, 니체는 세계를 영원불변하는 피안과 생성소멸하는 차안으로 나누지 않고 오직 생성소멸하는 하나의 세계만이 존재한다고 본다. 또한 생성소멸하는 이 세계가 악한 세계라는 이원론적인 사상을 부정한다. 이원론적인 세계관은 이 세계를 갈등과 투쟁으로 가득 찬 악한 세계라고 보지만, 니체는 우리 인간은 이 세계가 악한 세계라거나 선한 세계라는 식의 판단을 내릴 수 없다고 본다.

이 세계에 대해서 객관적인 판단을 내릴 수 있기 위해서는 우리는 이 세계 밖에 존재하면서 이 세계를 하나의 대상으로 고찰할 수 있어야 한다. 그러나 우리는 태어나서 죽을 때까지 이 세계 '속에' 존재하며 이 세계에서 벗어날 수 없다. 이는 어떤 사람이 평생 동안 어떤 숲속에 갇혀 있을 경우에는 그 숲 전체에 대해서 아름답다거나 추하다거나 하는 판단을 내릴 수 없는 것과 마찬가지다. 그 숲을 전체로서 파악하기 위해서는 그 숲 밖으로 빠져나와서 숲 전체를 하나의 대상으로 볼 수 있어야 할 것이다.

따라서 세계 전체가 선하다든가 악하다든가 하는 판단은 아무리 객관적인 판단으로 위장해도, 사실은 그러한 판단을 내리는 인간의 생리적·심리적 상태의 표현일 뿐이다. 삶에 지치고 힘들어하는 자에게 이 세계는 불완전하고 추악한 세계로 나타나는 반면에, 삶에서 우리가 겪을 수밖에 없는 고통마저도 자기 강화와 발전을 위한 계기로서 흔쾌하게 긍정하는 강건한 자에게는 완전하고 아름다운 세계로 나타난다. 이런 의미에서 니체는 플라톤주의자들이나 그리스도교인들처럼 이원론적인 입장에서 이 세계를 악한 세계로 평가하는 자들은 삶에 지치고 피로한 자들이라고 보고 있다. 이에 반해 정신적으로 강건한 자들은 이 세계를 아름다우면서도 완전한 세계로 보게 된다.

이는 예를 들어 신체적으로나 정신적으로 약한 인간이 히말라야와 같은 험한 산을 올라가야만 할 때 그 산은 그들을 힘들게 할 뿐인 저주의 산으로 나타나는 반면에, 신체적으로나 정신적으로 강한 인간에게는 오히려 험하기 때문에 더욱 숭고하고 아름다운 산으로 나타나는 것과 마찬가지이다. 니체는 정신적으로 건강한 자에게는 투쟁과 갈등이 지배하면서 생성소멸하는 이 세계가 그 자체로 완전한 세계로 나타난다고 본다. 이 세계에는 강한 동물과 약한 동물이 존재하듯이 탁월한 인간뿐 아니라 열등한 인간도 존재하지만, 그것들이 서로를 필요로 하고 보완한다는 점에서 완전한 세계로 나타난다는 것이다.

둘째, 니체는 인간을 선한 순수영혼과 악한 신체로 구성되었다고 보지 않고 '힘에의 의지'라는 근본적인 충동이 인간을 지배하는 것으로 본다. 힘에의 의지란 자신의 힘과 위대함을 느끼고 싶은 욕망을 가리킨다. 이는 '각 개인의' 힘에의 의지로, 즉 각 개인이 자신을 강화하고 고양시키려는 노력으로 나타난다. 따라서 인간은 전통적인 이원론이 주장하는 것처럼 순수영혼으로서 아무런 사심도 없는 보편적인 선을 추구하려고 하는 것이 아니라 자신의 힘을 강화시키고 싶어 할 뿐이다. 이 점에서 니체는 인간이 자신에 대해서 긍지와 자부심을 느끼면서 자신을 탁월한 존재로 만들고 싶어 하는 열망을 극히 자연스러운 것으로 본다.

니체는 힘에의 의지가 성욕과 소유욕, 명예욕과 정복욕 같은 다양한 욕망과 충동으로 나타난다고 본다. 니체는 이원론적인 철학이나 종교처럼 이러한 욕망과 충동을 단죄하지는 않지만, 그렇다고 해서 그것들을 날것 그대로 수용해야 한다고 보지는 않는다. 그러한 욕망과 충동을 생산적인 방식으로 승화시켜야 한다고 본다. 아울러 니체는 전통적인 이원론에서 순수영혼이나 순수정신에 속하는 것으로 보았던 이성적인 인식능력은 실은 힘에의 의지가 자신을 실현하고 강화하기 위해서 이용하는 도구와 같은 것으로 보고 있다.

셋째, 니체는 모든 인간이 평등하지 않고 인간들 사이에 차등이 존재한다고 본다. 동물 세계에 사자와 그것에게 잡아먹히는 사슴이 있는 것처럼 인간 세계에도 차등이 존재한다. 이러한 차등은 무엇보다도 탁월하고 위대한 소수와 저열하고 평범한 다수 사이의 차이로 나타난다. 이러한 차이를 인정하는 사회에서만 탁월하고 위대한 인간이 자신의 능력을 마음껏 발휘할 수 있다. 따라서 문화의 발전을 위해서는 평등주의가 아니라 오히려 위계질서가 필요하다.

더 나아가 니체는 저열한 인간은 탁월한 인간이 자신의 탁월성을 실현하도록 보조해주는 데 만족해야 한다고 본다. 누구나 노력한다고 해서 탁월한 예술가가 될 수는 없기 때문에, 이런 사람들은 탁월한 예술가가 되려고 노력하기보다는 그러한 예술가가 예술 활동에 전념할 수 있도록 보조하는 것이 문화의 성장에 기여한다는 것이다. 저열한 인간들은 탁월한 소수가 자신의 능력을 최대한 발휘할 수 있도록 보조하는 것에 만족해야 하며 이른바 평등주의를 내세워서 하향평준화를 도모해서는 안 된다.

니체는 이렇게 세계와 인간의 실상을 있는 그대로 직시하면서 받아들이는 철학이야말로 인간을 건강하게 만든다고 본다. 어떤 점에서 그러한가?

첫째, 생성소멸하는 하나의 세계만이 존재한다고 보는 입장은 모든 종류의 현실도피를 차단한다. 그러면서 사람들이 역경에 부딪힐 때 신 따위의 허구적인 힘에 기대지 않고 자신의 힘만으로 그것을 타개하도록 자극하며, 이를 통해 사람들을 독립적이고 강한 인간으로 만든다.

둘째, 인간을 선한 순수영혼과 악한 신체로 이루어진 것으로 보지 않고 힘에의 의지라는 유일한 충동만이 존재하는 것으로 파악할 경우, 인간은 자기 분열에 빠지지 않고 자신에 대해서 조화로운 태도를 취할 수 있다. 이 경우 인간은 명예욕이나 성욕과 같은 자연스러운 욕망을 근절하기 위해서 그것과 승산 없는 싸움을 벌이기보다는 그것을 발전적으로 승화시켜나가는 길을 취할 수 있게 된다. 명예욕을 선의의 승부욕으로, 그리고 성욕을 남녀 간의 사랑으로 승화시킬 수 있는 것이다. 이와 함께 인간은 이원론에 사로잡혀 있을 때처럼 죄의식에 사로잡혀 자신을 학대할 필요가 없게 된다.

셋째, 현실세계에 차등이 존재한다고 보는 견해는 사람들 사이의 건설적인 경쟁을 허용함으로써 문화의 발전과 고양을 도모할 수 있다.

넷째, 니체의 세계관과 인간관은 현실 자체에 대한 냉철한 인식에 입각해 있다. 따라서 허구적인 세계관이나 인간관에 대한 무조건적인 신앙을 강요하면서 사람들의 정신적인 성숙을 막을 필요가 없으며, 세계와 인간의 실상을 인식하려고 하는 과학의 발전을 굳이 저해하려고 할 필요도 없다.

다섯째, 니체는 모든 가치와 규범은 인간이 자신의 힘을 고양하고 강화하기 위해서 정립한 것이라고 보고 있다. 가치와 규범은 이데아 세계에 미리 존재하거나 신이 내린 계율도 아니며, 칸트가 말하는 것처럼 우리의 타고난 양심에서 비롯된 것도 아니다. 그러므로 가치와 규범이 우리의 힘을 고양하고 강화하는 데 도움이 되지 않으면 우리는 얼마든지 폐기처분할 수 있다. 니체는 이러한 견해가 인간을 어떤 가치와 규범에 맹목적으로 예속되어 있는 상태에서 해방함으로써 인간이 가치와 규범의 노예가 아니라 주인이 되는 것을 가능하게 할 것이라고 본다.

4) 초인과 영원회귀 사상

신과 같은 허구에 의지하지 않고 오직 자기 자신에게만 의지하면서 스스로 삶의 의미와 척도를 부여하는 자를 니체는 초인이라고 부르고 있다. 그러면 초인은 어떤 방식으로 삶의 의미와 척도를 부여하는가? 그는 앞에서 보았던 이원론적인 철학이나 종교와는 달리 자신의 삶을 건강하게 하는 방식으로 삶의 의미와 척도를 부여한다. 초인에게 삶의 궁극적인 기준이 되는 것은 건강한 삶이다. 건강한 삶을 가능하게 하는 삶의 의미와 척도는 용인되지만 그렇지 못한 것은 즉각 폐기되어야만 한다.

그런데 건강한 삶이란 어떤 삶인가? 니체는 그것을 그 어떠한 고난과 고통에도 불구하고 생성소멸하는 현실을 긍정하면서 기쁘게 살아가는 삶이라고 규정하고 있다. 그것은 삶의 기쁨을 생성소멸하는 현실 너머에 있는 영원불멸의 피안이나 마르크스가 말하는 공산주의처럼 인간들 사이의 모든 갈등이나 고통이 사라진 미래의 유토피아에서 찾지 않는다.

이런 의미에서 니체는 초인을 영원회귀 사상을 흔쾌히 긍정하는 자라고 본다. 영원회귀 사상은 우리가 일생 동안 겪은 일체의 고통과 기쁨, 일체의 사념과 탄식, 크고 작은 모든 일이 다시 되풀이된다고 보는 사상이다. 이러한 사상은 세계가 지금보다 그리고 우리가 겪어온 것보다도 더 나아지리라는 희망을 차단한다. 죽어서 가게 되는 영원한 세계인 피안도 없고, 과거나 지금보다도 훨씬 나은 미래의 유토피아도 없다. 니체는 이렇게 동일한 세계가 영원히 회귀하더라도 그 세계를 흔쾌하게 긍정하고 받아들이는 사람이 바로 초인이라고 본다.

그러나 사람들 대부분은 동일한 세계가 이렇게 영원히 회귀한다면 좌절하고 절망에 빠지게 된다. 그러한 세계에서는 희망을 걸 수 있는 것이 하나도 없기 때문이다. 니체의 영원회귀 사상은 사실은 근대인이 처해 있는 니힐리즘의 상황을 극단적으로 표현한 것이라고 할 수 있다. 이원론적인 철학과 종교가 붕괴된 후 근대인은 아무런 의미도 목표도 없이 모든 것이 생성소멸할 뿐인 세계에 직면하게 된다. 이러한 세계에서 근대인은 새로운 출구를 찾지 못한 채 방황하고 절망한다. 니체의 영원회귀 사상은 모든 것이 아무런 목표도 의미도 없이 다시 되돌아올 뿐이고 앞으로 상황이 더 좋아질수 있는 가능성은 전혀 없다고 말하면서, 근대인이 처해 있는 니힐리즘의 상황을 극한에 이르기까지 밀고 나가고 있는 것이다.

사람들 대부분은 이러한 사상 앞에서 좌절하지만, 그것을 오히려 '신적인 사상'으로 긍정하면서 받아들이는 사람은 그의 존재 전체가 변화된다. 그의 존재는 아무런 의미도 목표도 없이 모든 것이 생성소멸하면서 되돌아오는 현실을 그대로 긍정할 정도로 강화되는 것이다. 그런데 이러한 사람에게 세계는 이제 전혀 다르게 나타나게 된다. 영원회귀의 세계를 긍정하지 못하는 사람에게 세계는 아무런 의미도 없이 돌고 도는 추악한 것으로 나타난다. 이에 반해 영원회귀의 세계를 긍정하는 사람에게는 매 순간순간이 의미로 충만한 아름다운 세계로 나타난다.

전통적인 이원론에서는 영원과 시간이 분리되면서 영원이 지배하는 피안세계는 충만하고 아름다운 것으로 나타났던 반면에, 시간이 지배하는 현세는 덧없고 추한 것으로 나타났다. 이에 반해 영원회귀를 긍정하는 자에게 시간의 매 순간은 영원의 충만과 아름다움을 간직한 것으로 나타나게 된다.

영원회귀를 긍정하는 자는 더 이상 삶의 의미와 방향을 영원불변하는 피안의 세계에서 구하지 않고 오직 이 지상에서 발견한다. 그러나 이 지상에서 삶의 의미와 방향을 발견한다는 것은 감각적인 욕망에 탐닉한다는 것을 의미하지 않는다. 그것은 이원론이 분리시켰던 영혼과 신체를 다시 화해시키는 것이며 영원과 시간을 화해시키는 것이다. 감각적인 욕망을 승화하고 정신화하면서 매 순간 영원한 깊이와 충만을 경험하는 것이다.

모든 것이 동일하게 영원히 회귀하는 세계에서는 생성하는 존재자들의 밖과 위에 존재하는 초감각적인 세계는 파괴된다. 그런데 초감각적인 참된 세계가 제거됨으로써 또한 전통적인 이원론에 의해서 가상적인 것으로 간주되었던 감각계의 가상적인 성격도 소멸해버린다. 전통 형이상학에서 생성소멸하는 현실세계는 어두움으로 묘사되고 초감각적 세계가 태양 내지 빛과 동일시되었지만, 이제 생성소멸하는 세계 자체가 빛으로 존재하며 이 세계는 어둠 대신 정오의 밝음이 지배하게 된다.

니체의 영원회귀 사상은 운명애의 사상이기도 하다. 영원회귀의 세계를 긍정하는 자는 행복과 불행, 기쁨과 슬픔이 교차하는 지상의 운명을 있는 그대로 긍정하며 사랑하는 자인 것이다.

5) 근대 사상의 이원론적 성격

자유주의나 사회주의와 같은 근대의 대표적인 사상은 신이 죽은 후 근대인이 던져져 있는 니힐리즘의 상황을 서양 형이상학과 그리스도교의 이원론적인 사고방식을 세속적으로 변형시킴으로써 극복하려고 한다. 다시 말해서 전통적인 형이상학과 그리스도교에서 보이는 천상과 지상의 이원론을 미래와 현재의 이원론으로 변형하려고 하는 것이다. 사람들은 모든 슬픔도 고통도 사라질 유토피아가 미래에 실현될 것이라는 환상에 의지함으로써, 현실에서 겪고 있는 불안과 고통을 극복하려고 한다.

이러한 유토피아를 마르크스주의자들은 '모든 사람이 능력에 따라서 일하고 필요에 따라서 갖는' 공산주의 사회로, 나치들은 게르만족이 지배하는 사회로 생각한다. 그리고 사람들은 이러한 사회를 구현할 주체로 간주되는 민중이나 독일 민족, 그리고 그것들을 대표하는 집단인 공산당이나 나치당 내지 그 지도자를 전통적인 신 대신에 숭배하게 된다. 사람들은 전통적인 이원론을 대신하는 새로운 이원론을 신봉하는 세속적인 대용 종교에 의존함으로써 니힐리즘에서 벗어나려고 하는 것이다.

그러나 이러한 세속적인 이원론도 이원론인 한, 그것은 여전히 인간을 병적으로 만든다. 인간을 영혼과 신체로 이원화하지는 않지만, 사람들로 하여금 미래의 찬란한 사회를 위해서 자신의 현재의 삶을 희생하게 하고 그러한 사회의 실현을 위해서 자신들에게 반대하는 사람들을 거리낌 없이 살육하게 만든다. 그리고 그것은 천상의 이데아나 신 대신에 위대한 민중이나 독일 민족을 신적인 존재로 내세우면서 이것들을 위해서 우리 자신을 바쳐야 한다고 믿는다. 지상적인 것에 대한 천상적인 것의 지배 대신에 현재에 대한 미래의 지배가 들어서게 되는 것이다. 그리고 피안을 대표한다고 자처하는 인간들인 성직자들 대신에 이제는 미래를 대표한다는 인간들, 즉 공산당이나 나치당이 지배하게 된다.

혹은 사람들은 자본주의 사회에서 보는 것처럼 천상의 신 대신에 물신(物神)을 신봉한다. 사람들은 돈을 벌기 위해서 밤낮으로 일하면서 돈을 모으고 축적함으로써 자신의 삶이 보다 안전해졌다고 생각한다. 피안의 신을 경배하기 위해서 근대 이전의 사람들이 밤낮으로 기도했다면, 현대인들은 물신을 위해서 밤낮으로 일한다.

6) 예술

근대 이전에는 그리스도교가 서양인들에게 삶의 의미와 방향을 제시했지만, 그리스도교는 근대에 출현한 과학의 공격에 의해서 무력하게 되었다. 그러나 과학은 우리 삶에 의미와 방향을 제시하지는 못한다.

근대과학은 모든 것이 원자들의 무의미한 운동에 불과하다고 본다. 이러한 시각에서 보면 우리의 사고 작용도 결국은 뇌에서 일어나는 물리화학적인 작용에 지나지 않는다. 근대과학이 파악하는 세계는 아무런 목적도 의미도 없이 물리화학적인 원소들이 서로 인과적인 작용을 하는 세계이며 이 경우 인간의 삶도 예외가 될 수 없다. 이와 같이 과학은 세계를 물리화학적인 인과법칙만이 지배한다고 보기 때문에 인간이 지향해야 할 의미나 가치는 제공할 수 없다.

니체는 예술이야말로 우리 삶에 의미와 가치를 부여할 수 있다고 본다. 예술은 생명력의 충일 상태에서 비롯되며, 그것을 경험하는 사람도 그러한 생명력의 충일 상태로 끌어들인다. 이와 함께 예술은 우리가 구현해야 할 삶의 형태가 어떤 것인지를 보여준다. 이런 의미에서 니체는 근대과학에 의해서 종교가 몰락한 상황에서 생마저 몰락하지 않기 위해서는 예술이 필요하다고 본다.

그렇다고 해서 니체가 모든 예술을 긍정하는 것은 아니다. 그는 예술 중에도 인간을 병약하게 만드는 예술이 있는 반면에 건강하게 만드는 예술이 존재한다고 본다. 예를 들어 초기의 니체는 바그너의 음악이 인간을 건강하게 만든다고 생각했지만, 후기에 와서는 인간을 병들게 만든다고 보았다.

인간을 건강하게 만드는 예술은 현실세계에서 보이는 끔찍한 현상들조차도 이 세계가 갖는 무궁한 힘을 보여주는 것으로 긍정하면서 아름다운 것으로 승화시킨다. 또한 세계가 갖는 그러한 무궁한 힘을 흔쾌히 긍정하면서 자신을 강화시키는 계기로 삼는 건강한 인간의 모습을 보여줌으로써 인간의 삶을 승화시킨다.

이렇게 인간을 건강하게 만드는 예술을 낳기 위해서는 우선 예술가가 건강한 힘으로 넘쳐 있어야 한다. 니체는 이렇게 예술가가 건강한 힘으로 충일해 있는 상태를 도취라고 부르고 있다. 예술적인 창조를 위해서는 단순히 머릿속에 참신한 아이디어가 있다는 것만으로는 부족하며 도취라는 고양감으로 충만해 있지 않으면 안 된다. 이러한 도취는 힘의 상승과 충만의 느낌이다. 도취 속에서 힘으로 충만한 상태에 있을 때 우리는 모든 것을 우리와 마찬가지로 강하고 힘으로 넘쳐나는 풍요로운 것으로 본다. 예술은 도취에서 비롯되는 한편 그러한 예술을 경험하는 자들을 그러한 느낌 속으로 끌어들인다. 이런 느낌에 빠질 때 우리는 사물들을 아름답게 보게 된다.

니체는 우리 인간은 자신의 힘의 상태에 따라서 사물과 세계를 달리 보게 된다고 본다. 병약한 인간은 사물과 세계를 빈약하고 추하게 보는 반면에, 힘으로 충만한 건강한 인간은 사물과 세계를 힘으로 충일한 풍요로운 것으로 본다. 따라서 사물과 세계가 추하게 보일 때 우리는 사물과 세계를 탓해서는 안 되고 오히려 우리 자신을 탓해야 한다.

니체에게 예술은 종교와 근대과학과 실증주의적 역사학에 대한 대립운동이었다. 니체는 근대과학은 경험적인 사실을 탐구할 뿐 인간이 구현해야 할 삶의 가능성과 방향을 제시하는 과제를 떠맡을 수 없다고 보았다. 또한 단순히 어떤 사건이 일어나게 된 인과관계를 세세하게 탐구할 뿐인 실증주의적 역사학도 그러한 과제를 떠맡을 수 없다고 보았다. 그리고 근대과학에 의해서 종교가 몰락한 이상 종교도 더는 그러한 과제를 떠맡을 수 없다. 이러한 상황에서 니체는 오직 예술만이 사람들에게 새로운 삶의 가능성과 방향을 제시할 수 있다고 보았다. 삶이 단순히 노동의 대가로 획득한 돈으로 연명과 찰나의 감각적 쾌락을 도모할 뿐인 생으로 영락하지 않기 위해서는 예술이 필요하다.

7) 초인의 육성

(1) 길러냄과 길들임의 차이

니체는 문명을 자연에 따르면서 자연을 승화시키는 문명과 자연에 거스르면서 자연을 제거하려는 문명으로 구별하고 있다. 문명이란 인간을 자연상태에서 일정한 방향으로 변형시키려고 하지만, 이러한 변형은 크게 볼 때 서로 대립하는 두 가지 방향으로 나타날수 있다는 것이다. 자연에 따르면서 자연을 승화시키는 문명의 대표적인 것으로 니체는 그리스·로마 문명을 들고 있는 반면에, 자연에 거스르면서 자연을 제거하려는 문명의 대표적인 것으로 이원론에 의해서 규정된 그리스도교 문명과 민주주의나 사회주의와 같은평등주의가 지배하는 근대문명을 들고 있다.

니체는 자연에 기반을 두면서 자연을 승화시키는 방식으로 인간을 변형하는 것을 '길러냄(Züchtung)'이라고 말하고 있는 반면에, 자연에 거스르면서 자연을 왜곡하는 방식으로 인간을 변형하는 것을 '길들임(Zähmung)'이라고 부르고 있다. 인간을 변형시키는 데두 가지 방식이 있는 것은, 동물을 사육하는 방식에 두 가지가 있는 것과 마찬가지다. 우리는 동물을 그 자연성을 존중하는 방식으로 기를 수도 있지만, 우리 자신의 이익을 위해 그 자연성을 무시하는 방향으로 기를 수도 있다.

예를 들어 우리는 소를 초원에서 거닐고 싶어 하는 소의 자연성을 존중하면서 기를 수도 있지만, 근육이 없는 부드러운 육질을 얻기 위해서 소를 움직이지 못하게 묶어놓고 키울 수도 있다. 후자의 경우 소는 인간의 이익을 위해서 길들여지는 것이며, 자신의 자연성에 반하는 사육 방식으로 인해 스트레스와 질병에 시달리게 된다. 인간도 동물과 마찬가지로 자연의 일부이기 때문에 인간의 자연성을 무시하는 변형 방식은 온갖 스트레스를 유발하면서 인간을 병들게 만든다.

그런데 모든 동물은 자신의 자연성을 실현하려고 노력하고 있으며, 인간의 개입과 같은 외부적인 요인에 의해서만 왜곡된다. 이에 반해 인간은 자발적으로 자신의 자연성에 거스르면서 자신을 병들게 하는 경향이 있다. 이 점에서 니체는 인간을 '병든 동물'이라고 말하고 있다.

플라톤주의와 그리스도교 같은 이원론적인 철학과 종교는 인간의 자연스러운 욕망을 어떻게 하면 승화시킬 수 있는지, 다시 말해 정신화하면서 아름답고 신성한 것으로 만들 수 있는지를 묻지 않고 그것 자체를 악한 것으로 간주한다. 예를 들어 성욕에 대해서 그리스도교는 "만약 네 눈이 죄를 짓거든 그것을 빼버리라"(「마태복음」 5장 29절)고 말하고 있다.

물론 니체는 자연스러운 욕망을 그 자체로 존중하는 것은 아니다. 니체 역시 그것의 승화, 즉 정신화를 요구한다. 이 경우 니체가 염두에 두고 있는 자연스러운 욕망이란 관능, 긍지, 지배욕, 소유욕, 복수심 등이다. 관능을 정신화하고 신성한 것으로 만드는 것이 사랑이며, 다른 인간들에 대한 지배욕이나 복수심과 같은 것은 공정하고 정정당당한 대결과 경쟁을 통해서 승화되고 정신화되어야 한다.

(2) 길러냄과 가혹한 자기 단련

니체는 욕망을 정신화하기 위해서 필요한 것은 첫째로 지혜라고 본다. 욕망의 정신화는 지혜의 산물이라는 것이다. 니체는 그리스도교가 욕망을 정신화하지 못한 것은 그리스도교인들이 약한 자들이기 때문이기도 하지만 지혜보다도 맹신을 더 중시하는 어리석은 자들이었기 때문이기도 하다고 본다.

욕망을 정신화하기 위해서 필요한 것은 둘째로 자신에 대한 가혹한 훈련이다. 물론 이는 이원론에서 보는 것처럼 자연스러운 욕망을 근절하려고 하는 훈련이 아니라 그것을 우아한 형태로 승화시키려는 훈련이다. 니체는 어떤 종족이나 인간이 갖게 되는 우아한 아름다움은 우연히 생겨나는 것이 아니라고 본다. 그러한 우아함과 자애로움은 수 세대에 걸친 훈련을 통해서 습득된 것이다. 니체는 심지어 천재라는 것도 여러 세대에 걸쳐 축적된 노력의 최종 산물이라고 보고 있다.

우아한 기품을 체현하기 위해서는 이익이나 습관, 통상적인 의견이나 나태보다는 아름다움을 택해야만 한다. 이를 위해서는 단순히 감정과 사상을 훈련하는 것으로는 부족하며 신체까지도 훈련 해야 한다. 자신에 대한 도야는 이원론에서 주장하는 것처럼 '영혼' 에서 시작해서는 안 되고 오히려 신체, 품행, 섭생법, 생리학에서 부터 시작해야 한다. 그리스인은 신체와 품행의 중요성을 알고 있 었기 때문에 이것들을 단련하는 것에서부터 시작했다. 이에 반해 그리스도교는 신체를 경멸했기 때문에 영혼을 변화시키는 것에만 신경을 썼다. 우리는 또한 우아한 품행을 항상 엄격하게 견지하면 서 '자신을 되는대로 방치하지' 않는 사람들 사이에서만 살아야 하 며, '혼자 있을 때도 자신을 멋대로 두어서는 안 된다'.

이런 의미에서 니체에게 진정한 의미의 자유란 자신에게 최대의 규율을 강제하는 본능이다. 니체는 조금이라도 가치가 있었거나 가치를 갖게 된 민족이나 인간은 자신들을 자유롭게 방임하지 않 고 오히려 자신에게 최대의 규율을 강제함으로써 그렇게 되었다고 말하고 있다.

(3) 동정 비판

이렇게 가혹한 자기 단련을 중시하는 것과 함께 니체는 동정을 의심의 눈초리로 바라보게 된다. 니체는 동정은 생명의 에너지를 저하시키는 감정이라고 단호하게 말한다. 동정에 사로잡힐 때 사 람들은 힘을 상실하고 의기소침하게 된다. 이는 우리가 어떤 사람 을 동정하는 것이 사실은 자기 연민에 근거하고 있기 때문이다. 어떤 사람을 동정할 때 우리는 자신도 언제든지 그 사람처럼 될 수 있다고 생각하면서, 동정받는 자와 마찬가지로 영락한 자신의 모습을 보는 것이다.

진정으로 강한 자는 쉽사리 동정하지 않는다. 그는 자신이 어떠한 상황에서도 고난과 고통에 굴복하지 않을 것이며, 따라서 자신은 결코 동정받는 신세가 되지 않을 것이라고 생각한다. 이렇게 자신을 강한 존재로 생각하면서 그는 다른 인간들도 얼마든지 자신의 상황을 스스로 극복할 힘이 있다고 생각한다.

동정은 사람들로 하여금 천국이나 이상사회, 다시 말해 모든 사람이 고통을 받지 않고 행복하게 사는 사회를 지향하게 만든다. 이러한 이상사회에 대한 희구에는 타인에 대한 동정뿐 아니라 자신에 대한 연민이 작용하고 있다. 그는 '자신'을 포함한 모든 사람이 고통을 당하지 않는 세계를 희구하는 것이다. 그러나 니체가 보기에 이러한 이상사회는 실현 불가능한 허구에 불과하다. 삶과 생성 소멸하는 세계를 부정하는 그리스도교가 동정의 덕을 설파하는 것은 니체는 우연이 아니라고 본다. 동정은 사람들을 연약하게 하고 무력감을 느끼게 하면서 천국을 희구하게 만드는 것이다.

8) 니체의 사회사상

니체는 강하게 길러질 수 있는 인간은 소수이며, 대부분의 인간은 소시민적인 안락을 추구한다고 본다. 이와 함께 니체는 사람들이 자신의 수준에 맞게 길러져야 한다고 본다. 따라서 니체는 사람들 각각에게 그 수준에 합당한 권리와 의무를 부여하는 위계사회를 모든 사람에게 동일한 권리와 의무를 인정하는 민주주의 사회보다도 더 자연에 부합되며 자연을 왜곡하지 않고 상승시키는 사회라고 본다.

니체는 가장 강한 자들이 사회를 지배해야 한다고 본다. 이 경우 강한 자란 다른 사람들이 좌절하고 파멸하는 곳에서 행복을 발견하는 자다. 그는 자신에게 가해지는 혹독한 시험 속에서 행복을 발견한다. 그의 기쁨은 극기다. 그에게는 금욕이 천성이며 욕구이고 본능이다. 그는 어지간한 사람들은 짓눌려버릴 수 있는 어려운 과제를 홀로 짊어지는 것을 하나의 특권이라고 생각하면서 그것으로 유희하는 것을 하나의 기분전환으로 생각한다.

그는 가장 존경할 만한 인간이다. 그가 지배하는 것은 그가 원하기 때문이 아니라 지배하는 존재가 되도록 타고났기 때문이다. 강한 자들은 마음대로 두 번째 계급이 될 수 없다. 다른 계급에 속하는 사람들이 그들에게 복종하는 것은 그들이 강압해서가 아니라 그들의 우아한 위엄과 권위에 압도되기 때문이다.

4. 쇼펜하우어와 바그너가 미친 영향

지금까지 니체의 핵심 사상을 살펴보았다. 여기서는 니체 사상에 가장 큰 영향을 미친 쇼펜하우어와 바그너의 사상을 살펴보면서 니체가 어떤 식으로 이들과 대결하면서 자신의 사상을 발전시켰는지를 알아볼 것이다. 니체가 영향을 받은 사상가들이나 사상은 많지만 쇼펜하우어와 바그너를 특별히 살펴보는 것은 『이 사람을 보라』에서 이 두 사람이 자주 언급되고 있기 때문이다.

1) 쇼펜하우어

니체가 쇼펜하우어의 영향을 가장 크게 받은 작품인 첫 번째 저작 『비극의 탄생』은 그리스 비극의 기원과 본질을 고찰하는 것을 주안점으로 하고 있는데, 이러한 고찰은 하나의 형이상학적 기반 위에서 행해지고 있다. 이러한 기반을 제공하고 있는 것이 쇼펜하우어의 형이상학이다.

물론 니체는 『비극의 탄생』에서 쇼펜하우어 사상으로부터 크게 영향을 받고 있지만 그의 사상을 그대로 수용하고 있지는 않다. 쇼펜하우어가 삶을 부정하는 염세주의적인 태도를 취하고 있는 반면에, 니체는 이미 『비극의 탄생』에서도 삶을 긍정하는 태도를 보이고 있다. 쇼펜하우어는 예술이 고난에 찬 삶으로부터의 일시적인 휴식을 제공한다고 보는 반면에, 니체는 예술이 고난과 고통으로 점철되어 있는 삶을 정당화하고 승화시킨다고 보고 있는 것이다. 그럼에도 불구하고 『비극의 탄생』은 쇼펜하우어의 강력한 영향 아래 쓰인 책이다.

쇼펜하우어는 세계를 크게 세 가지 층위로 구성된 것으로 본다. 그 하나는 개별자들로 이루어져 있는 현상계다. 이 경우 현상계란 지각할 수 있는 세계, 다시 말해 우리의 오감(五感)을 통해서 나타나는 세계를 가리킨다. 현상계에서 모든 것은 개별화의 원리인 공간과 시간을 통해서 특정한 공간과 시간을 점하는 개체로서 나타난다. 그리고 모든 개별자는 자신의 생존과 종족보존을 위해서 서로 치열하게 투쟁하며, 충족되지 않는 욕망과 다른 존재자들과의 투쟁으로 인해 고통을 받는다.

이렇게 개별자들로 이루어진 현상계의 이면에는 분화되지 않은 하나의 근원적인 세계의지가 존재하며, 또한 이러한 개별자들 위에는 개별자들의 보편적이고 본질적인 형상이라고 할 수 있는 이데아가 존재한다. 이데아는 근원적 세계의지의 '직접적 객관화'이며, 시간과 공간의 영역을 넘어서 있고, 생성하지 않고 변화하지 않는다.

쇼펜하우어에 따르면 건축이나 조각, 회화와 같은 조형예술은 사물들의 영원한 본질적 형상, 즉 이데아를 직관하면서 그것을 예술작품 속에서 표현한다. 예를 들어 뒤러가 그린 토끼는 토끼라는 종의 본질적 형상을 보여준다. 쇼펜하우어에서 조형예술은 객관적인 이데아에 대한 관조를 가능하게 하여 우리를 현상계에서 겪는 욕망과 고통에서 일시적으로 벗어나게 함으로써 안식을 가져다준다.

쇼펜하우어는 음악과 같은 비조형예술에서는 이데아가 아니라 근원적인 세계의지가 직접적으로 표현되고 있다고 본다. 음악에서는 이러한 근원적인 세계의지가 표현되고 있기 때문에 우리는 음악을 들을 때 자신의 개체성을 망각하고 세계의지와 하나가 된다. 따라서 슬픈 음악을 들을 때 우리는 모두 슬픔에 젖고 기쁜 음악을 들을 때는 모두 기쁨에 빠지게 된다.

『비극의 탄생』에서 니체는 쇼펜하우어의 형이상학과 예술철학을 한편으로 받아들이면서도 그것을 독자적으로 변용하고 있다.

이 책에서 그리스 비극의 본질과 기원을 탐구하면서 니체는 그리스인들이 그 어떤 민족보다도 삶의 고통에 대해서 예민한 감각을 가지고 있었으며 낙천주의적이기보다는 염세주의적이었다고 보았다. 니체는 파르테논 신전이나 그리스 비극과 같은 훌륭한 예술작품이 염세주의와의 대결에서 비롯되었다고 본다.

니체는 그리스인들이 염세주의를 극복하면서 현실세계를 긍정하는 방식에는 세 가지가 있다고 본다. 그 첫 번째는 조각이나 건축과 같은 조형예술이나 서사시를 포괄하는 아폴론적 예술이다. 두 번째는 서정시나 음악, 무용과 같은 비조형적 예술을 포함하는 디오니소스적 예술이다. 세 번째는 아폴론적 예술과 디오니소스적 예술의 결합으로서 비극예술이다.

니체는 아폴론적 예술의 근본원리인 '아폴론적인 것'과 디오니소스적 예술의 근본원리인 '디오니소스적인 것'은 인간의 근본 충동 내지 근본 의지과 관련되어 있다고 본다. '아폴론적인 것'은 꿈에의 충동과, '디오니소스적인 것'은 도취에의 충동과 연관되어 있다는 것이다. 꿈에의 충동과 도취에의 충동은 인간의 자연스러운 충동으로서 자연 그 자체에서 생겨난 예술적인 힘들이다.

꿈에의 충동은 아름다운 가상을 형성하고 그것을 관조하면서 쾌감을 맛보려는 충동이다. 인간은 꿈속에서 완벽한 예술가가 된다. 꿈속에서 아름다운 형상 외에 끔직하고 추한 형상도 만들어낸다. 그러나 이러한 형상들은 현실에서보다도 훨씬 완벽하고 극적인 성격을 갖는다. 따라서 우리는 꿈을 꾸면서 꿈속의 형상들을 가상이라고 어렴풋하게 느끼면서도 그것들을 바라보며 쾌감과 기쁨을 느낀다. 니체는 그리스 신화에서 보이는 올림포스 신들의 장려한 모습을 아폴론적 예술을 대표하는 것으로 보고 있다.

앞에서 본 것처럼 쇼펜하우어는 조형예술의 본질을 그것이 우리로 하여금 사물들의 이데아를 관조하게 함으로써 욕망의 노예상태에서 벗어나게 한다는 데서 찾고 있다. 이에 반해 니체는 조형예술, 즉 아폴론적 예술이 성욕이나 명예욕과 승부욕 등을 신적인 것으로 보면서 정당화한다고 본다. 올림포스 신화에서 신들은 인간들이 갖는 성욕이나 명예욕, 승부욕을 그대로 가지고 있다. 이 점에서 니체는 그리스인이 이러한 욕망들을 신적인 것으로 보았다고 생각하며, 그리스의 아폴론적 예술은 현상계에서의 삶을 정당화하고 신성한 것으로 만든다고 보고 있다.

도취에의 충동은 술의 힘이나 축제의 분위기에 빠짐으로써 자신을 망각하고 만물과 하나가 되고 싶어 하는 충동이다. 사람들은 도취 상태에서 노래하고 춤추며 자신을 만물이 혼융일체가 되어 있는 공동체의 일원이라고 느끼면서 황홀경을 맛본다. 니체는 음악이나 무용과 같은 비조형예술, 즉 디오니소스적 예술이 이러한 도취에의 충동에서 비롯되었다고 본다. 그리고 쇼펜하우어와 유사하게 디오니소스적 예술에서는 근원적인 세계의지가 표현되고 있기 때문에 그것을 통해서 사람들은 자신의 개체성을 망각하고 모든 것과 하나가 되는 도취를 맛보게 된다고 본다.

아폴론적 예술에 대한 이해에서 쇼펜하우어와 니체 사이에 이미 상당한 차이가 보이지만, 비극에 대한 이해에서 둘 사이에는 결정적인 차이가 존재한다. 쇼펜하우어는 비극예술의 본질이 사람들로 하여금 삶의 비참함을 깨닫게 함으로써 삶에의 의지로부터 해방시키는 데 있다고 보았다. 이 경우 비극의 목적은 삶에의 의지의 불꽃을 꺼뜨리고 삶을 혐오하게 만들고 삶에 대한 체념에 빠지게 하는 것이 된다.

그러나 니체는 쇼펜하우어의 이러한 견해를 예술을 보는 '염세주의자의 사악한 관점'이라고 말하고 있다. 쇼펜하우어는 그리스 비극이 그리스인이 염세주의에 빠져 있었다는 것을 보여준다고 보지만, 니체는 그리스 비극은 오히려 그러한 염세주의를 결정적으로 거부하는 것으로 간주되어야 한다고 본다. 비극예술을 비롯한 모든 예술의 목적은 사람들을 삶에 보다 충실하게 만드는 것이며, 삶의 모든 비극적인 현상에도 불구하고 삶을 긍정하게 만들 정도로 사람들에게 힘을 불어넣는 것이다.

세계는 자신의 무궁무진함에 기쁨을 느끼면서 삶의 최고의 전형인 비극적 영웅까지도 아낌없이 희생시킨다. 그러나 비극적 영웅은 이러한 희생과 고통에도 불구하고 세계를 긍정한다. 아니 그는 오히려 고통을 찾아다니고 그것과 대결하면서 자신의 힘을 시험해 본다. 비극은 이러한 인간에 대한 찬양이며, 이러한 인간이 갖는 힘의 충일 상태 속으로 관객들을 끌어들이려고 한다. 이러한 인간에게는 고통조차도 그로 하여금 삶에 보다 충실하게 만드는 자극제로 작용한다. 비극적 영웅은 창조와 파괴를 거듭하는 세계의 현실을 흔쾌하게 받아들이면서 세계의 충일함을 반복한다.

니체는 이런 의미에서 세계와 비극적인 영웅을 디오니소스적인 것이라고 부르며, 또한 진정한 예술은 이러한 디오니소스적인 정신으로 충만해 있다고 본다. 따라서 비극적 예술가가 전달하고 우리를 끌어들이려고 하는 상태는 가공할 것과 섬뜩한 것 앞에서도 아무런 두려움도 느끼지 않는 고귀한 상태다. 비극은 '강력한 적, 커다란 재난, 전율을 불러일으키는 문제에 직면했을 때의 용기와 침착함 — 이렇게 승리감으로 충만한 상태'를 전달한다.

쇼펜하우어는 비극이 삶의 비참함을 보여줌으로써 삶에 대한 체념을 가르친다고 보는 반면에, 니체는 그리스 비극은 삶에 대한 긍정을 가리킨다고 본다. 니체는 세계를 아름다운 것으로 변용하면서 긍정하는 최고의 방식을 그리스 비극으로 보는 것이다.

비극에서는 '디오니소스적인 것'과 '아폴론적인 것'의 융합이 이루어진다. 이 경우 '디오니소스적인 것'은 무대 뒤에서 흐르는 음악이다. 그리고 '아폴론적인 것'은 무대 앞에서 행해지는 배우들의 연기와 대사이자 이것들을 통해서 표현되는 서사적인 이야기다. 배우들의 연기와 대사는 세계의지의 표현인 음악을 인간의 구체적인 행위와 말이라는 가시적인 이미지로 표현한다.

비극을 보는 관객들은 비극적인 주인공을 영원한 디오니소스적인 세계의지가 취하는 하나의 일시적인 형상이라고 느낀다. 주인공은 영원한 디오니소스적인 세계의지가 나타난 현상에 지나지 않기에, 주인공은 죽음과 함께 다시 자신의 영원한 근원으로 돌아간다. 이런 의미에서 비극적인 주인공은 죽지 않으며 영원하다. 관객은 비극적인 주인공과 자신을 동일시하면서 자신의 삶 역시 디오니소스적인 세계의지의 현현으로 느끼게 된다. 이와 함께 관객은 자신을 모든 현상의 변화에도 불구하고 절대로 파괴되지 않는 강력한 존재로 경험하게 된다.

후기 니체에서 쇼펜하우어와의 차이는 더욱 분명해진다. 쇼펜하우어에서는 체념과 금욕주의적인 의지부정이 최고의 윤리적 이상이 되는 반면에, 니체에서는 젊고 활력에 넘치는 문화의 건설이야말로 최고의 윤리적 이상이 된다. 이와 함께 쇼펜하우어에서 세계의지는 결핍과 허기에 의해서 특징지어지지만, 니체에서 디오니소스적인 세계의지는 낭비적일 정도로 풍요로운 것으로 특징지어지고 있다.

이러한 차이에도 불구하고 니체는 쇼펜하우어가 인격신 따위의 허구적인 관념을 끌어들이지 않고, 우리가 내면에서 직접 체험할 수 있는 생존에의 의지라는 원리에 입각하여 모든 현상을 설명하려는 지적인 성실성을 견지하고 있다는 점에서 높이 평가하고 있다. 니체는 무엇보다도 삶의 본질을 논리적으로 해명될 수 없고 도덕적인 것으로도 이해될 수 없는 의지로 보는 쇼펜하우어의 사상을 받아들인다.

초기 니체는 쇼펜하우어를 천재라고까지 부른다. 천재의 특징은 삶에 새로운 가치와 척도를 부여하는 것이다. 쇼펜하우어는 당시의 시대사조를 지배하던 낙관주의적인 계몽주의와 여전히 사람들을 지배하고 있던 그리스도교에 영웅적으로 항거했다. 그는 천박한 낙천주의 대신에 염세주의를 설파했으며, 세계는 인격신에 의해 지배된다는 그리스도교의 주장에 맞서 세계를 지배하는 것은 맹목적인 의지라고 주장했다. 무엇보다도 니체는 인간과 세계의 심연을 드러내려고 하는 쇼펜하우어의 철학이, 기계적으로 노동하면서 노동이 끝난 후에는 찰나적인 쾌락과 안일만을 추구하는 근대인의 천박하고 동물적인 삶을 극복하는 데 기여할 수 있는 새로운 인간상을 제시한다고 보았다.

초기의 니체가 세계와 예술에 대한 해명을 놓고 쇼펜하우어의 철학적 도식에 크게 의존하고 있는 반면에, 후기의 니체는 이러한 철학적 도식에서도 벗어나게 된다. 니체는 더 이상 개별적인 현상계의 근저에 통일적인 세계의지가 있다는 형이상학적인 가설을 받아들이지 않는다. 존재하는 것은 오직 개별적인 무수한 힘에의 의지뿐이라고 본다. 아울러 초기 니체가 쇼펜하우어와의 일정한 입장 차이에도 불구하고 쇼펜하우어에 대해서 기본적으로 존경과 흠모의 자세를 취하고 있는 반면에, 후기 니체는 쇼펜하우어에 대해서 노골적으로 비판적이고 부정적인 태도를 보이고 있다.

후기 니체는 쇼펜하우어의 철학을, 삶의 풍요로운 형식들인 예술이나 천재가 갖는 심대한 의의를 인정하면서도 다른 한편으로 그것들을 염세주의적으로 해석함으로써 제거하려고 하는 '악의에 찬 천재적 시도'로 본다. 쇼펜하우어는 예술, 영웅주의, 천재, 아름다움, 인식, 비극을 '의지'를 부정하고 삶의 체념을 가르치는 것들로 보았다. 특히 예술을 사람들을 관조적인 인식의 상태에 빠지게 하면서 맹목적인 생존 의지와 욕망에 의해 내몰리는 상태에서 벗어나게 하는 위로 수단이라고 본다. 쇼펜하우어의 이러한 예술관을 니체는 '그리스도교를 제외하고 역사상 가장 엄청난 심리학적

날조'라고 평한다.

쇼펜하우어에 대한 입장이 이렇게 비판적이고 부정적으로 변하게 되면서 니체는『비극의 탄생』에 대해서도 비판적인 견해를 표명하게 된다.『비극의 탄생』이 나온 지 14년 후에 쓴『비극의 탄생』신판의 서문「자기비판의 시도」에서, 니체는『비극의 탄생』에서는 자신의 독자적인 직관과 통찰을 독자적인 언어를 사용하여 표현할 정도의 용기를 갖고 있지 않았다고 고백하고 있다.

니체는 자신이『비극의 탄생』에서 쇼펜하우어의 철학과 언어와 개념도식에 의거하고 있지만, 원래 표현하려고 했던 것은 쇼펜하우어의 정신과 취향에 근본적으로 대립되는 것이었다고 말하고 있다. 쇼펜하우어가 비극이 설파하는 지혜를 인생에 대한 체념으로 보고 있는 반면에, 니체 자신은『비극의 탄생』에서 비극이 인생에 대한 긍정을 설파한다고 보고 있다는 것이다. 다만『비극의 탄생』에서는 쇼펜하우어의 철학과 언어를 사용함으로써 자신의 이러한 통찰이 제대로 드러나지 않았다는 것이다.

2) 바그너

초기 니체는 바그너의 음악에서 그리스 비극정신의 부활을 보았다.『비극의 탄생』에서 니체는 그리스 비극은 서로 대립하는 아폴론적인 원리와 디오니소스적인 원리가 화해하면서 탄생하게 되었지만, 아폴론적인 것이 소크라테스와 플라톤의 논리적 지성주의로 그리고 디오니소스적인 것이 일상적인 거친 감정의 표출로 전락하는 것과 함께 사멸하게 되었다고 본다. 그런데 니체는 그동안 망각되어온 그리스 비극정신이 당시의 바그너 음악을 통해서 부활하고 있다고 보았다. 『비극의 탄생』을 쓸 당시의 니체는 바그너의 음악에 깊이 매료되어 있었다. 이런 의미에서 디오니소스적인 것에 대한 니체의 사상에는 쇼펜하우어 못지않게 바그너가 큰 영향을 주었다고 할 수 있다.

『비극의 탄생』에서 니체는 음악의 멜로디를 현상계의 근저에서 요동치고 물결치는 세계의지의 흐름이라고 보았다. 특히 이미 시작된 것처럼 슬그머니 시작되면서도 아직 끝나지 않은 것처럼 끝나는 바그너 음악의 끊임없는 멜로디가 바로 이러한 세계의지의 진정한 반영이라고 보았다. 음악은 우리를 세계의 심장부로 인도한다. 이러한 음악의 멜로디에 사로잡힌 채 우리는 개체의식을 망각하고 자신이 세계의지 자체가 되었다고 느끼면서 죽음을 극복한다. 이렇게 죽음까지도 극복하는 도취경을 니체는 디오니소스적 황홀경이라고 부르고 있다. 니체는 바그너 음악을 통해서 이러한 디오니소스적 황홀경을 맛보았다고 할 수 있다.

원래 바쿠닌과 함께 무정부주의적인 혁명운동에 참여했던 바그너는 사회혁명을 통해서 인류를 구원할 수 있다고 보았으며 음악을 그러한 혁명운동의 일환으로 보았다. 따라서 초기 니체에서부터 보이는 반(反)그리스도교적인 정신은 이미 청년 바그너에도 나타나 있다. 바그너에 따르면 그리스도교는 현실의 삶을 죄와 고통으로 가득 찬 삶으로 폄하하며, 빈곤, 겸손, 체념, 모든 지상적인 것에 대한 경멸을 설파하는바 그것은 퇴락한 삶의 표현이라는 것이다.

바그너의 이러한 그리스도교 비판은 니체의 그리스도교 비판과 다를 바 없다. 바그너는 또한 후기 니체와 마찬가지로 자신의 글 「예술과 혁명」에서 그리스도교를 로마 시대 당시 노예들이었던 자들의 이데올로기로 간주하지만, 또한 근대인 역시 돈의 노예상태에 있다고 본다. 바그너는 이 글에서 소수의 부자와 다수의 무산자로 이루어진 '문명화된 야만상태'가 곧 끝날 것이라고 본다.

바그너는 니체와 마찬가지로 참된 예술은 우리가 지향해야 할 삶의 이상을 보여줌으로써 인류의 삶을 변혁시킬 수 있다고 보았지만, 당시의 예술은 대중들의 피로를 풀어주는 마취제의 역할을 하고 있을 뿐이라고 비판했다. 바그너는 근대인에게 삶의 새로운 의미와 방향을 제시해줄 신화가 필요하다고 생각했고, 그러한 신화는 과학이나 종교가 아니라 예술을 통해서 주어질 수 있다고 보았다.

니체는 『비극의 탄생』에서 그리스 비극정신이 게르만의 원초적인 정신과 상통하며 이러한 게르만적인 정신을 회복하는 것이 바그너 음악이라고 보았다. 바그너는 니체와 마찬가지로 신이 죽음으로써 근대는 탈주술화되고 탈신화화되었다는 것을 잘 알고 있었다. 이제 더 이상 신은 존재하지 않지만 인간은 여전히 형이상학적이고 종교적인 욕구를 갖고 있기 때문에 새로운 신과 신화를 창조해야 한다.

신화는 인간의 탄생과 죽음, 사랑과 권력 같은 인간의 영원한 문제에 대한 해답을 제시해주는 것이다. 근대인은 이러한 문제에 답해줄 새로운 신화를 필요로 한다. 이러한 신화는 예술만이 제공할 수 있기 때문에 새로운 문화에서 예술은 중심적인 지위를 차지할 것이다. 바그너는 자신의 오페라가 공연되는 바이로이트로부터 독일 문화와 유럽 문화가 혁신되어야 한다고 생각했다.

바그너는 또한 니체와 마찬가지로 이러한 혁신은 그리스의 문화와 정신을 척도로 하여 수행되어야 한다고 생각했다. 바그너는 그리스 문화의 정점을 아이스킬로스와 소포클레스의 비극에서 찾았으며, 그것에서 자유롭고 강력하며 아름다운 그리스적인 인간이 표현되고 있다고 보았다. '자유롭고 강하며 아름답다'는 말은 바그너에서 거듭해서 나타나는 말이지만, 그는 자신의 지크프리트를 통해 그렇게 자유롭고 강하고 아름다운 정신이 무엇인지를 당대인들에게 분명하게 보여주려고 했다.

니체 역시 바그너와 마찬가지로 근대의 퇴락한 상태를 극복하기 위해서는 새로운 신화의 탄생을 통해서 사람들을 하나의 공동체에 대한 전망 아래 단결시키는 것이 필요하다고 보았다. 신화는 무의미한 세계에 의미를 부여하는 것이다. 니체는 인간이 오직 신화를 통해서만 아무런 목적 없이 이리저리 방황하는 위험에서 벗어날 수 있다고 본다. 따라서 신화를 갖지 못한 근대인을 뿌리 없는 인간이라고 본다. 근대에는 신화가 원시적인 사유양식으로서 철저하게 부정되고, 논리적 지성에 입각한 학문만이 사물의 진리를 드러내는 것으로 보는 소크라테스적인 천박하고 주지주의적인 세계관이 지배하는 것과 함께 사람들에게 어떠한 삶의 방향과 힘도 줄 수 없는 추상적인 학문만이 난무할 뿐이다.

니체는 현대의 디오니소스적인 음악인 바그너 음악이 게르만의 건강하고 영웅적인 신화를 다시 소생시킴으로써, 이기주의적인 경제주의와 찰나적인 향락에 빠져 있던 독일인들에게 청신하고 강건한 정신을 불러일으킬 수 있을 것이라고 믿었다. 바그너의 음악에 이렇게 엄청난 기대를 걸었던 니체는 바그너의 음악뿐 아니라 인간 바그너에게까지 매료되어 있었다. 니체는 나중에 바그너를 신랄하게 비판하게 되지만, 바그너야말로 사실은 니체 정도의 인물을 한때나마 매료시킨 유일한 인물이었다고 할 수 있다.

그러나 바그너에 대한 초기 니체의 열광은 그렇게 오래가지 않았다. 니체는『비극의 탄생』신판을 위한 서문「자기비판의 시도」에서 바그너에 대해서 결정적으로 거리를 취하고 있다. 니체는 바그너의 음악과 당시의 독일 정신에 대한 자신의 기대가 잘못된 것이었음을 고백하고 있다. 니체는『비극의 탄생』을 쓸 당시의 자신이 독일 정신이 바그너의 음악을 통해서 자신을 재발견하고 인식하게 될 것으로 기대했던 점에 대해서 후회하게 된다. 니체는 『비극의 탄생』에서 그리스 정신과 가장 근친성을 갖는다고 평가했던 바그너의 음악을 이제는 가장 비그리스적인 음악으로 간주하게 된다. 그는 바그너의 음악에 대해서 이렇게 말하고 있다.

"더 나아가 이 독일 음악은 가장 신경을 망가뜨리는 것이며, 술 마시기를 좋아하고 애매함을 미덕으로 찬양하는 민족[독일 민족]에게는 이중으로 위험하다. 즉 그것은 도취시키는 것과 동시에 몽롱하게 한다는 이중의 속성을 갖는 마취제라는 점에서 위험한 것이다."[3]

이와 함께 후기 니체는 『비극의 탄생』에서 자신이 만물이 하나가 되는 상태라고 보았던 디오니소스적인 도취 역시 하나의 퇴폐이며 몰락이라고 본다. 후기 니체는 인간들이 자신의 개체성을 망각하고 디오니소스적 황홀경에 몰입하는 것을 일종의 현실도피로 보고 있다. 이와 동시에 인간들 사이에 차등이 존재하는 현실을 있는 그대로 긍정하는 영원회귀 사상이 디오니소스적인 태도를 가장 잘 구현하고 있다고 본다.

후기 니체의 바그너 비판은 다른 한편으로는 음악이나 갖가지

---

3) 니체, 『비극의 탄생』, 박찬국 옮김(아카넷, 2007), 33쪽.

이데올로기에 의해서 쉽게 최면 상태에 빠지는 근대 대중사회에 대한 비판이라고도 할 수 있다. 니체는 바그너의 성공은 무엇보다도 대중들, 특히 신경이 예민하고 권위에 의지하고 싶어 하는 여성들을 일종의 음악적 최면을 통해서 사로잡은 데서 비롯된다고 본다. 니체는 바그너의 음악이 암시적인 최면 효과를 갖는다고 보았으며, 이렇게 암시적인 최면에 잘 걸리는 것은 근대적인 대중이 보이는 현상이라고 보았다.

이런 맥락에서 니체는 바그너의 음악을 결코 독창적인 것이 아니라 대중의 신경을 사로잡는 교묘한 선전술로 보고 있다. 바그너의 언어는 대중의 열광을 불러일으키기 위해서 교묘하게 고안한 극장의 언어라는 것이며, 바그너는 대중을 사로잡고 지배하려는 폭군적인 배우라는 것이다. 니체의 바그너 비판은 카리스마를 가진 인물에 대한 근대 대중의 열광과 복속에 대한 비판이라고도 할 수 있다. 바그너 음악의 대두가 독일제국의 도래와 일치한다는 것은 이 점에서 깊은 의미를 갖는다고 할 수 있다. 후기 니체는 바그너 음악을 니힐리즘적이고 민족주의적이며 반(反)유대주의적 음악으로서 데카당스의 전형이라고 본다.

니체는 바그너와 같은 인물을 심지어 퓌러(Führer[지도자])라고까지 부르고 있는데, 주지하듯이 퓌러는 나치 시대에 독일인들이 히틀러를 부르던 칭호다. 바그너의 독일 국수주의적이며 반유대주의적인 이데올로기와 바그너에 대한 독일인들의 열광은 나치즘과 히

틀러에 대한 독일 대중의 열광과 유사하다고 볼 수 있다. 이 점에서 니체가 바그너의 이데올로기와 음악에 대한 독일인들의 열광에 가한 비판은 예언적인 성격까지 갖는다고 할 수 있다.

초기 니체가 「바이로이트의 바그너」라는 초기 글에서 당시의 예술에 가했던 비난은 후기 니체에서는 바그너의 예술에 그대로 적용되게 된다. 바그너는 염세주의적인 낭만주의자로 폭로되고, 그의 예술은 사람들을 세련된 형태의 현실도피로 이끄는 아편과 같은 것으로 간주된다.

그러나 바그너가 데카당스, 즉 생명력의 퇴화를 극복하려고 했지만 결국 데카당스에 빠지게 된 것은 쇼펜하우어의 철학에 심취했기 때문이 아닐까? 바그너는 자신의 혁명적인 이념을 부인하고 염세주의자가 되었다. 1883년 2월 19일에 페터 가스트에게 쓴 편지에서(바그너는 그 며칠 전인 2월 13일에 죽었다) 니체는 이렇게 말하고 있다.

"궁극적으로 내가 저항해야만 했던 것은 늙은 바그너였다네. 본래의 바그너에 대해서는 나는 상당 부분 그의 유산이 되려고 하네."[4]

---

4) Meindert Evers, "Das Problem der Dekadenz, Thomas Mann & Nietzsche", *Zur Wirkung Nietzsches*, hrsg. Hans Ester & Meindert Evers(Würzburg, 2001), 95쪽; Heinz Friedrich(hrsg.), *Friedrich Nietzsche, Philosophie als Kunst*(München, 1999), 104쪽에서 재인용.

자신의 중기 작품에 해당하는 『인간적인 너무나 인간적인』에서 니체는 진정한 예술의 적을 소크라테스적인 주지주의를 계승, 발전시킨 과학에서가 아니라 신비적인 것, 망상적인 것, 낭만적인 것에서 발견한다. 물론 니체는 과학을 통해서만 인간의 삶을 개선할 수 있다는 과학주의에 대해서는 시종일관 비판적이었다. 후기 니체 역시 근대인의 삶이 활력을 갖기 위해서는 새로운 신화가 필요하다고 보는 것이며, 이러한 신화를 인간과 세계의 디오니소스적인 성격을 드러내는 힘에의 의지 사상과 영원회귀 사상이라는 형태로 제시했다. 니체는 이러한 신화가 그리스인들이 가졌던 건강한 정신을 회복하는 것으로 보았다.

고갱과 피카소가 과학과 주지주의 그리고 이원론적인 사고방식에 의해 왜곡되지 않은 야성적인 삶의 근원적인 힘을 유럽이 아닌 타히티와 아프리카에서 발견했던 반면에, 니체는 고대 그리스에서 그러한 힘을 발견했던 것이다.

■ 찾아보기[1]

---

1) 각주에 나오는 색인어는 쪽수를 소괄호로 묶었다.

박찬국

서울대학교 철학과 교수.

서울대학교 철학과를 졸업하고 동 대학원에서 석사학위를, 독일 뷔르츠부르크 대학교에서 철학 박사학위를 받았다. 니체와 하이데거의 철학을 비롯한 실존철학이 주요 연구 분야이며, 최근에는 불교와 서양철학 비교를 중요한 연구과제 중 하나로 삼고 있다. 2011년에 『원효와 하이데거의 비교연구』로 제5회 '청송학술상', 2014년에 『니체와 불교』로 제5회 '원효학술상', 2015년에 『내재적 목적론』으로 제6회 운제철학상, 2016년에 논문 『유식불교의 삼성설과 하이데거의 실존방식 분석의 비교』로 제6회 반야학술상을 받았으며, 『초인수업』은 중국어로 번역되어 대만과 홍콩 및 마카오에서 출간되었다. 저서로는 위의 책들 외에 『그대 자신이 되어라 — 해체와 창조의 철학자 니체』, 『들길의 사상가, 하이데거』, 『하이데거는 나치였는가』, 『하이데거의 《존재와 시간》 강독』, 『니체와 하이데거』 등이 있고, 주요 역서로는 『니체 I, II』, 『근본개념들』, 『아침놀』, 『비극의 탄생』, 『안티크리스트』, 『우상의 황혼』, 『선악의 저편』, 『도덕의 계보』, 『상징형식의 철학 I, II, III』 등 다수가 있다.

이 사람을 보라

....

니체 선집

1판 1쇄 펴냄 │ 2022년 10월 7일
1판 5쇄 펴냄 │ 2024년 12월 17일

지은이 │ 프리드리히 니체
옮긴이 │ 박찬국
펴낸이 │ 김정호

책임편집 │ 박수용
디자인 │ 이대응

펴낸곳 │ 아카넷
출판등록 2000년 1월 24일(제406-2000-000012호)
10881 경기도 파주시 회동길 445-3
전화 031-955-9511(편집) · 031-955-9514(주문) │ 팩스 031-955-9519
www.acanet.co.kr

Printed in Paju, Korea

ISBN 978-89-5733-819-3 93160

이 역서는 2021년 서울대학교 기초학문 저술지원사업으로 지원되는 연구비에 의하여 수행되었음